Genesis

and

Business

굿 비즈니스,
위대한 기업경영을 위한
창세기의 지혜

창세기에서 만난

경영의 지혜

발간사
Genesis and Business

　성경말씀은 하나님이 인간에게 준 진리와 생명의 메시지이며 신앙의 근본이라는 것을 알면서도, 대다수의 크리스천들이 말씀을 삶에 적용하는 것이 잘 안된다는 생각을 하고 있습니다. 더욱이 수많은 위기와 도전 속에서 기업을 경영하는 CEO의 입장에서는 매우 지난한 과제가 아닐 수 없습니다. 나 자신도 오랫동안 이런 고민을 하다가 말씀을 기업 현장에 접목하고 실천하기 시작하면서 경영의 새로운 지평이 열리게 되었습니다. 이러한 경험을 모아서 책을 쓰고 강연도 하는 기회를 갖게 되면서, 수많은 기업인들로부터 질문을 받게 되었습다. 어떻게 하면 성경의 진리를 기업현장에 적용하여 올바른 경영을 하면서도 성과를 높일 수 있습니까? 이 책은 이러한 질문에 답을 하기 위해 쓰여졌습니다.

　'기업 세계 위에 하나님 나라가 임하게 하옵소서'라는 사명을 가지고 지난 20여년간 연구활동을 해온 기독경영연구원의 교수들에게 이에 대한 답을 찾는 과제를 의뢰했습니다. 1차 년도의 연구 과제로서 구약에서는 창세기, 신약에서는 마태복음을 중심으로 성경의 진리가 기업 경영 현장에 어떻게 적용될 수 있는가를 탐구하게 되었습니다. 단순히 성경적 원리를 제시하는 차원이 아닌 경영 이론에 비추어 어떻게 해석하고 적용할 수 있는가, 그리고 실제 경영 사례는 어떤 것이 있는가를 체계적으로 정리하는 작업은 결코 쉽지 않은 과정이었습니다. 이 분야에 오랫동안 연구를 해온 교수와 전문가들이지만 수많은 탐색과 토론의 시간을 거쳐 '창세기에서 만난 경영의 지혜'와 '마태복음에서 만난 경영의 지혜'라는 두 권의 작품을 탄생시키게 되었습니다. 이 프로젝트에 참여한 연구진들에게 큰 감사의 마음을 전합니다.

2020년 봄에 시작된 프로젝트가 1년 만에 완결되어 책으로 출간하게 된 것은 하나님의 은혜이며 축복이 아닐 수 없습니다. 그 당시는 네패스의 회장으로서 연구 의뢰를 했지만 금년 3월 나 자신이 기독경영연구원의 이사장이 되면서 이제는 책을 발간하는 입장이 되었습니다. 특히 금년은 기독경영연구원이 25주년이 되는 해여서, 여호와 이레 하나님께서 예비하신 것이라는 생각이 듭니다. 출판을 통한 하나님 나라 실현이라는 사명을 가지고 그간 기독경영연구원의 연구 성과를 출판해 왔으며, 이번에도 기꺼이 맡아 준 샘앤북스—맑은나루의 이낙규 대표에게도 감사하는 바입니다.

이 책이 기업현장에 있는 경영자들과 직장인들에게 널리 읽혀져서 기업세계 위에 하나님의 나라가 확장되기를 바랍니다. 우리 모두 하나님께서 말씀하신 '생육하고 번성하라'라는 창조명령과 '땅끝까지 복음을 전하라'라는 선교명령을 온전히 감당하여, '잘하였도다, 착하고 충성된 종아'라는 칭찬을 듣게 되기를 간절히 기도합니다.

이병구, 기독경영연구원 이사장

추천사

기독경영연구원은 1996년에 창립되어, '경영에 하나님의 뜻이 이루어져 기업세계 위에 하나님 나라가 임하게 하옵소서'라는 사명을 충실히 감당하며, 명실공히 기독경영연구의 중심으로 자리 매김 하고 있습니다. 그간 기독경영의 원리를 도출하기 위해, 경영학 및 학제적인 학문 분야를 성경적 관점으로 심도 있게 고찰하여 많은 연구의 결과물을 발표하여 왔습니다. 그 중 대표적인 몇 가지를 언급하면, '기독경영원리 JusT ABC', '굿비즈니스 플러스', '기독경영 로드맵 11', '기업이란 무엇인가', '크리스천 CEO의 고민에 답하다' 등이 있습니다. 또한 기독경영원리를 실천사례집으로서 '굿비즈니스 현장 스토리', '비즈니스 미션', '경영, 신앙에 길을 묻다' 등을 출간하였습니다.

이번 출간되는 '창세기에서 만난 경영의 지혜'와 '마태복음에서 만난 경영의 지혜'는 이전기독경영 연구 결과물과 접근방법의 차이가 있다고 보여집니다. 지금까지의 연구는 경영학과 관련 학문의 로고스에 기반한 경영원리가 성경에서 어떻게 접목되는지를 'Outside In'의 연구방법론으로 탐구하였다면, 이번에는 성경—구약 창세기와 신약 마태복음—에서부터 출발하여 성경으로부터 경영원리를 도출하고 사례를 제시하였습니다. 창세기는 하나님의 정체성을 계시하며, 마태복음은 하나님이신 예수님의 정체성을 계시하는 복음이라고 할 수 있습니다. 이번의 연구는 성경으로부터 출발하는 'Inside Out'의 연구방법론을 적용하여 하나님 뜻에 합당한 기독경영을 고찰한 것으로 볼 수 있습니다. 기독경영의 연구는 이러한 두 접근법이 통합되면서 성경적 경영의 실체에 보다 더 가까이 다가갈 수 있을 것입니다.

네패스의 회장으로서 기독경영원리 실천에 솔선수범하시며, 이번 출간에 아낌없이 물심양면 격려하여 주신 기독경영연구원 이병구 이사장님께 존경과 감사의 말씀을 드립니다. 또한 여러 바쁜 일정에도 지난 1년여간 열과 성을 다해 주신, 창세기 경영원리팀의 한정화 아산나눔재단 이사장님과 연구위원님들, 그리고 마태복음 경영원리팀의 김세중 기독경영연구원 부원장님과 연구위원님들께 깊은 감사의 말씀을 드립니다. 자문을 맡아주신 천상만 목사님과 원고 검토와 조언의 도움을 주신 네패스의 관련 임원분들께도 감사드립니다. 저서의 가독성을 제고해 주시고, 문서선교사명으로 출판을 맡아주신 샘앤북스─맑은나루 이낙규 대표님께 감사드립니다.

아무쪼록 이 책이 비즈니스계에 널리 확산되어 기독경영 실천에 고민하고 있는 경영자와 임직원분들에게 해법을 제공하며, 경영에 하나님 뜻이 이루어져 기업세계에 하나님 나라가 임하는 그날을 앞당기는 소중한 역할을 감당할 수 있기를 간절히 소망합니다.

이형재, 기독경영연구원 원장

영적 구원과 함께 물질적 풍요와 사회문화적 변화를 일으킬 수 있는 주체로 하나님께서는 크리스천 기업가를 부르셨다는 내용이 머리에 쏙 들어온다. 창세기의 경영 원리를 10개로 분석한 이 책은 실천 지침과 토의 주제까지 친절하게 제시해 주어 CBMC 지회에서 사용할 교재로 안성맞춤이다. 강력 추천한다.

이대식, 한국기독실업인회(CBMC) 중앙회장

이 세상을 만드신 분은 하나님이시다. 따라서 사람들이 이 세상에서 의미 있는 삶을 살아갈 수 있는 비결은 하나님을 아는 것이다. 이러한 비밀을 담은 귀한 말씀, 창세기를 경영 영역에서 믿고, 실천하고 연구한 경영인들과 학자들이 동역한 열매인 '창세기에서 만난 경영의 지혜'를 기쁜 마음으로 적극 추천한다.

임성빈, 장로회신학대학교 교수/전 총장

직장생활에서 나는 하나님의 말씀을 실천하고 하나님의 나라를 확장하고 싶다. 그런데 하루의 생활속에 그분의 가르치심과 세상의 요구 사이에 갈등과 피곤함을 느낀다. 이 책은 나에게 영적 갑옷과 무기뿐만 아니라 실천적 지혜도 알려준다. 정독을 추천한다.

김용준, 성균관대학교 중국대학원 원장/전 한국경영학회 회장

"CEO의 세계관은 기업문화 형성과 조직관리 및 의사결정의 기초가 된다" 이런 의미에서 이 책은 4차혁명시대에 올바른 방향성을 잡을 수 있도록 도와준다. 무엇보다 하나님께서 우리를 부르신 이유와 경영 현장에서 실제로 활용할 수 있도록 폭 넓게 전달한 내용이 많아 크게 도움이 되어 일독을 권한다.

홍의숙, 인코칭 대표

우리 사회는 종교적으로 혼란의 시기를 지나 이제는 큰 변화의 기회를 맞이하고 있다. 이 책은 경영자들과 기업의 구성원 모두에게 성경적 세계관을 적용하는 실질적 가르침을 준다. 크리스천뿐아니라 기업을 경영하는 모든 사람들에게 새로운 시각을 제시하고 있다.

신혜성, 와디즈 대표

Prologue
시작하는 말

　성경은 생명의 말씀이며 우리의 삶을 비추는 등불입니다. 시편 기자는 복 있는 사람은 하나님의 율법을 즐거워하며 주야로 묵상한다고 했습니다. 말씀을 주야로 묵상하여 다 지켜 행하면 좌로나 우로나 치우치지 않고 가는 길이 평탄하며 형통하리라는 약속도 주셨습니다. 그럼에도 불구하고 이러한 약속을 온전히 믿으면서 말씀을 읽고 삶에 적용하는 일이 쉽지 않습니다. 특히 치열한 생존 경쟁과 이해관계자와의 갈등 속에서 업무를 수행하는 비즈니스맨과 기업가들은 성경의 진리를 이해하고 현장에 적용하는 것에 많은 어려움을 겪고 있습니다. 이에 대한 실천적인 가이드북을 만들고자 하는 마음에서 이 책을 쓰게 되었습니다.

　창세기는 성경적 세계관 형성의 출발점이자 기반입니다. 만물이 하나님에 의해 창조되었고, 하나님의 다스림 하에 있다는 것을 온전히 믿는 것은 기독교 신앙의 본질이며, 세상을 제대로 인식하고 해석할 수 있는 마음의 틀을 만들어 줍니다. 창세기에는 하나님의 천지창조에서 시작해서 노아 홍수 사건 이후 아브라함을 부르시고, 이삭, 야곱의 시대를 거쳐 요셉의 죽음으로 끝을 맺습니다. 하나님은 우주와 사람을 창조하시고 생명을 주시며 형통하시도록 축복하셨습니다. 죄와 타락의 어려움에 빠지게 되었지

만, 하나님께 돌아와서 그분께서 주신 진리를 올바르게 이해하고
실천하면 구원과 형통의 길을 열어 놓으셨습니다.

창세기의 역사적 기록 속에서 나타난 영적 원리는 무엇일까에
대한 수많은 탐색과 논의를 통해 창조, 생명, 위임, 공급, 형통,
비전, 공정, 화해, 언약, 소통이라는 10가지 원리를 찾아냈습니다.
이 밖에도 많은 원리가 있지만 비즈니스에 적용할 수 있는 것들
을 중심으로 정리했습니다. 저자들은 이러한 원리를 경영 이론에
비추어 해석하고 검증하는 작업을 했으며, 경영 현장에 나타난
사례들을 제시하였습니다. 또한 각 장마다 실천 지침과 토의 주
제를 만들어 기업가와 직장인들이 실무적으로 학습하는데 도움을
주고자 했습니다. 성경은 진리의 말씀이기 때문에 세상을 올바르
게 볼 수 있는 관점을 형성시켜 줍니다. 조직을 이끌어 가는 리더
가 진리 위에 서서 세상을 제대로 본다면, 그 조직은 선하게 경영
되고 좋은 성과를 내며 구성원도 행복하고 사회에도 유익한 영향
력을 미치게 될 것입니다. 기업 경영에도 성경의 진리가 올바르
게 적용된다면, 하나님 보시기에 선한 열매들을 많이 맺을 수 있
을 것입니다.

지난 1년간 쉽지 않은 과정이었지만 저자들은 좋은 팀웍을 이
루어 즐거운 마음으로 작업을 해왔습니다. 돌이켜 보면 여기까지
인도하신 하나님의 은혜에 감사드리지 않을 수 없습니다. 무엇보
다도 이러한 연구의 기회를 주신 네페스의 이병구 회장님께 감사
를 드립니다. 회장님 자신이 성경의 진리를 기업현장에 적용하여

탁월성을 통한 선한 영향력을 미치고 있는 분이기에 우리 팀이 용기를 가지고 작업에 임할 수 있었습니다. 자문을 해주신 천상만 목사님, 원고를 세밀하게 검토해주시고 유익한 조언을 해주신 이종욱 센터장님, 행정 업무를 담당해 주신 정성찬 본부장님께도 감사를 드립니다. 기독경영연구원의 책 출판을 위해 항상 수고해 주시는 샘앤북스−맑은나루의 이낙규 대표와 연구 업무에 참여하여 수고한 이기호 조교에게도 감사의 마음을 전합니다.

이 책이 '기업 경영에 하나님의 뜻이 이루어져 하나님의 이름을 영화롭게 하고 기업 세계 위에 하나님의 나라가 임하게 하옵소서'라는 소명을 실천하기 위해 설립된 기독경영연구원 25주년에 맞추어 출간된 것도 매우 뜻깊은 일입니다. 부디 이 책이 널리 읽혀져서 비즈니스 영역에 하나님 나라가 확장되는 데 기여할 수 있기를 바랍니다.

저자 일동

Contents
차례

발간사   / 3
추천사   / 5
시작하는 말 / 9
차례   / 12

1 ✦ 창세기의 세계관과 경영원리   / 13

2 ✦ 창조의 원리   / 33

3 ✦ 생명의 원리   / 63

4 ✦ 위임의 원리   / 85

5 ✦ 공급의 원리   / 107

6 ✦ 형통의 원리   / 129

7 ✦ 비전의 원리   / 159

8 ✦ 공정의 원리   / 175

9 ✦ 화해의 원리   / 197

10 ✦ 언약의 원리   / 217

11 ✦ 소통의 원리   / 239

맺는 말   / 265
미주   / 270
저자 소개   / 278

1

세계관과 경영원리

창세기의

1. 성경적 세계관과 기업관

세계관은 세상을 보는 눈, 세상을 읽는 마음, 세상에 대한 신념 체계이며, 이 세상의 근본적 구성에 대해 우리가 견지하고 있는 일련의 전제, 혹은 가정이다. 진정으로 참된 실재는 누구인가? 인간은 누구인가? 윤리의 근거는 무엇인가? 사후에 세계는 존재하는가? 역사에는 의미가 있는가? 이에 대해 기독교인은 "진정으로 참된 최고의 실재는 하나님이며, 인간은 하나님의 형상을 따라 지음 받은 존재이며, 윤리의 근거는 하나님이 주신 계명이며, 사후에는 심판이 있으며, 역사는 하나님의 경륜과 섭리가 나타난 곳이다"라고 믿고 있다.[1]

창세기는 하나님의 창조 역사와 함께 구원 사역의 출발점이 기록되어 있다. 그 속에는 하나님의 천지창조와 인간의 타락, 홍수 심판과 그 이후 아브라함이라는 한 사람을 부르시어 이스라엘이라는 민족을 만드시는 과정이 담겨있다. 따라서 "태초에 하나님이 천지를 창조하시니라"(In the beginning God created the heavens and the earth)라는 말로 시작하는 창세기는 성경적 세계관의 출발점이다. 따라서 "창세기를 어떻게 이해하고 해석하고 적용하는가"가 기독교인의 삶에 매우 중요한 토대가 된다.

또한 창세기는 우주와 인간의 존재에 대한 근본적인 인식과 해석의 틀을 제공한다. 창세기를 통해서 인간의 역사 속에 개입하시고 구원의 길로 이끄시는 하나님에 대해 알게 한다. 인간은 하나님의 형상으로 지음을 받았기에 하나님을 대신하여 이 땅을 다스릴 수 있는 영광스러운 권한과 능력이 주어졌다. 그러나 인간은 범죄함으로 하나님과 소통이 단절된 수치스럽고 절망적인 수준으로 전락했다. 그럼에도 불구하고 하나님은 한 사람을 택하여 소통을 시작하셨고, 한 민족을 만드시면서 구원의 역사를 이루어 가신다. 창세기는 그 역사의 시작을 기록한 책으로서 성경적 세계관의 기초를 이루고 있다.

하나님의 창조질서 속에서 자기 자신이 어떠한 존재인가를 분명하게 인식하는 것이 올바른 세계관 형성의 출발점이다. 특히 기업을 경영하는 크리스천 CEO는 창세기에 나타난 세계관을 올바르게 이해하고 그 핵심 원리를 자신의 삶과 경영의 의사결정에 적용해야 한다. 하나님은 우주의 근원이시고 최고 의사결정자이시기 때문에 그분의 경륜과 지혜의 일부분이라도 제대로 이해하고 적용할 수 있다면 경영의 탁월성과 윤리성을 모순되지 않게 실천할 수 있을 것이다. 자기 자신과 자신이 이끄는 조직을 통하여 하나님의 창조목적을 실현하고 창조질서를 회복할 수 있도록 노력하는 것이 크리스천 CEO에게 주어진 사명이다.

CEO의 세계관은 기업문화 형성, 조직관리, 의사결정의 기초가 되기 때문에 기업의 정체성과 운명에 지대한 영향을 미친다. 특히 CEO의 환경변화에 대한 인식과 해석은 전략적 의사결정의 준거가 된다. 정치법률 환경, 경제산업 환경, 사회문화 환경, 과학기술 환경 등의 거시적 변화뿐만 아니라 소비자, 경쟁자를 포함하여 다양한 이해관계자 등을 어떻게 인식하고 대응하는가는 기업의 흥망성쇠와 직결되어 있다. 현재 진행되고 있는 4차 산업혁명과 디지털 트랜스포메이션의 거시적 변화, 최저임금 인상, 주 52시간 근무제, 부동산 정책 등뿐만 아니라, 심각한 어려움을 주고 있는 코로나19 상황에 대한 대응의 출발점도 CEO의 상황인식에 근거한다. CEO의 경제관과 재물관, 인간관, 도덕성과 윤리 등도 기업경영에 직접적인 연관성이 있다. 돈에 대한 인식과 태도, 돈을 어떻게 다루는가와 사람에 대해 어떤 관점과 태도를 가지고 대하는가는 기업문화와 구성원의 행동, 기업경쟁력에 많은 영향을 미친다.

크리스천 CEO는 하나님의 말씀에 근거한 성경적 세계관을 가지고 기업을 경영해야 한다. 성경적 세계관이란 만물을 창조하셨고, 만물 위에 계시며, 만물을 다스리는 하나님의 관점(골 1:6, 롬 11:36)으로 세상을 보는 것이다. 이에 대해 네패스의 이병구 회장은 "성경은 우리의 잘못을 책망하고, 바르게 하고, 의롭게 교육하는 하나님의 말씀입니다. 이는 회사의 정체성과 가치관을 정립하는데 완벽한 기준이 됩니다. 무엇을 기준으로 가치관과 정체성을 만드느냐는 직원들의 삶과 직결됩니다. 구성원들을 행복하게 하고, 이웃 사랑을 실천할 수 있어야 합니다. 또한 궁극적으로 회사의 성장을 이끌어내야 합니다"라고 말한다.[2]

성경적 관점에서 기업은 "인류의 삶을 보다 풍요롭게 하는 창조명령의 수행자"이다. 이 세상을 보존하고 유지하고자 하는 하나님의 은혜가 기업활동을 통해 나타나고 있음을 믿는 것이다. 폴 스티븐스는 좀더 구체적으로 하나님께서 기업인을 부르신 이유가 "창조세계의 잠재력을 개발하고, 인간의 삶을 향상하며 아름답게 가꾸라고, 또한 이 땅에서 풍요의 공동체를 건설하고, 세계적 풍요와 하나됨을 이루며, 부를 창출하고 가난을 줄이고, 천국에 투자하라는 것"이라고 말한다.[3]

지난 30년 동안 새로운 흐름으로 나타나고 있는 BAM(Business as Mission)도 성경적 세계관에 입각한 선교전략의 일환이다. 켄 엘드레드는 BAM이란 "이윤을 추구하는 사업체를 매개로 하나님이 그 나라와 국민을 변화시키도록 하는 운동"이라고 정의한다. 이를 위해서는 1) 사업의 수익성과 안정성, 2) 현지인들을 위한 일자리와 부의 창출, 3) 현지교회의 부흥과 영적 자본 형성 등이 필요하다고 말한다.[4] 크리스천에게 기업은 '생육하고 번성하여 땅에 충만하라'는 창조명령과 '땅끝까지 복음을 전하라'라는 선교명령을 수행하는 장이다. BAM은 마지막 때에 하나님은 크리스천 기업가를 부르시어 영적 구원과 함께 물질적 풍요와 사회문화적 변화를 일으킬 수 있는 총체적 변혁(total transformation)을 이루도록 부르셨다는 믿음에 기초하고 있다.

2. 성경적 세계관과 CEO의 자기정체성

창세기에 나타난 세계관의 기초는 '하나님은 누구신가'이다. 그분은 천지를 창조하시고, 모든 생물을 만드셨으며, 그 가운데 흙으로 빚으신 인간에게 영을 부으셔서 생령이 되게 하신 분이다. '하나님이 누구신가'와 '사람 자신에 대한 존재인식'이 성경적 세계관의 출발점이다. 인류 역사를 통하여 인간은 자신이 어떤 존재인가를 알기 위해 철학이라는 학문을 발전시키면서 참된 지혜를 구하고자 노력해왔다. 그럼에도 불구하고 올바른 답을 얻지 못하는 이유는 창조주에 대해 올바르게 알지 못하기 때문이다. 창조주에 대한 올바른 인식 없이 피조물인 인간의 자기 인식에는 한계가 있다. 하나님은 성경을 통하여 인간이 어떠한 존재임을 계속 상기시키신다.

출애굽 이후 광야 생활을 통해 이스라엘 민족에게 하나님이 어떤 존재임을 기억하도록 하신다. 신명기에 반복해서 '나는 너희를 애굽에서 불러낸 하나님'이라고 말씀하시며 '너희가 노예되었던 존재에서 자유를 얻은 자'임을 잊지 말라고 하신다. 하나님께서 거듭 강조하셨음에도 불구하고 이스라엘 백성은 자신의 존재에 대해 망각하면서 하나님을 배반하고 타락하면서 비극적인 길로 가고 말았다. 하나님에 대한 인식이 제대로 자리잡지 못하면, 인간은 상황이 좋아지면 교만해지고 상황이 안 좋아지면 근심하거나 비굴하게 되는, 즉 상황이나 조건에 휘둘리는 존재가 되고 만다.

인간이 하나님 앞에서 올바른 존재인식이 되어있지 않으면 좌로나 우로나 치우치는 존재가 된다. 하나님은 인간의 올바른 존재인식을 위해 성경을 주셨다. 말씀은 우리를 생명의 길로 인도하는 책이기도 하지만 올바른 존재인식의 길잡이이다. 그래서 시편 기자는 "주의 말씀은 내 발에 등이요 내 길에 빛이니이다"(시 116:105)라고 했다. 따라서 크리스천 기업인이나 경영자의 올바른 리더십은 우선 올바른 존재인식에 근거해야 한다. 그래야 두 가지 치우침, '자만심'과 '두려움'으로부터 자유로워질 수 있다. 인간이 유한한 생명을 지닌 피조물이라는 인식이 확고해지면 하나님 앞에 겸손할 수밖에 없으며 인간관계에서도 겸손하게 된다. 처세술로서 겸손이 아닌 존재론적 겸손이 가능하다. 하나님께서 "겸손한 자에게 은혜를 베푼신다"(잠 3:34)고 하심은 올바른 존재인식이 되어있는 자를 인정해 주신다는 의미이다.

올바른 자기정체성을 가지고 있으면 사람을 대하는 데 있어서도 두려움이 없고 자유함이 있다. 사람을 두려워한다는 것은 그 사람의 영향력에 휘둘린다는 말이다. 상급자나 권력자의 권위를 존중해야 하지만, 그 사람의 자의적 행동에 의해 자기의 정체성을 잃어버리지 않아야 한다. 하나님보다 사람을 두려워하는 것은 하나님이 지극히 싫어하는 일이다. 백성을 두려워하여 하나님의 명령을 어긴 사울의 사례를 통해서도 알 수 있다(삼상 15:24).

올바른 의사결정을 하기 위해서는 평정심을 갖는 것이 중요하다. 그래서 많은 기업인들이 명상이나 마인드 컨트롤 수련에 빠지기도 하며, 불교의 선(Zen) 수행이 인기를 얻기도 했다. 그러나 평정심은 인간의 올바른 자기인식에 근거해야 한다. 하나님의 경외함이 지식의 근본이라고 했다. 경외한다는 것은 피조물이 창조주에 대해 가져야 하는 마땅한 자기인식이다. 하나님께서도 친구들과 지루한 논쟁을 하는 욥에게 나타나서 말씀하셨다. "네가 무엇을 아는지 대답해 보라"라고 하셨다(욥 38:3). 욥은 자신의 무지함을 인식하게 되자 "손으로 내 입을 가릴 뿐"이라고 했다(욥 40:4).

CEO의 진정한 인격적 변화도 자신을 올바르게 아는 데서 출발한다. 하나님을 온전히 만나게 되면 인격적 변화가 나타나게 된다. 자신을 제대로 알기 위해서는 성경말씀의 기준에 비추어진 자신의 모습을 직시해야 한다. 성령의 강권에 의하여 자신의 존재와 죄성에 대해 직면하는 순간 처절한 자기 인식을 하게 된다. 또한 인간은 고난을 겪으면서 자신에 대한 존재인식이 달라진다. 성경에는 고난을 통해 하나님께 가까이 가면서 신앙 인격으로 빚어진 수많은 사람들이 열거되어 있다.

기업은 하나님의 창조명령을 수행하는 중요한 수단이며, CEO는 이를 수행할 소명과 책임을 부여받은 자이다. 하나님의 형상을 따라 지음 받은 인간은 하나님으로부터 창조성을 부여받았다. 우리의 DNA에는 하나님께서 새겨 놓으신 창조성 코드가 들어있기 때문에 인류 역사의 발전을 이루어 올 수 있었으며, 21세기 현재의 문명과 문화를 만들어 낼 수 있었다. 그리고 기업가들은 기업을 통하여 더 나은 세상을 만들 수 있다는 믿음을 가지고 창업을 하고 새로운 사업에 도전한다. 기업가의 열정, 도전, 혁신이 기업의 발전과 세상의 변화를 가져온다.

크리스천 CEO는 하나님의 창조명령을 수행함으로써 죄와 타락으로 오염되고 훼손된 세상을 회복시키는데 기여해야 한다. 이에 대해 사회적 기업 컨설팅 분야의 개척자인 임팩트스퀘어의 도현명 대표는 "소명은 무엇을 성취하는 것에 대한 이야기라기보다는, 모든 영역에서의 회복을 의미합니다. 우리의 소명은 하나님이 회복을 성취하는 가운데 요청된 동역입니다. 그래서 소명에는 하나님과 나와의 관계뿐만 아니라, 우리를 통해 다른 사람들도 하나님께 돌아오는 회복까지 내포되어 있는 것입니다. 때문에 소명은 언제나 사람과 영혼을 바라봅니다"라고 말한다.[5]

크라우드 펀딩의 선구자인 와디즈의 신혜성 대표는 회사의 미션을 "올바른 생각이 신뢰를 바탕으로 성장하는 세상을 만든다"라고 정했다. 일하는 첫 번째 원칙이 "우리는 옳은 일을 한다"이다. 즉, 돈을 벌 수 있어도 사회를 어지럽히는 비즈니스는 하지 않겠다는 것이다. 그는 "와디즈는 올바른 생각을 가진 사람들이 가장 빛날 수 있는 플랫폼이 될 수 있는 것이 목표입니다. 조연이 있어야 주연이 빛날 수 있습니다. 어느 한 쪽에 치우치지 않고 올바른 생각으로 사업을 하는 사람들이 드러날 수 있는 공간을 만드는 것이 핵심입니다"라고 말한다.[6]

코딩교육의 선발기업인 디랩의 송영광 대표는 회사의 비전을 "다가오는 미래에 대해서 학생들이 준비된 능력을 갖출 수 있도록 도움을 주는 것"으로 정했다. 디랩은 단순 코딩 교육을 넘어 아이들에게 코딩을 통한 문제 해결과 창업가 경험을 제공한다. 구체적으로 "4차 산업혁명이 우리 사회에 가져올 변화에 대응할 능력을 함양하게 한다. 직업을 발명해야 할 시대를 살아가는 아이들이 미래를 대비할 수 있도록 혁신가, 창업가로 자라 갈 수 있는 교육 서비스를 제공하고 있다. 소통을 통한 동기부여를 중시하며 학생들이 만든 창작품을 세상과 공유하여 스스로 무엇을, 왜 하는지 깨닫게 하여 기존 교육 시스템과 달리 능동적인 동기부여 과정을 제공하고 있다"고 언급하고 있다.[7]

3. 기업경영에 있어서 타락과 죄의 문제

창세기에는 창조 이후 바로 이어 인간의 타락 사건이 등장한다(3장). 뱀의 유혹에 넘어간 하와가 선악과를 따먹고 함께 있는 아담에게 주어 먹게 함으로 에덴 동산에서 추방당한다. 죄가 인류에 들어옴으로써 땅이 저주를 받고 인간은 평생을 수고해야 땅의 소산을 먹게 되었다. 아담과 하와가 낳은 아들 사이에 살인 사건이 일어나고(4장) 사람이 땅 위에 번성하면서 죄악이 만연하게 되었다(6장). 하나님은 땅 위에 사람 지었음을 한탄하시면서 홍수를 일으켜 노아의 가족을 제외한 모든 사람을 지면에서 쓸어버리셨다. 여기에 두 가지 모습의 죄가 등장한다. 하나는 하나님이 정한 '경계를 침범하는 죄'와 하나님의 '창조목적을 벗어난 죄'이다. 하나님이 금지한 선악과를 따먹음으로써 하나님처럼 되고자 하는 죄를 범했고, 하나님의 창조사역에 동참하도록 하신 창조목적에서 일탈한 죄이다.

오늘날 기업에는 창조목적에 합당한 아름다운 모습과 죄로 인해 타락한 추한 모습이 혼재되어 있다. 기업은 다양한 상품과 서비스를 생산해서 인류의 삶을 풍요롭게 하고, 일자리를 창출해서 사람들의 생명을 유지시킨다. 창출된 수익을 바탕으로 수행하는 사회공헌은 세상을 밝고 아름답게 하는데 기여한다. 그러나 비윤리적이고 비도덕적인 행태로 인하여 환경을 파괴하고 사람의 생명을 위협하는 현상도 나타나고 있다. 기업의 사회적 책임이 필요한 이유는 기업경영이 창조목적에 가까이 가도록 하기 위함이라고 볼 수 있다.

기업경영에서 가장 큰 이슈는 사람에 대한 관점이다. 인간은 악하고 미숙하다는 관점과 선하고 성숙하다는 관점이 대립되고 있다. 이는 인간에 대한 성악설과 성선설의 대립과 유사하다. 이러한 상반된 관점이 존재하지만, 성경은 '사람은 선하게 창조되었지만 죄로 말미암아 타락된 양면성을 가진 존재'라는 사실을 밝히고 있다. 기업경영현장에서 사람의 타락이라는 면을 강조해서 보면 '채찍과 당근'에 의한 경영을 선호할 수밖에 없다. 그러나 선하게 창조된 형상을 회복한다는 관점에서는 '자율과 위임'을 중시하는 경영이 필요하다.

네패스의 이병구 회장은 미숙한 인격을 성숙한 인격으로 변화시키는 것이 경영의 핵심임을 강조한다. "성숙의 척도는 감사할 줄 아는 것입니다. 감사의 철학은 천지를 만드신 하나님께 대한 감사에 근거하여 주변의 모든 것에 대해 감사하는 것입니다. 사람은 부정적인 생각을 하면 할수록 점점 부정적인 사고가 고착됩니다. 그러나 역으로 한 번 감사하면 할수록 감사할 일이 많아집니다. 이를 긍정적인 낙인이라고 합니다"라고 말한다.[8]

리더십과 경영환경에 따라 사람의 긍정적인 면과 부정적인 면이 나타나게 된다. 크리스천 경영자들도 이 점에서 어려움을 겪는 경우가 많다. 신앙인이니까 사람을 선하게 대해야 해야 한다는 '착한 리더 콤플렉스'에 빠질 수 있다. 그러나 인간의 양면성을 이해하면서 적절한 대응이 필요하다. 조직관리에서 사랑과 정의, 인(仁)과 의(義)의 균형감각이 있어야 한다. 선하게 대한다고 해서 선한 결과가 나오는 것이 아니다. 좋은 조직은 직원의 약점은 중화시키고 강점은 부각시켜 준다. 이를 위해서는 올바른 교육과 훈련이 필요하다.

삼성의 이병철 회장은 제대로 교육받지 않는 사람은 쓸모가 없다고 했으며, 임직원의 비윤리적 행동에 대해 경계했다. 부정을 저지르면 회사의 물질적 손해뿐만 아니라 사람을 잃게 된다고 했다. 윤리의식이 없는 사람은 좋은 인재로 자랄 수 없기 때문이다.[9]

신혜성 대표는 와디즈의 인사철학에 대해 "무임승차자를 인정하지 않겠다라는 것입니다. 일반적으로 조직에서 80 : 20법칙이라는 것이 있는데, 80 : 20법칙을 인정하는 조직에서는 80을 등에

업고 가면 당연히 보상을 받는다는 내용입니다. 이는 없어져야할 법칙이라고 생각합니다. 모두가 같을 수는 없겠지만 회사는 우리의 인재상에 맞는 사람들을 배치하기 위해 최선을 다하고 있습니다"라고 말한다.[10]

디랩의 송영광 대표는 본인의 기업 하나만이 잘되는 것이 아니라 하나님께 대한민국의 경제구조를 바꾸어 달라고 간구한다. 송대표가 "이 시대에 필요한 경제 공동체에 대해 내린 결론은, 작고 건강한 기업들이 많이 생기는 것이 굉장히 중요하다는 것이었다. 지금의 테크놀로지가 점점 기업들을 해체시키고 작은 기업들이 많이 생기는 사회 구조로 몰아간다는 것을 보여주었고, 일반은총 가운데 자본주의 사회 후기에 하나님이 새로운 패러다임의 변화를 이끈다는 생각이 들었다"고 말한다.

우리나라가 20세기 후반에 산업화에 성공한 나라이지만 자본주의 사회의 많은 문제점과 부작용들이 나타나고 있어서 경제구조의 개혁이 필요한 시점이다. 그는 크리스천 기업가는 기존의 경제구조에서 성공하는 것도 중요하지만 하나님이 보시기에 아름다운 경제구조로의 전환을 위해서도 노력해야 한다는 점을 강조하고 있다.

4. 소유에 대한 올바른 인식

하나님은 천지를 창조하셨기 때문에 우주의 주인이시며 생명의 주이시다. 온 우주가 하나님의 소유라는 하나님의 소유권(ownership)에 대한 인정이 하나님을 올바르게 인식하는 출발점이다. 다윗은 온 우주가 하나님의 소유임을 이렇게 찬양했다. "여호와의 위대하심과 권능과 영광과 승리와 위엄이 다 주께 속하였사오니 천지에 있는 것이 다 주의 것이로소이다. 여호와여 주권도 주께 속하셨사오니 주는 높으사 만물의 머리이심이니이다."(대상 29:11). 그러나 하나님을 알지 못한 인간은 물질에 대한 자신의 소유권을 주장하며 집착한다. 그 결과 인류역사는 소유권을 확보하기 위한 투쟁의 역사였으며, 특히 땅을 차지하기 위한 치열한 투쟁을 전개해 왔다.

창세기를 보면 하나님은 땅의 소유권을 중요하게 여기셨다. 아브라함을 부르셨을 때에 가나안 땅을 주시겠다고 언약하셨다(창 17:8). 아브라함은 사라를 장례 지낼 때, 막벨라 굴을 헷족속의 에브론으로부터 매입하여 소유권을 확정했다(창 23장). 무상으로 주겠다는 것을 거절하고 값을 치르고 소유권을 이전했다. "이와 같이 그 밭과 거기에 속한 굴이 헷족속으로부터 아브라함이 매장할 소유지로 확정되었더라"(창 23:20). 이와 같이 소유권은 인간 생존의 기반이며 하나님의 역사를 이루어 가시기 위한 중요한 도구이다.

왜 하나님은 자신의 소유이신 우주를 인간들이 자신의 권리로 소유하는 것을 허락하셨을까? 소유는 인간이 하나님의 대리인(agent)으로서 자유의지를 가지고 하나님을 섬길 수 있는 기회를 제공하기 때문이다. 따라서 소유 재산의 사용은 인간이 가진 자유의지의 방향성을 가늠할 수 있는 척도가 된다. 재물이 있는 곳에 네 마음이 있으며, 하나님과 재물이라는 두 주인을 함께 섬길 수 없다고 했다(마 6:24). 우리가 재물을 하나님께 기꺼이 드린다는 것은 우주의 소유권자인 그분을 높이고 기쁘시게 하는 일이다.

또한 재산의 사적 소유는 경제적 자유를 주며, 정치적 자유를 보장한다. 자본주의 사회가 많은 문제점이 있지만 사유재산권을 인정함으로써 정치적 자유를 보장하고, 인간의 존엄성을 높일 수 있다. 이는 개인에게 경제적 통제권이 주어지지 않는 공산주의 사회를 보면 명확하게 알 수 있다. 국가가 모든 재산을 통제하고 개인의 삶을 국가의 배급에 의존하는 사회에서는 정치적 자유를 누릴 수 없으며 인간을 동물적 수준으로 전락시킨다.

인간은 소유가 생명을 지켜준다고 믿기 때문에 소유에 대한 집착을 벗어나기가 어렵다. 기업가의 강력한 성취욕구는 사유재산에 대한 소유의식과 밀접하게 연관되어 있다. 사유재산을 부정하는 공산주의 사회에서는 무소유 상태에서 다양한 방법으로 구성원들의 성취동기를 높이고자 했지만 실패하고 말았다.

소유의식은 성취욕구의 근본을 이루고 있다는 것을 인정하는 것이 자본주의 사회를 구성하는 근본철학이다. 그러나 한편으로는 소유에 대한 집착이 가져오는 폐해도 나타나고 있기 때문에, '소유하되 소유에 집착하지 않는' 태도가 필요하다. 소유에 대한 집착에서 벗어나는 방법은 진정한 소유권자는 하나님이시며 나는 그 대리인에 불과하다는 사실을 항상 기억하는 것이다. 이를 실행하는 방식은 자유의지를 가진 각자의 선택에 달려 있다.

기업과 일터는 주인이 종에게 맡긴 소유이기 때문에 기업경영을 통하여 하나님의 나라가 확장되도록 해야 한다. 크리스천 기업가는 지분에 따라 자신의 기업에 대해 소유권을 가지고 있지만, 만물의 소유권이 하나님께 있으며 세상의 제도에 따라 하나님의 소유권을 위탁 받아서 관리하는 대리인이라는 자기 인식이 분명해야 한다. 물론 하나님을 모르는 인간은 이러한 사실에 대해 무지하며 인정하지 않는 것은 당연하다. 그러나 크리스천 기업가는 자신이 기업의 절대 지분을 가졌더라도 자신의 소유권을 주장하기 보다 하나님의 뜻에 따라 경영을 위임받은 존재라고 인식하는 것이 성경적 경영의 기초이며 출발점이다.

성경적 재정관리에 대한 교육을 하는 크라운 재정 사역에서는 교육 첫날 나의 재산과 기업에 대한 소유권은 하나님께 있다는 것을 공개적으로 인정하는 양도서약을 하게 하는데, 많은 사람들이 당혹해한다고 한다. 우리가 말로는 "모든 것을 주께서 주셨습니다"라고 하면서도 막상 이를 문서화하는 데는 망설임이 있는 것이다. 우리가 십일조를 하나님께 드리는 것도 모든 소유가 하나님으로부터 온 것이라는 믿음을 행위로서 실천하는 것이다.

회사에 대한 소유권이 하나님께 있음을 법적으로 명문화한 사례로 스탠리 탬(Stanley Tam)이라는 기업가가 있다. 그는 어느 날 "자신의 사업을 하나님께 맡기라"라는 내면의 음성을 듣고 자기 사업의 소유권을 하나님께 넘기기로 결심하고, 법적 방안을 찾다가 선교재단을 설립하여 주식을 100% 재단에 넘기고 자신은 전문 경영인의 역할을 담당했다.[11] 캄보디아에서 비즈니스 선교 활동을 하고 있는 김다윗(가명)도 선교를 위한 지주회사를 설립한 후 자신의 소유지분을 재단에 양도하는 방식으로 소유권이 하나님께 있음을 명시화 했다.[12] 이는 실정법 내에서 가능한 방법으로 소유권을 양도하는 형식을 취했지만, 많은 신실한 크리스천 기업가들이 내 기업의 소유는 하나님이라는 고백을 하고 있다.

형식적인 모습을 갖추든지 그렇지 못하던 간에 내 기업의 소유권이 하나님께 있음을 인식하고 결단하는 것이 성경적 세계관에 입각한 경영의 출발점이다.

5. 창세기의 경영원리

하나님은 세상을 창조하시면서 먼저 생물들에게 복을 주시며 생육하고 번성하라고 하셨다. 이어서 사람을 창조하시고 복을 주시며 생육하고 번성하여 땅에 충만하라, 땅을 정복하고, 모든 생물을 다스리라고 하셨다. 하나님의 창조 목적이 생명을 가진 피조물들이 생육하고 번성하는 형통의 축복을 누리시기를 바라셨으나, 인간이 범죄함으로 에덴 동산에서 추방당함에 따라 형통의 축복을 누리지 못하게 되었다. 그러나 하나님은 구원의 역사를 이루기 위하여 아브라함을 택하고 부르시어 형통의 축복을 약속하셨다. 그 축복은 이삭, 야곱, 요셉으로 이어지고 야곱의 가족들이 애굽으로 이주하여 이스라엘이라는 민족으로 형성되기 시작하는 시점에서 창세기는 끝난다.

이 과정에 나타나는 핵심 원리를 〈그림 1〉로 정리해 보았다. 창세기의 핵심 메시지는 창조(creation)와 형통(prosperity)이다. 창세기에 나타난 성경적 원리를 1) 창조를 중심으로, 2) 생명, 3) 위임, 4) 공급으로 정리해 보았고, 5) 형통을 중심으로 6) 비전, 7) 공정, 8) 화해, 그리고 두 삼각형을 이어주는 것을 9) 언약과 10) 소통으로 보았다. 하나님은 세상을 창조하시고 형통의 축복을 주셨다는 것이 창세기가 시작하면서 나오는 메시지다. 그래서 왼쪽의 삼각형의 가운데 창조가 있으며, 이를 둘러싸고 생명(life), 위임(delegation), 공급(provision)이 있다. 창조사역의 핵심은 생명을 창조하신 것이고, 사람에게 이 세상을 다스릴 것을 위임하셨으며, 인간의 생존에 필요한 것을 공급해 주셨기 때문이다.

〈그림 1〉 창세기의 원리

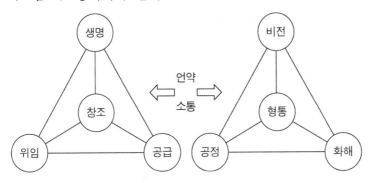

　　오른쪽 삼각형의 가운데는 형통이 있으며, 형통을 둘러싸고 비전(vision), 공정(justice), 화해(reconciliation)가 있다. 하나님은 아브라함을 부르시어 큰 민족을 이루고 복을 주시고 그 이름을 창대하게 할 것을 약속하였다. 그리고 아브라함 자체가 복이 되며, 아브라함으로 말미암아 땅의 모든 족속이 복을 받을 것이라고 하셨다. 아브라함은 현재 아무것도 주어진 것이 없었지만 하나님께서 주신 꿈과 소망을 가지고 새로운 삶의 여정을 시작했다. 하나님은 죄악이 가득한 이 세상을 홍수로 심판하셨지만 아브라함이라는 한 사람을 택하여 하나님의 뜻이 세상에 실현되기를 바라셨다.

아브라함과 그 후손을 통하여 하나님의 성품인 공정성(의로움)이 드러나게 되기를 바라셨다. 이는 나의 행위로 얻어지는 하나님의 성품이 아니라 순종함으로 얻게 되는 의(義)인 것이다. 이에 대해 바울은 "성경이 무엇을 말하느냐 아브라함이 하나님을 믿으매 그것이 그에게 의로 여겨진 바 되었으니라"(롬 2:3)라고 말했다. 야곱과 같이 흠이 많은 사람도 순종함으로 하나님 안에 성품이 연단되면서 이스라엘이라는 한 민족을 이루게 되는 데 쓰임을 받았다. 또한 요셉을 통하여서는 공의의 하나님이시며 사랑의 하나님이심을 나타내 보이셨다. 자신의 생명을 해하려 하고, 노예로 팔아버린 형들을 용서하고 화해하는 요셉의 모습에서 인류의 구원을 위하여 예수 그리스도를 예비하신 하나님의 사랑이 드러나 있다.

왼쪽 삼각형과 오른쪽 삼각형의 연결고리는 언약(covenant)과 소통(communication)이다. 창조와 형통을 이어주는 것이 하나님의 축복하시면서 구원을 약속하시는 언약이다. 그리고 이 언약을 반복해서 하나님께서 택하신 사람과 소통하셨다. 처음에 택하심을 받은 사람은 노아였기 때문에 이를 노아언약이라고 한다. 그리고 아브라함을 택하여 한 민족을 이루고, 이 민족을 통해 모든 민족이 구원을 얻게 될 것이라는 약속을 하셨기 때문에 이를 아브라함 언약이라고 한다. 하나님은 아브라함에게 수차례 반복해서 메시지를 전달하셨으며, 이는 점점 구체화되었다. 이스라엘 민족이 이방 땅에서 살다가 나오게 될 것이라는 것으로 말씀을 마치셨고, 약속은 그 후손인 이삭과 야곱으로 이어진다.

창세기의 하나님은 소통하시는 하나님이시며, 추상적이고 모호하게 소통하는 것이 아니라 구체적이고 명백하게 소통하셨다. 홍수 이후 노아에게는 무지개로 언약하셨고, 아브라함에게 민족을 이루게 되리라는 언약을 하시면서 밤하늘의 별을 보게 하셨다. 다음 장부터는 이와 같은 창세기의 원리를 하나씩 살펴보고자 한다.

▣ 실천지침

1. 자신의 세계관을 점검해보고 성경적 가르침에 합당하지 않는 부분이 있는지 점검해보자. 합당하지 않는 점이 있다면 어떻게 바꾸어 갈 것인지 생각해보자.

2. 나 자신은 기업활동과 삶을 통하여 하나님의 창조명령을 수행하고 있는지 점검해보자.

3. 만물이 하나님께 속하였다는 사실은 온전히 인정하는가? 그렇다면 내가 소유한 것들을 바르게 사용하여 하나님의 소유권을 인정하고 있는지 살펴보자.

4. 죄와 타락의 영향이 조직 운영에 부정적인 영향을 미치고 있는 점을 살펴보고 이를 해결할 수 있는 방안을 생각해 보자.

5. 창세기의 경영원리 10가지에 대해 생각해 보고, 우리 회사에 중요하게 적용할 수 있는 방안을 찾아보자.

▣ 토의주제

1. 하나님이 천지를 창조하셨다는 사실을 믿는 것이 나의 삶과 의사결정에 어떠한 영향을 미치고 있는가? 기업 경영에 이러한 믿음을 어디까지 어떻게 반영할 수 있는지 토의해보자.

2. 만물이 하나님의 소유임에도 불구하고 인간의 소유권을 인정하신 이유에 대해 생각해보자. 소유제도가 탐욕의 근원이 되기 때문에 이를 없애야 한다는 주장에 대한 당신의 생각은 어떠한가?

3. 하나님이 땅의 소유권을 중요하게 보신 이유는 무엇인가? 땅을 유업으로 주겠다는 말씀의 영적 의미는 무엇인가?

4. 기업을 경영하면서 죄와 타락의 문제가 어떻게 나타나고 있는지 점검해보고 이를 어떻게 다룰지 논의해보자.

5. 창세기 경영원리 10가지의 적용에 있어서 긍정적인 면과 한계점에 대해 토의해보자.

2

창조의 원리

1. 창조주 하나님과 인간의 창조성

천지를 창조하신 하나님이 자기의 형상대로 사람을 창조하셨기 때문에 인간에게는 하나님의 창조 능력이 내재되어 있다. 인간은 하나님의 창조성을 가지고 생육하고 번성하라는 창조명령을 수행해 왔으며, 인류의 역사는 하나님으로부터 부여된 인간의 창조 능력이 세상에 구현된 결과이다.

창조성은 인간 모두가 가지고 있는 보편적인 능력이기 때문에 환경이나 학습방법에 따라 잘 발현되기도 하고 그렇지 않은 경우 사장되기도 한다. 하나님은 인간 개개인의 창조 능력이 하나님이 기대하시는 선한 방향으로 발휘되기를 기대하신다. 그러나 죄로 인해 타락한 인간은 창조성을 죄의 도구로 사용하기도 한다.

폴 마이어는 자신의 목표가 하나님이 만드신 세상을 더 좋게 만드는 것이라고 한다. "나의 목표는 하나님께서 세상을 좀 더 좋은 곳으로 만드시려고 내게 주신 기술, 재능, 그리고 은사들을 지속적으로 개발하고 사용하는 것이다." 그는 자신에게 확신을 주는 존 웨슬리의 말을 좋아한다. "할 수 있는 한 최선의 것을, 할 수 있는 한 모든 사람과 함께, 할 수 있는 한 모든 장소에서, 할 수 있는 한 끝까지." [13)]

로버트 프레이저는 "하나님은 최고의 정교한 기술자이시다. 그분은 아름다움을 창조하시기를 기뻐하시고, 그 창조적 은사를 땅 위의 기술자와 나누기를 기뻐하신다. 정교한 기술자로서의 부르심을 받은 일터의 그리스도인들은 하나님을 위하여 기술을 사용하고 가장 최고의 것을 하나님께 드리고자 하는 동기를 갖게 되

며, 그 과정에서 창조주 하나님의 특별한 계시를 받고 그 받은 것을 반영하게 된다"라고 말한다.[14]

창세기에 나타난 창조의 과정은 첫째, 무질서에서 질서를 만들어 낸다. "땅이 혼돈하고 공허하며 흑암이 깊음 위에 있고 하나님의 신은 수면 위에 운행하시니라"(1:2). 창조 이전에는 카오스 상태였던 우주에 하나님의 영이 움직이면서 질서를 부여하신다. 무질서에서 질서를 만드는 것은 엔트로피의 법칙이 적용된다. 무질서 상태에는 일정한 수준의 힘이 주어져야만 질서가 만들어지기 때문에 하나님의 에너지가 작용했던 것이다.

둘째, 말씀으로 명령하는 것이다. "빛이 있으라 하시니 빛이 있었고"(1:3), "물과 물로 나뉘라"(3:6), "물이 한 군데로 모이고 뭍이 드러나라", "열매 맺는 나무를 내라"라고 하신 말씀은 그 자체로 현실이 되는 것이다. 창조는 무에서 유를, 무질서에서 질서를 만들고자 하는 의지와 명령에서 시작되었다. 따라서 창조는 창조의 의지와 함께 창조에 대한 선언이 출발점이다.

셋째는 구분하는 것이다. 빛과 어두움을 나누고(1:4), 물과 물을 나누고(1:6), 물과 육지의 경계를 정하셨다(1:9). 남자와 여자도 시차를 두고 각각 나누어 창조하셨다. 사람을 창조하실 때는, 다른 피조물과 달리 하나님의 형상을 따라 창조하셨다(1:27). 혼돈에서 질서를 부여하기 위해서 경계를 정하고 각자의 위치를 정해주셨다.

넷째는 창조세계를 관리하도록 하는 것이다. 하나님이 인간을 축복하시며 생육하고 번성하여 땅에 충만하고 땅을 정복하라 하셨다. 그리고 땅에 있는 모든 생물을 다스리라 하셨다(1:28). 또한 에덴 동산을 만드시고 사람을 그곳에 두어 경작하며 지키게 하였다(2:15). 창조된 채로 놓아두지 않으시고 관리자를 두어 가꾸고 지키도록 하셨다. 팀하스의 하형록 대표는 "천지를 창조하신 주님께서 인간에게 가장 먼저 주신 명령은 '생육하고 번성하며 이 땅을 정복하라'는 것이었다. 당신의 백성을 출애굽시킨 뒤에 명령하신 것도 땅을 정복하는 것이었다. 오늘날 우리에게도 하나님은 같은 명령을 하고 계신다"라고 말한다.[15]

다섯째는 '보시기에 좋았더라'라는 것이다. "하나님이 지으신 그 모든 것을 보시니 보시기에 심히 좋았더라"(1:31). 창조의 결과는 하나님이 보시기에 좋아야 한다. 창조는 선하고 아름다운 것이 되어야 인간에게도 유익하기 때문이다. 팀하스는 도심에 보기 싫은 흉물같은 주차장을 아름다운 건축물로 탈바꿈시켜 범죄도 예방하면서 사람들의 심미적, 경제적 가치를 증진시킴으로써 사업에 성공한 기업이다.

하형록 대표는 "주차장을 이용하는 사람들은 이왕이면 깨끗하고 안전한 빌딩에 차를 대고 싶어 하기 때문에 비용이 좀 들더라도 믿을 만한 주차장을 찾는다. 주차빌딩이 쾌적하고 아름다우며 거기에 사람들이 흔히 이용하는 커피숍이나 베이커리, 24시간 대형마트가 있으면 사람들이 몰린다. 자연히 그 일대가 밝아지고 24시간 내내 사람들이 다니기 때문에 범죄도 일어나지 않는다." 주차 빌딩 하나로 우범 지역이던 곳이 되살아나도록 했다. "누구든지 볼품없을지라도 하나님의 말씀이 들어가면 살아나듯이 주차 빌딩도 하나님이 주신 마음으로 시작했더니 주변 상가까지 살아났다"고 말한다.[16]

하나님의 창조는 탁월함을 추구한다. 탁월함은 하나님이 창조하신 것들의 최선을 실현하는 것을 뜻한다. "어떤 것이 하나님 나라를 나타낸다면 그것은 언제나 탁월할 것이다. 우리는 하늘에 속한 것의 온전함을 완전히 복제할 수는 없다. 그러나 하나님이 세상에 보낸 대사이신 예수 그리스도께 우리 자신을 맞추어 간다면 우리는 하늘에 속한 것을 본받을 수 있을 것이다. 궁극적으로 탁월함은 제품이나 공정이 아니라 사람으로 정의된다." [17]

로버트 프레이저는 "모든 창조적인 아이디어는 하나님으로부터 오며, 그분이 기뻐하시는 사람에게 그것을 주신다. 하나님께서는 부요를 창출할 수 있는 초자연적인 능력을 주시는데, 자기의 왕국을 세우는 것을 멈추고, 그 능력으로 하나님의 나라를 이 땅에 이루려는 사람에게 주신다"라고 말한다. "하나님은 인간에게 창조력을 주시어 하나님의 뜻을 나타내신다.

가난했던 조지 와싱턴 카버는 노예출신임에도 땅콩에 매료되어 그것에 대해 연구를 거듭하였다. 그 당시 땅콩은 잡초보다 조금 나은 취급을 받았다. 하나님이 땅콩을 창조하셨기에, 그는 하나님께 땅콩이 어디에 유용하게 쓰일 수 있을지 보여주도록 기도했다. 카버는 땅콩의 200가지 용도를 개발하여 독립전쟁 후 가난한 남쪽 지역의 경제를 단숨에 변혁시켜 놓았다. 그에게 개발은 단순히 하나님을 발견하는 것이었다. 자연의 다양한 모습은 하나님께서 내게 그 분과 교통하며 커튼을 들어 안을 봄으로 그 분의 영광, 존귀, 능력을 더 볼 수 있도록 허락하신 작은 창이다." [18]

창세기에 나타난 인간의 창조활동의 첫 번째는 아담이 짐승들의 이름을 짓는 것이었다. 이름을 짓는다는 것은 대상의 정체성에 의미를 부여하는 것이다.

두 번째는 생계를 위한 생산활동이었다. 아벨은 양치는 자였고 가인은 농사를 지었다. 목축업과 농업이 생업으로서의 창조적 활동이었다.

셋째는 자신을 보호하는 생활의 근거를 만드는 활동이었다. 에덴동산에서 쫓겨난 가인이 성을 쌓고 에녹이라 이름을 지었다.

넷째는 라멕의 아들 대에 이르러 유발은 음악하는 자로, 두발가인은 동철 기계를 만드는 장인이 되었다. 예술과 기술분야에서 창조성이 발현되기 시작했다.

다섯째 노아가 하나님의 명령에 따라 방주를 건설했다. 방주는 하나님의 홍수 심판 가운데 생명을 보전하고자 하는 하나님의 계획에 대한 순종의 결과물이다.

여섯째, 인간의 집단적 창조 활동은 바벨탑 건설이었다. 목적은 하늘에 닿을 정도로 높이 쌓아 이름을 내고 흩어짐을 면하고자 하는 것이었다. 하나님은 이 계획을 악하게 보아 언어를 혼잡케 하여 중단시켰지만, 집단 창조활동의 가능성을 보여주었다.

일곱 번째 창조적 활동은 요셉이 하나님의 계시에 따라 거대한 식량창고를 지어 흉년에 대비하는 것이었다. 이는 생명을 살리고자 하는 하나님의 계획에 의하여 이루어진 것이다.

이처럼 창세기에 나타난 창조적 활동을 보면 생존을 위한 활동과 문화예술적 활동, 그리고 하나님의 구원사역에 동참하는 활동들이 나타난다. 인간은 이러한 창조 활동을 통하여 생육하고 번성하여 땅에 충만하라는 하나님의 명령을 수행해 왔다.

2. 창조와 경영

1) 창조성과 가치창출

창조성은 아무것도 아닌 것처럼 보이는 곳에서 가능성을 끄집어내고 쓸모 있는 것으로 재탄생시킨다. 또한 질서와 아름다움, 의미를 부여하는 마음과 정신의 능력이며 우리를 존재하게 하는 힘이라고 할 수 있다.[19] 또한 창조성은 경쟁에서 차별적 우위를 실현하고 기업의 가치를 창출하는 핵심요소이다. 경영은 인간의 창조적 역량을 활용하여 새로운 부가가치를 만들어 내는 활동이다. 따라서 기업은 개인과 집단의 창조성이 발휘되는 곳이며, 경영은 이를 효과적으로 구현할 수 있도록 지원하는 역할을 해야 한다.

기업은 각기 다른 재능을 받은 사람들의 모임이며, 이러한 재능은 창조주로부터 받았기 때문에 기업은 영적 은사 교환의 장이기도 하다. 기업의 문화와 관리방식에 따라 개개인이 가진 창조적 역량이 발휘되기도 하고 또 사장되기도 하기 때문에 경영자는 자신이 책임지고 있는 조직에서 구성원들의 잠재적 역량이 최대한 발현될 수 있도록 해야 한다.

"창조적 역량을 가진 집단은 만들어지는 것이지 태어나는 것이 아니다"라고 오라클 창업자 래리 엘리슨은 말한다. 그는 자신의 일이 "창조적 역량 개발에 도움이 되는 환경을 만드는 것"이며, "창조적 환경에 놓인 보통 수준의 지적 그룹이, 창의적인 개인으로 이루어졌지만 숨막히는 환경에 놓인 집단보다 훨씬 혁신적일 수 있다"고 말한다.[20]

창조성을 기반으로 성장한 대표적인 사례로는 3M을 들 수 있다. 3M의 창조적 학습역량을 강화시킨 요인은 모험을 장려하는 기업문화에 있다. 구성원의 창의성을 향상시켜 이를 사업에 반영하려는 기업은 많지만, 제품개발과정에서 실패를 인정하는 기업은 많지 않다. 실패를 용인하는 기업문화가 3M의 구성원들로 하여금 지속적으로 창조성을 발휘하게 하는 원동력이다.

이러한 기업문화는 전 회장 윌리엄 맥나이트의 경영방침에 힘입은 바가 크다. 그는 "경영자가 구성원의 실패를 용인하지 못한다면 구성원의 창조성도 말살된다. 실수는 누구나 할 수 있고, 실수는 언젠가 더 큰 성장의 원천이 된다"라는 경영방침을 강조했다. 실패를 두려워하지 않는 도전정신은 전 구성원의 학습을 장려하고 아이디어를 촉진하는 역할을 했다.[21]

나이키가 창업한 지 30년 만에 세계적인 기업으로 성장할 수 있었던 것은 자유로운 분위기에서 창조성을 존중했기 때문이다. 나이키는 브랜드 하나로 기업을 운영해야 하기 때문에 '아이디어'를 최고의 선으로 생각하는 기업문화를 가지고 있다. 이 회사는 일찍이 플렉시블 워크아웃(flexible workout) 방식을 채택해 왔다. 업무시간을 스스로 결정할 수 있는 시간관리 제도를 채택하여 구성원들에게 창의성 개발의 기반을 마련하도록 한 것이다. 사원들은 휴식시간 뿐만 아니라 근무시간에도 자유롭다. 근무시간에 한 시간 조깅을 즐기면 한 시간 늦게 퇴근하면 된다. 자유로운 분위기 속에서 창의성이 발휘될 수 있다는 경영철학이 반영된 결과다. "당신들은 보이는 것들에만 의문을 갖지만 나는 존재하지 않았던 것들에 대해 왜 그것들이 존재하지 않았는지 의문을 갖는다"라는 문구가 나이키 본사 직원들의 책상에 걸려있다. 나이키의 본사를 캠퍼스라고 부르는 이유는 대학교의 창의적이고 자유로운 사고방식을 유지하도록 하기 위한 경영 방침에서 나온 것이다.[22]

리디아알앤씨는 수평조직을 유지하면서 각자의 주인의식이 뚜렷하다. 주도성과 주인의식은 세미나, 미니 MBA, 해외연수 등 사내교육의 적극적인 참여에서도 잘 드러난다. 모두가 성장하고자 하는 열망이 있어서 업무의 주도성을 가지고 다양한 창의적인 아이디어를 발산한다. 조직운영에서 새롭고 창의적인 아이디어가 계속 나오는 것은 직원들의 혁신제안과 성과급을 연결했기 때문이다. 또한 리디아에서는 끊임없이 뭐가 더 좋을까 토론한다. 스스로 질문을 던지고, 고객들로부터 알아보고, 집에 가서도 궁리를 한다. 자기 일을 사랑하는 직원들로 가득차 있다.[23]

2) 기업의 본질은 고객창조

기업의 본질은 고객을 창조(creation of customers)하는 것이다.[24] 드러커는 대표적인 사례로 시장이 축소되고 있던 카펫산업이 주택건설 업자와 제휴해서 새로운 수요를 창출한 사례를 들고 있다. 주택을 건설하면서 마루바닥에 완성도를 높이는 데 들어가는 비용 대신 카페트를 깔도록 해서 건설업자는 비용을 절감하고, 고객의 만족도는 높여서 새로운 고객가치를 창출했다.

농기구 회사인 맥코믹도 고객창조의 사례이다. 혁신적인 농기구를 만들어 냈지만 가격이 비싸서 선뜻 구매하기 어려웠던 농민들에게 먼저 농기구를 제공하고 후에 소득이 생기면 나누어 갚도록 했다. 미래의 소득을 기반으로 현재의 수요를 창출한 할부판매의 시작이었다.

정수기 렌탈 사업의 선구자인 웅진코웨이도 IMF 경제위기 상황에서 고가의 정수기 구매가 어려웠던 중산층 가정에 수질관리 서비스까지 제공하는 렌탈 제도를 도입해 엄청난 수요를 창출했고 업계 1위로 도약할 수 있었다.

성주그룹의 김성주 회장은 고객가치 창조를 위한 품질 향상의 중요성을 강조한다. "성주그룹은 미래를 이끌기 위해 최고가 되고자 한다. 세계 최고 수준의 제품을 만들기 위해 품질에 대해서는 결코 타협하지 않았으며, 제품의 품질을 지킬 수 있다면 생산 라인을 중단할 수 있다는 생각으로 일해 왔다고 자부한다. 그들이 일하는 영역에서 최고가 되지 않으면 각각 다른 피부색과 문화 그리고 트렌드가 유행하는 전 세계 시장을 상대로 사업을 계속할 수도 없고, 진정한 글로벌 회사로 성장할 수 없다고 믿는다. 이를 위해 실패를 두려워하지 않는 개척자 정신, 자신의 한계를 넘어서는 도전자 정신으로 무장하고 항상 긍정적이고 적극적인 자세로 발로 뛰는 현장에서 일하고 있다."[25]

그는 창의성을 좀더 넓은 의미로 해석하고 있다. 좁은 의미의 창의성은 남들이 못해내는 좋은 생각이나 신선한 발상을 할 수 있는 능력이다. 하지만 김성주 회장은 "어떤 문제를 맞닥뜨렸을 때 자신의 강점과 약점을 정확히 알고 사고의 바탕을 전환함으로써 자신의 약점까지 강점으로 전환할 수 있는 지혜, 또는 적극적인 문제해결 능력"을 창의성이라고 부르며 넓은 의미로 이해하고 있다.[26]

고객을 창조하기 위해서는 고객이 느끼는 가성비를 높여야 한다. 이를 체계적으로 접근하기 위한 방법이 가치혁신(value innovation) 이다. 고객의 입장에서 불필요한 가치는 없애거나(erase) 줄이고 (reduce) 필요한 가치는 증가시키거나(raise) 창조(create)하는 ERRC방법이 적용된다. 가치혁신을 통하여 현재의 고객이 아닌 새로운 고객을 창조하고 시장을 선점하면 치열한 경쟁을 피하면서 성과를 올릴 수 있기 때문에 지난 30년간 고객창조의 방법론으로 널리 활용되어 왔다.

　대표적인 사례로 태양의 서커스가 있다. 30여년 전 서커스는 사양산업이었다. 숙련된 공중제비 전문가를 구하기 힘들었고 코끼리나 사자 같은 동물들을 유지하기에는 고비용이 필요했다. 또한 동물 보호단체의 압력도 받게 되었다. 이러한 상황에서 캐나다의 한 서커스 공연단은 서커스의 컨셉을 완전히 바꾸었다. 고가의 비용이 필요한 공중제비돌기나 동물묘기쇼는 없애고 서커스에 예술적 콘텐츠와 탁월한 연출과 기술을 가미한 쇼비즈니스로 재탄생 시켰다. 그 결과 과거에 서커스를 보지 않던 고객들을 새로운 고객으로 끌어들이는 고객창조에 성공했다.

　이밖에도 가치혁신은 항공산업의 사우스웨스트 에어라인, 호주의 와인 비즈니스 엘로우 테일, 여성전용 피트니스 클럽 커브스 등에 이르기까지 수많은 성공사례를 만들어 왔다.

3) 자유의지와 조직의 창조성

창조성은 자유의지를 가진 인간의 자발성이 발휘될 때 우수한 성과를 만들어 낼 수 있다. 창조성을 발휘하도록 하려면 내재적 동기화(intrinsic motivation)와 우연학습(incidental learning)의 기회가 주어져야 한다.[27] 일본의 생산성 향상을 가져온 품질관리 소집단 활동의 핵심은 개선 제안제도의 활용이다. 일본 특유의 집단주의 정신과 조직으로부터 인정받는 것에 기초한 자발성이 일본식 제안제도의 성공요인이었다. 자발성을 높이려면 비공식적인 활동을 보장하여 자유로운 탐색으로부터 얻어지는 중요한 지식이나 통찰의 가능성을 높여야 한다. 즉, 자유의지를 가지고 자발적인 활동을 할 수 있는 기회를 제공해야 한다.

HP, 3M, 도시바 등의 기업은 직원이 회사에서 쓰는 시간의 10~15%를 비공식적 활동에 쓰도록 했다. 비공식적인 활동을 통해 현업에서 벗어난 새로운 아이디어를 도출해볼 수 있는 기회를 제공하기 위한 것이다.

3M은 총매출액의 30%는 최근 4년 이내의 신상품으로 나와야 한다는 룰을 정해 창의적이고 혁신적인 제품이 매출액의 일정 부분을 차지하도록 했다. 그러나 이 제도는 할당 비율을 지키기 위해 신제품으로 포장하는 행동이 증가하는 예기치 않은 부작용도 만들어 냈다. 의도는 좋았지만 아이디어 할당제가 가진 함정이 있다. 따라서 제도적으로 비공식적 활동시간을 갖도록 하는 것보다 자발적으로 비공식적 활동을 가지는 것이 더 바람직하다. 직원들이 지시나 교육 없이 무엇인가 새롭고 잠재적으로 유용한 것

을 할 때 창의적인 기업이 될 수 있기 때문이다.[28)]

직원들의 창의적 아이디어를 활성화하기 위한 방법으로 일찍이 제안제도가 활용되어 왔다. 제안제도를 최초로 활용해서 높은 성과를 거둔 기업인은 NCR의 존 패터슨이다. 이 회사는 혁신적일 뿐만 아니라 종업원에게 최고의 임금과 복지를 제공하는 선도적인 회사였다. IBM의 창업자인 토마스 왓슨이 NCR의 판매관리자 출신으로 패터슨의 경영철학과 혁신 방법론을 배워 자신의 기업에 활용했다. 코닥의 창업자 이스트만도 제안제도를 적극적으로 활용한 경영자였다.

네패스도 제안제도를 적용하여 창의성 향상의 수단으로 활용해 왔다. 직원들의 창조적 역량을 기르기 위해 다양한 프로그램을 가지고 있다. 제안제도를 도입했지만, 초기에 성과가 나오지 않다가 갑자기 급증하게 되었는데, 이는 감사경영을 통해 직원들이 감사훈련을 시작한 시기와 일치했다고 한다. 감사하는 마음이 자발성을 일으키고 제안제도에 적극적으로 참여하게 한 것이다.

네패스는 "조직의 창조성은 직원들의 자발성에 기반할 때 효과적으로 발휘될 수 있다"는 경영철학을 가지고 있다. 억지로 시켜서 하게 되면 창조성이 발휘되기 힘들기 때문이다. 훈련을 제공하면 창의적인 분위기가 고조된다. 네패스는 i훈련(innovation training)을 통하여 직원들이 생각하는 힘과 공감대를 갖도록 하는데, 핵심 수단은 독서와 토론이다. 창의력 훈련과 창의적 문제해결 훈련을 받은 직원들은 창의적 사고 테스트에서 높은 점수를 받고 비즈니스에서 좀 더 나은 실적을 올린다. 이병구 회장은 "혁신과 창조는 개인의 창의성에서 나오며, 창의성은 관찰의 힘에서

나옵니다"라고 말한다.[29]

제안제도가 성공하기 위해서는 모든 구성원이 제도를 잘 이해하고 이에 쉽게 접근할 수 있어야 한다. 전 직원의 참여를 필요로 하며 사용이 쉬워야 한다. 이를 위해서는 제출 양식을 간단하게 해야 하며, 제안된 아이디에 대해 신속히 피드백을 해줘야 한다. 또한 내재적 동기화를 강화하고 보상은 최소화해야 한다. 보상을 최소화해야 하는 이유는 과도한 보상은 자발성을 떨어뜨리기 때문이다(조직의 창의성). 창조성이 발현되는 조직이 되기 위해서는 다양한 자극의 원천이 필요하고 도전정신을 고취시켜야 하며, 여유시간과 자율성을 보장해 주어야 한다.

웅진코웨이는 게임을 하는 듯한 제안제도를 만들어 큰 성공을 거두었다. 게임이나 인터넷에서는 참여도가 높은 사용자들에게 '내공'을 주는데, 이것이 바로 자발적 참여의 원동력이라는 데 주목했다. 직원이 제안제도 시스템인 '상상오션'에 아이디어를 내거나, 댓글을 달거나, 제출한 아이디어가 우수 등급 판정을 받으면 웅진코웨이는 보상 명목으로 일종의 포인트를 제공한다. 이러한 제안제도를 만들자, 직원들의 반응이 달라졌다. 직원당 월평균 제안 아이디어 수가 1.36건에 불과했지만, 상상오션 도입후 1년만에 8.61건으로 증가했으며, 전체 직원의 96.5%가 상상오션을 이용하게 되었다.[30]

사람들은 스스로 무엇인가를 성취할 수 있는 기회를 갖게 되면 자긍심을 갖게 된다. 그래서 구성원들이 의사결정에 참여하고 스스로 의사결정을 내릴 수 있도록 장려해야 한다. 개방적 커뮤니케이션을 장려하여 지식과 정보의 공유를 활성화해야 한다. 구성원들은 자유롭게 자신들의 생각을 표현할 수 있도록 해야 한다. 수평적 상호 의사소통은 창의성이 살아날 수 있는 근원이다. 창조적 역량이 개발되려면 조직차원의 지원, 특히 최고경영층의 적극적인 지원이 필요하다. 위험감수와 미래지향적인 실패를 용인하고, 실패를 통해서 학습할 수 있는 기회를 제공해야 한다.

구성원들이 창조성을 발휘하여 성과를 거두려면 방향일치가 필요하다. 각자가 가진 에너지를 한 방향으로 정렬시켜야 성과를 높일 수 있기 때문이다. 회사의 핵심목표가 조직 내 모든 사람의 지지를 받도록 함으로써 모든 직원이 확실히 이러한 목표에 부합하는 선택과 결정을 하도록 해야 한다. 이를 위해서는 회사의 핵심목표가 무엇인지 명확히 해야 한다. 또한 창의적 사고를 하도록 다양한 자극이 필요하다. 직무순환, 외부 사람들과 상호작용, 조직에 적용할 수 있는 기회를 제공해야 한다. 또한 직접적 업무 연관성이 없는 직원과의 사내 커뮤니케이션을 증가시킬 필요가 있다.

3. 조직의 창조성과 개인의 창조성

기업의 창조성 발휘를 위해서는 창조적 직원을 뽑거나 육성하는 것도 필요하지만, 조직 환경이 개인이나 팀의 창조성을 발휘할 수 있도록 만드는 것이 보다 중요하다. 창의력의 바탕에는 네가지 중요한 원동력이 있다. 동기, 호기심과 두려움, 연결의 파괴와 새로운 연결, 평가 등인데, 이러한 기능들이 활발하게 움직이면 개인과 기업의 창의력과 혁신을 개척하고 단련하도록 조직을 이끌어갈 수 있다. 따라서 기업의 창조성 강화를 위한 이상적인 풍토는 직원들의 내부적 동기를 강화하고, 호기심에 필요한 안전망을 보장하며, 창의력에 대한 높은 기대를 유지하고, 적절한 평가를 제공하는 것이다. 연결의 파괴란 과도하게 연결된 기존의 지식이나 방식과 결별하는 것이며, 새로운 연결은 새로운 지식이나 방법을 받아들이는 것이다.

그러나 실제 현장을 보면 창의력을 발현하기 위한 이상적인 풍토를 갖춘 기업은 많지 않다. 스스로 창의적이라고 생각하는 많은 기업들도 창의적인 개인을 적절하게 길러내는 풍토가 부족하다. 또한 회사의 노력에도 불구하고 경쟁적인 사업 환경이 주는 불안감이 개인의 창의력을 짓누를 수 있다.[31]

창의력이 발휘될 수 있는 조직풍토를 만들기 위해서는 서로 공감할 수 있는 환경 조성이 필요하다. 리디아알앤씨는 직원에 대한 배려를 통해 조직에 대한 긍정 마인드를 갖게 한 것이 창의적 조직이 되는데 기여했다고 한다. 네패스의 이병구 회장은 감사운동을 통해 서로에게 공감하며 소통할 수 있는 조직풍토를 만들어서 창의성을 높이도록 했다. 그러나 개인의 창의력 향상을 전적으로 조직에만 의존할 수는 없다. 무관심하거나 적대적인 주변의 풍토로부터 자신의 창의력을 보호하고 개발하는 풍토를 만드는데 자기 자신이 주도적인 역할을 해야 경우도 발생한다.[32]

창조적인 조직이 되기 위해서는 모든 직급과 직무에 걸쳐서 창의력을 육성해야 한다. 창의력을 체계화하고 유지하기 위해서는 개인의 창의력과 팀의 창의력이 균형있게 발휘될 수 있도록 하며, 조직의 적절한 지원이 필요하다. 창조성은 외부적 동기와 내부적 동기가 균형을 이루며 작용할 때 발휘된다. 외부적 동기는 돈이나 명성 같은 외부적 보상에 반응하는 것이다. 외부적 동기가 순수한 내부적 동기를 위해 봉사하고 있을 때만 창의력이 발현될 수 있는 것이다.

내부적 동기는 개인이나 기업의 자연스러운 친화력에서 오며, 열정과 즐거움이 함께 할 때 높은 수준의 창의력이 발휘될 수 있다. 최고의 창의적인 결과물은 외부적인 동기와 내부적 동기가 함께 작용할 때 만들어질 수 있다.

개인의 창조성은 호기심과 밀접하게 연관되어 있다. 호기심이란 미지의 가능성을 탐색하는 심리상태이며, 지식과 이해를 추구한다. 스스로 실험적인 환경을 조성해서 뜻밖의 발견으로 이어지게 한다. 창조라는 미지의 여행은 종종 두려움을 불러일으키게 한다. 사물에 대해 호기심을 갖는 방법은 질문을 많이 하는 것이다. 다른 사람과 이야기할 때 혹은 마음 속으로 이야기를 할 때마다 끊임없이 질문하는 습관을 가져야 한다.[33]

사람들은 호기심을 통해 새로운 환경을 이해하는 경험을 하고 새로운 통찰의 기회를 갖는다. 반면 두려움은 창의력에 부정적으로 작용하는 경향이 있지만, 강한 호기심에 기반한 열정은 두려움을 불사하게 한다. 열정은 개인의 창의적 풍토를 강화시켜 주며, 열정적으로 움직이는 사람들은 그들의 가치관을 다른 사람들에게 전달한다. 그 결과 좀더 상상력이 풍부하고 생산적인 방식으로 기존 연결을 파괴하고 새로운 연결의 수립을 지원하는 풍토로 발전시킬 수 있다.

창의력은 시간이 흐르면서 어떤 분야에 관련된 지식이 상당히 축적되었을 때 발휘된다. 지식은 새로운 해결책을 필요로 할 때 사용할 수 있는 자료의 창고가 되기 때문이다. 기존의 사고방식과 과거의 가설에서 벗어나기 위해서는 전혀 다른 분야의 정보 패턴을 알아보고, 서로 다른 지식을 연결하면 도움이 된다. 정보는 창의력을 키워주는 움직이는 지식이기 때문에 항상 풍요롭고 다양한 정보를 유지하면서 정보를 흘러가게 해야 한다. 정보가 위에서 아래로 흐를 뿐만 아니라 지도층을 향해 아래에서 위로 흘러가게 해야 한다. 조직에는 위로 올라가는 부정적 정보는 숨기려는 경향이 있기 때문에 이를 해결할 수 있는 방안을 마련해야 한다. 두려움 없이 부정적인 정보를 상호간에 전달하도록 하기 위해서는 신뢰와 배려의 조직문화가 있어야 한다.

평가는 창의력 구현 과정에서 가장 마지막에 요구되는 기능이다. 모든 창의적 아이디어가 긍정적인 결과를 만드는 것이 아니기 때문에 어느 단계에서 중지할 것인지에 대한 의사결정이 필요하다. 어떤 선택을 할 것인가의 대안은 다양하기 때문에 적절한 평가를 통해 실행 여부를 결정해야 한다. 평가에 의해 아이디어를 거부하거나, 부분적으로 채용하거나, 좀더 보완하거나, 아니면 완전히 채택하게 된다. 진정으로 개방적인 환경에서 일하는 직원들은 대부분 신속하게 자신을 평가하고, 그 평가를 생산적으로 사용할 수 있다.

창조적이 되고자 한다면 무엇보다 가설에 도전하고 연결을 파괴해서 새로운 아이디어를 생산하는 새로운 연결을 만들어야 한다. 창조적인 사람이 하는 일은, 완전히 달라보이는 생각이나 사물, 표현 형태들 사이의 관계를 인식하고, 그것들을 새로운 형태로 결합하는 것이다. 창조적인 사람은 연관성이 없어 보이는 것들을 연결하는 힘을 지녔다. 연관성이 없어 보이는 것을 연결시키는 것, 또는 이제까지 어울려본 적이 없는 것에서 새롭고 흥미로운 점을 찾아보는 것에서 인간의 창조적 능력이 깨어난다.[34]

창의성은 조직에서 신성시하는 가설에 대한 도전을 할 때 발휘된다. 역사를 통하여 형성된 관행이나 고정관념은 쉽게 도전을 허락하지 않으며 깨기 어렵다. 그러나 잘못된 가설을 비판 없이 수용하는 경우 창의성이 죽어 버릴 수 있음을 유의해야 한다. 따라서 아이디어의 대립과 도전을 격려하는 풍토가 있어야 기존 가설의 결함을 밝힐 수 있다. 린스타트업의 방법론은 초기 가설을 검증하고, 적절하지 않을 경우 신속하게 방향을 바꾸도록 함으로써 창의적 아이디어를 사업화하는 데 소요되는 비용과 시간을 절감하고 성공확률을 높이게 한다.

창의성은 기존의 연결을 파괴하고 새로운 연결을 수립하는 아이디어가 필요하다. 아이디어가 시장에서 가치를 실현하기 위해서는 정교하게 가다듬는 과정이 필요하다. 창업을 꿈꾸는 예비 창업자들에게 "아이디어가 기회는 아니다(Idea itself is not an opportunity)"라는 조언이 필요하다. 창업을 위해서는 좋은 비즈니스 아이디어가 필요하지만, 검증되지 않은 아이디어를 가지고 창업에 도전했다가 실패한 사례가 많기 때문에 아이디어는 숙성과 정교화의 과정이 필요하다. 아이디어를 구체화하는 것은 창조적 사고의 부분이다. 아이디어를 시장에 선보이고 싶다면 전문적인 조직의 도움이 필요하다.

창조적 기업이 되려면 다양성을 장려해야 한다. 최고경영진도

동질성이 너무 높으면 집단사고에 빠져 새로운 도전을 하지 못하게 되는 경향이 있다. 다양성은 시대에 뒤진 가설을 끊임없이 확인하고 비판하며, 새로운 가능성을 내다볼 수 있는 넓은 시야를 제공한다. 기업의 창의력은 그 기업이 최대한 개인의 다양한 접근방식과 사고를 지원할 때 가장 활발해진다. 창의적인 조직이 되기 위해서는 직원들과 경영진의 다양한 창의력 유형을 최대한 안전하게 지켜주는 정책이 필요하다. 다양한 시각을 포용하도록 구성된 소그룹은 다양한 각도에서 문제를 평가하게 된다. 소그룹 내의 생산적인 토론은 광범위하고 풍요로운 아이디어를 만들어 낸다.

직장인들에게 기존의 지식에 도전하고, 새로운 아이디어를 받아들이고, 자신의 사고방식에 대해 다시 생각해보도록 하는 교육은 매우 고무적인 결과를 낳는다. 창의력 교육은 조직이 융통성과 능력을 발휘해서 함께 일할 수 있게 한다. 하지만 다양성이 갖는 위험에 대해서도 경계를 해야 한다. 회사에 도움이 되는 다양성은 창의력과 기능적인 면에서 조화를 이루어야 한다.

창조적 조직이 되려면 직원들이 창조성을 발휘할 수 있는 조직 풍토를 조성해야 한다. 직원들의 창의력에 도움이 되지 않는 풍토는 정해진 업무진행 절차를 고수하고, 전례와 분석을 강조하고, 개인의 장점보다 업무방식을 우선으로 하거나, 과거의 해결책에 전적으로 의존하거나, 다른 회사의 전략을 지나치게 모방하는 경향 등을 들 수 있다. 따라서 회사 내 창의력을 육성하기 위해서는 1) 불필요한 통제를 줄일 것, 2) 창의력을 포상하는 제도를 실시할 것, 3) 효율성과 실패에 대한 새로운 마음가짐을 주입할 것, 4) 창의적 변화의 가치를 전달할 것, 5) 창의력을 물심양면으로 지원할 것, 6) 관리자들은 명령과 통제보다는 안내하는 입장에서 세심한 배려로 지도할 것 등이다.

서비스마스터의 경영자 래리 줄리언은 "하나님께서 모든 종업원 한 사람 한 사람마다 위엄과 가치, 잠재 능력과 선택의 자유를 주셨다고 믿는다. 목표는 하나님과 함께 시작해서, 하나님께서 창조하신 다양한 사람들을 받아들이고 그들의 능력을 계발시키는 회사를 건설하는 것이다. 사실, 이것이 서비스마스터의 성공 열쇠다. 개인의 잠재력, 위엄, 가치를 인정하는 사실이 비즈니스 성공과 성장에 아주 중요한 요소 가운데 하나였던 것이다"라고 말한다.[35]

서비스마스터는 직원들을 존경으로 대하여 사람들의 잠재력을 이끌어 내었다고 말한다. "모두들 위엄과 잠재력이 있는 사람들이었다. 우리는 단지 이들의 잠재력을 깨우고, 그에 따른 훈련 방향을 알려주고, 정당한 보상을 한 것뿐이었다. 눈에 보이지 않는 존경, 존엄, 봉사가 눈에 보이는 수익과 성장에 공헌할 수 있다는 점을 증명했다. 직원들에게 의미와 목적을 부여하는 일이 하나님을 경외하는 일일뿐만 아니라 비즈니스 자체에도 매우 유용함을 증거하고 있다. 하나님께서는 우리를 그저 생존하고, 돈을 벌기 위해 쉬지 않고 일만 하라고 부르진 않으셨다. 하나님께서는 한 사람 한 사람마다 특별한 이유와 목적을 두시고 창조하셨다. 그리고 저마다 이러한 삶을 실현하는데 필요한 능력과 기술, 재능을 완벽하게 갖춰주셨다."[36]

3M의 전 회장인 윌리엄 맥나이트는 이렇게 말했다. "우리가 권리와 책임을 부여한 직원들은 그들 방식대로 일을 하고 싶어할

것이다. 그들은 실패하겠지만, 대체로 담당자가 하는 실수는 경영진이 이래라 저래라 지시를 내리면서 저지르는 실수만큼 심각하지 않다". 실패에 대한 넓은 아량은 개인의 사고와 창의력을 강화한다. 자발성과 실패에 대한 회사의 반응에 따라 직원들이 생각하는 자율의 범위가 결정되기 때문이다. 시도하고 실패하고 다시 시도하는 직원들은 사실상 회사의 소중한 자산이다. 그들은 도전을 즐기고 기꺼이 새로운 프로젝트를 다시 시도하면서 점점 더 지혜로워지고 창의력을 능숙하게 사용하게 된다.

창의적 조직이 되기 위해서는 자원을 제공해야 한다. 일부는 물질적인 자원과 교육처럼 눈으로 보이는 것들이다. 이와 함께 목표설정, 피드백, 다양성과 같이 보이지 않는 것들도 포함된다. 직원들이 목표를 설정하는 일에 동참하도록 하면 창의적으로 목표를 향해 가도록 하는 내면적 동기를 부여할 수 있다. 직원들을 적재적소에 배치하고 그들에게 회사의 목표에 부합하는 개인적 목표를 세우도록 하면, 창의성과 융통성과 신선한 아이디어가 그들이 하는 일에 반영될 것이다.

창의력을 회사 목표로 하고 직원들에게 스스로 목표를 정해서 창의력 구현 과정에 참여하도록 하면 회사 전체의 창의력을 강화할 수 있다. 피드백 장치를 정교하게 이용하는 것은 창의적이고자 하는 회사에 중요한 자원이다. 직원들의 장점을 살리고, 내면의 동기를 강화하며, 목표를 향한 전진을 강조할 때 창조성 발휘가 효과적으로 이루어 질 수 있다.

4. 모순과 창조적 혁신

수많은 창조적 사고와 혁신이 모순을 해결하는 과정에서 나왔다. 경영세계에는 시간적 모순, 공간적 모순, 인간적 모순이 있다. 시간적 모순은 인간은 미래를 알 수 없으면서 미래를 준비하는 결정을 해야 한다. 한 시점(t1)에서 최선의 결정을 내렸지만 시간의 흐름에 따라 상황이 변하면서 다른 시점(t2)에서는 최악의 결정이 되는 일이 발생하기도 한다. 공간적 모순은 조직의 한 부서에서는 올바른 결정을 내렸지만 조직 전체 차원에서는 문제가 되는 경우가 발생한다.

A부서에는 합리적인 결정이 B부서에서는 불합리한 결정으로 받아들여지기도 한다. 예를 들어 마케팅 부서에서는 고객만족을 위해 다양한 제품 다양화를 원하지만 생산부서에서는 제품의 다양성이 늘어날수록 효율성이 떨어질 수 있다. 인간적 모순은 인간은 선하기도 하고 악하기도 하다는 사실이다. 선하다는 전제에서는 자율성을 부여할수록 성과가 나올 수 있지만 악하다는 전제에서는 통제가 필요하다.

모순해결을 창조적 혁신으로 이끈 대표적인 방법론은 트리즈(TRIZ)로, 러시아의 천재적인 발명가 겐리히 알트슐러(Genrich Altshuller)에 의하여 고안되었다. 그는 해군 특허부서에서 일하면서 수많은 발명 사례를 연구한 결과 우수한 발명들은 모순 해결에서 나왔다는 사실을 알게 되었다. 문제를 해결하는 패턴만 잘 알게 되면 학습을 통해 창의적 발명이 가능하고 했다. 트리즈 방법의 핵심 사상은 모순에는 이상적 해결책이 있다는 믿음을 가지라는 것이다. 모순을 만났을 때 쉽게 타협하여 절충안을 만들려 하지 말고 이상적인 최종 결과(IFR: ideal final result)를 도출하도록 하라는 것이다.

공학적으로 모순은 기술적 모순과 물리적 모순이 있다. 기술적 모순이란 한가지 성능을 좋게 하면 다른 성능이 나빠지는 상호 배치적인 관계서 발생한다. 예를 들면 비행기의 속도를 빨리하게 하려면 엔진의 마력을 높여야 하지만, 엔진의 무게가 증가해서 속도를 낮추게 된다. 물리적 모순은 시스템의 한 특성이 서로 상반되거나 혹은 다른 두 상태를 동시에 요구받는 상황이다. 냉장고 문에 있는 자석은 강한 밀폐를 위해서는 강해야 하지만, 쉬운 개방을 위해서는 약하기도 해야 한다.

알트슐러는 기술적 모순해결을 위한 40가지 방법을 제시했고, 모순 테이블을 만들어서 각각의 경우에 적합한 해결책을 쓰도록 했다. 물리적 모순 해결을 위해서는 시간에 의한 분리, 공간에 의한 분리, 부분/전체에 의한 분리, 조건에 의한 분리 등의 방법을 제시했다. 트리즈는 구 소련 내에서만 알려져 있다가 90년대 해외로 알려졌고 우리나라에도 90년대 후반에 도입되어 삼성, 포스코, LG, SK 등의 기업에서 널리 활용되고 있다.

5. 창조성과 사업기회의 발견

창조성은 창업과정에서 결정적으로 중요한 요소이다. 기존의 사업이 아닌 새로운 사업을 구상하려면 차별화된 아이디어가 필요한데 이는 창업가의 창조적 사고를 필요로 한다. 수많은 사업 아이디어가 현장에서 겪는 문제해결 과정에서 도출되었다. 창조적 아이디어를 찾기 위해서는 문제를 인식하는 것이 중요하다. 우선 가장 보편적인 문제는 생활의 불편함이다. 세상에는 사소한 불편함에서부터 심각한 불편함이 존재한다. 사소한 불편함을 해결하여 사업을 시작한 사례로는 큐팁스를 들 수 있다. 주부가 아이를 목욕시키고 귀에 남아있는 물기를 빼는데, 가느다란 나무막대에 솜을 끼워서 쓰다보니 솜이 귀속에 남아있는 불편함이 있었다. 이를 해결하고자 만든 것이 면봉 큐팁스였다.

탁월한 비즈니스의 시작은 개인적인 불편함을 바꿔보겠다는 생각이었고, 그것이 새로운 시장을 만들었다. 세상에는 불편한 경우가 많고 당황스러운 경우도 많기 때문에 수많은 사업 아이디어가 존재한다.

넷플릭스는 비디오를 렌탈했다가 깜박 잊고 제시간에 반납하지 않아서 물게 된 연체료에 열받아서 사업을 시작하게 되었다고 한다. 드롭박스는 USB 저장장치를 잊어버리고 가져오지 않아서 낭패를 경험에 의해 시작되었다. 택시잡기 어려웠던 경험 때문에 트래비스 캘러닉은 우버를 창업했다. 그는 차량이 필요한 사람과 차량을 제공해주는 사람을 연결해주는 애플리케이션을 개발하여 스타트업을 시작했다. 스티브 첸이 유튜브를 창업한 이유도 동영상 검색이 불편했기 때문이다. 검색도 어려웠을 뿐만 아니라 응용프로그램을 따로 설치하지 않으면 업로드나 다운로드도 어려웠다. 일반 인터넷 유저들에겐 동영상의 접근성이 떨어졌다. 그는 이를 해결할 방법으로 동영상만을 쉽게 검색하고 공유하는 서비스를 만들었는데, 이 서비스를 이용하면 프로그램을 깔고 다운로

드하는 수고 없이 동영상을 볼 수 있다.

창조적 아이디어는 타인의 고통에 대한 연민에서 출발한 경우가 많다. 켈로그 시리얼은 요양병원 소화기 환자의 불평을 귀담아듣는 데서 시작되었다. 빵을 먹으면 소화가 잘 안 된다는 문제를 해결하기 위해 노력한 결과 미국인의 아침 식탁을 차지한 히트 상품 시리얼이 탄생했다. 나이키는 오레곤 대학의 육상코치였던 빌 바우어만이 육상선수들이 발이 부르터서 고통받는 것을 해결하고자 하는 마음에서 출발해서 제자인 필나이트와 시작한 사업이 오늘날 세계적인 기업으로 발전한 것이다. 딜라이트 보청기는 김정현이 고가의 보청기를 구매하는 데서 오는 저소득층의 어려움을 해결하기 위해 저가보청기를 만들고자 하는 마음에서 시작되었다. 시각장애인을 위한 점자 시계를 개발한 김주윤은 시각장애인 학우의 어려움을 해결하고자 하는 마음에서 아이디어를 도출했다.

트렌드의 변화를 읽으면 창조적 기회를 찾을 수 있다. 기술의 변화를 기반으로 수많은 스타트업들이 나타났다. 20세기 후반에 가장 큰 영향을 미친 것은 반도체의 발명과 마이크로 일렉트로닉스의 발전이다. 이는 21세기 인터넷 확산과 모바일로 발전하면서 수많은 기업들을 탄생시켰다. 이제 4차 산업혁명의 시대를 맞아 AI, 빅데이터, 클라우드, 사물인터넷, 자율주행, 블록체인, VR/AR 등의 기술은 인간의 창조성의 무한 확장의 가능성을 보여주고 있다. 이와 같이 기술혁신은 창조성의 결과이며 새로운 창조성을 만들어 낸다.

기술혁신만이 아닌 가치관이나 생활양식 변화의 트렌즈를 읽으면서 창조적 기회를 발견할 수 있다. 가치관과 생활양식은 소득의 증가, 교육수준의 향상, 정보와 지식의 증가, 인구구성의 변화, 혁신기술의 확산 등에 영향을 받는다. 소득증가로 삶의 질을 중시하는 사회적 욕구가 증가하면서 레저, 문화, 생활정보, 주택정보화, 홈네트워크, 의료복지, 헬스케어 등에서 새로운 사업들이 증가하고 있다. 우리나라는 고령화가 진행되고 있기 때문에 노령인구를 대상으로 한 사업기회가 증가하고 있다. 가장 중요한 인구구성의 변화는 일인가구(싱글 이코노미)가 급증해서 전체 가구 수의 30%에 달하고 있다는 사실이다. 이러한 변화는 수많은 사업기회를 제공하고 있으며, 이러한 기회를 활용하고자 하는 스타트업이 급증하고 있다.

와디즈의 창업자 신혜성 대표는 크라우드 펀딩이라는 분야의 개척자이다. 한국에 크라우드 펀딩법이 만들어지기 전에 '리워드형' 크라우드 펀딩을 시작해서 당시 실정법에 저촉되지 않으면서 새로운 분야를 시작하게 되었다. 후에 법이 제정되면서 그는 이 분야의 선구자로서 자리매김하게 되었다. 그의 창조정신은 편안하고 안정된 산업은행이라는 직장을 그만두고 창업을 하면서 발휘되었다. 마치 아브라함이 하나님의 명령에 따라 안전한 친척과 아비집을 떠나면서 시작된 여정과 비슷하다. 그의 사업모델은 사회의 트렌드를 읽는 데서 시작되었다. SNS와 연결이라는 키워드를 가지고 금융 사업의 사업모델을 구상하게 되었다. 창조성은 시대의 변화를 한발 앞서 읽으면서 기회를 발견하고자 하는 마음에서 시작된 사례다.[37]

디랩의 송영광 대표도 코딩 교육 분야의 선구자로서 사업을 시작했다. 그도 삼성전자라는 안정된 직장을 떠남으로써 창업의 기회를 갖게 되었다. 임팩트 스퀘어의 도현명 대표도 고액연봉의 게임회사를 떠나면서 소셜벤처 컨설팅이라는 새로운 분야를 개척하게 되었다. 이러한 사례들로 비추어 볼 때, 창조적인 삶은 익숙하고 안정된 삶을 떠나는 데서 시작된다. 대부분의 사람들은 익숙한 삶을 떠나서 도전하기를 두려워한다. 현재가 만족스러워서가 아니라 미래가 불안하기 때문이다. 실패에 대한 두려움도 있다. 그러나 크리스천이 안정된 삶에 만족하는 것은 나의 달란트를 묻어두는 것이 될 수 있다. 미래에 대해 두려움을 갖는 것은 그분에 대한 신뢰가 부족하기 때문일 수 있다는 사실을 알아야 한다.[38]

6. 맺음말

인류의 역사는 인간이 하나님께로부터 받은 창의성을 발휘함으로 발전되어 왔다. 하나님은 인간을 창조하시고 생육하고 번성하여 땅에 충만하도록 하셨다. 인간에게는 하나님이 부여하신 창조능력이 내재해 있어서 올바르게 사용되면 세상을 더 좋게 발전시킬 수 있다. 많은 크리스천들이 하나님이 주신 창조성을 발휘하여 세상에 유익을 끼치고 그분의 영광을 찬양했다. 그러나 죄악의 영향을 받는 인간 세계에는 창조능력이 악의 도구, 범죄의 도구로 사용되기도 한다.

기업은 창조성을 기반으로 고객과 사회에 가치 있는 제품과 서비스를 창출하면서 존재한다. 기업 자체가 마케팅과 혁신을 통한 고객 창조 활동에 근거하고 있기 때문이다. 고객이 느끼는 가성비를 높이기 위해서는 가치혁신을 통해 필요한 가치는 창조하거나 증진시키고, 필요하지 않은 가치는 줄이거나 없애야 한다. 개인의 창조능력이 기업이라는 집단을 더욱 확대하고 발전시켜 탁월성과 아름다움을 실현해 왔다.

기업에서 창조성이 발휘되려면 자유의지를 가진 개개인의 자발성이 중요하다. 실패를 용인하는 관용성과 모험과 도전을 장려하는 기업문화가 필요하다. 하나님은 인간에게 자유의지를 주셨기 때문에 주도적으로 새로운 것을 시도하고자 할 때 본연의 창조능력이 실현될 수 있다.

창조성은 모순을 해결하는 과정에서 발휘될 수 있다. 경영세계에는 시간적 모순, 공간적 모순, 기술적 모순이 있고 공학적으로는 기술적 모순과 물리적 모순이 존재한다. 모순을 해결하기 위해서는 쉽게 절충이나 타협을 하기 보다 이상적인 최종결과가 있다는 전제하에 모순을 해결함으로써 혁신을 만들어 내야 한다.

창조성은 수많은 사업기회를 만들어 왔다. 세상에는 다양하고 복잡한 문제들이 산적해 있고 이를 해결하고자 하는 과정에서 새로운 사업들이 시작되었다. 또한 과학과 기술을 통해 새로운 지식이 창출되면서 이를 활용해 수많은 사업기회를 만들어 왔다. 많은 사업기회가 타인의 고통에 대한 연민과 공감에서 발견되기도 했다. 크리스천들은 하나님이 부여하신 창조성을 발휘해서 더 나은 세상을 만드는 데 기여해야 할 책임이 있다.

☑ 실천지침

1. 하나님은 인간을 창조적 존재로 만드셨고, 내 안에 그러한 능력이 잠재되었다는 사실을 인식하고 이를 발현하도록 힘쓴다.

2. 조직 내에 창의성을 높일 수 있는 제안제도, 독서토론회, 감사운동 등을 실천해 보도록 한다.

3. 직원들이 기업의 비전과 핵심가치에 공감하면서 자발성과 열정을 높일 수 있도록 하는 기업문화 형성과 리더십 개발을 실천한다.

4. 삶에서 부딪히는 모순에 대해 생각해보고, 이를 혁신의 기회와 연결시킬 수 있는 방안을 찾아보자.

5. 타인의 어려움에 대해 연민과 공감 능력을 가지고 해결할 수 있는 방안을 생각해 보고, 이를 사업기회로 만들어보자.

☑ 토의주제

1. 창조의 하나님을 배우고 알아가는 것이 왜 우리 신앙생활과 기업활동에 중요한지에 대해 논의해보자.

2. 나의 삶에 있어서 창조성은 어떻게 개발되고 활용되고 있는가? 나는 하나님께서 주신 창조능력을 개발하여 활용하고 있는가?

3. 창조성을 기반으로 경영의 탁월성을 실현한 기업들의 사례에 대해 논의해보고, 우리 기업에 주는 시사점을 찾아보자.

4. 내가 속한 조직, 팀은 창조성을 발휘하기에 적합한 분위기와 지원 여건이 갖추어져 있는가? 부족하다고 느낀다면 어떻게 개선할 것인가? 조직의 창조성을 고취하기 위한 리더의 역할은 무엇인가?

5. 창조적 아이디어를 기반으로 한 새로운 사업기회를 생각해보자. 창조적 아이디어가 실질적인 사업기회로 적용하기 위하여 필요한 조건들에 대해 논의해보자.

3

생명의 원리

1. 생명의 창조

창조사역의 핵심은 생명을 창조하신 것이며, 창세기는 하나님이 생명의 주(author of life)이심을 밝히고 있다. 이 땅에 존재하는 모든 생물을 창조하셨으며 "생육하고 번성하여 충만하라" 하셨다. "모든 것을 종류대로 만드시고 하나님 보시기에 좋았더라"고 말씀하셨다. 창조사역의 마무리는 사람을 창조하신 것이다. "하나님이 자기 형상 곧 하나님의 형상대로 사람을 창조하시되 남자와 여자를 창조하시고 하나님이 그들에게 복을 주시며 하나님이 그들에게 이르시되 생육하고 번성하여 땅에 충만하라 땅을 정복하라 바다의 물고기와 하늘의 새와 땅에 움직이는 모든 생물을 다스리라 하시니라"(창 1:27, 28)고 하셨고, 하나님이 지으신 이 모든 것을 보시고 심히 좋았더라고 말씀하셨다(창 1:31).

하나님이 인간을 창조할 때는 다른 생물들과 다르게 사람을 지으시고 생기를 코에 불어 넣으심으로 생령이 되게 하셨다(창 2:7). 사람을 하나님의 형상대로 지으시고, 에덴동산에 사람을 두셔서 생육하고 번성할 수 있도록 하셨다. 그리고 아담을 위하여 배필을 지으셨는데, 이번에는 흙으로 만들지 아니하시고 아담의 갈빗대를 취하여 여자를 만드시고 둘을 부부가 되게 하셨다. 아담은 하나님께서 주신 배필을 보고 기뻐서 "이는 내 뼈 중의 뼈요 살 중의 살이니라"(창 2:23)라고 말했다. 이들은 인류 최초의 부부가 되어 생명을 이어가게 되었다.

하나님은 생명을 소중하게 여기셨다. 가인이 그 아우 아벨을 죽였을 때 하나님이 가인이 땅으로부터 저주를 받을 것이라고 하셨다. "땅이 그 입을 벌려 네 손에서부터 네 아우의 피를 받았은 즉 네가 땅에서 저주를 받으리니 네가 밭을 갈아도 땅이 다시는 그 효력을 네게 주지 아니할 것이요 너는 땅에서 피하며 유리하는 자가 되리라"(창 4:11, 12). 노아 홍수 이후에 짐승을 사람의 식량으로 주시면서 고기를 "생명되는 피와 함께 먹지 말라"고 명하셨다. "피는 생명이니 남의 피를 흘리는 자는 피로서 책임을 져야 한다"고 하셨다. "다른 사람의 피를 흘리면 그 사람의 피도 흘릴 것이니 이는 하나님이 자기의 형상대로 사람을 지으셨음이니라"(창 9:6). 사람이 타인의 생명을 빼앗는 것은 생육하고 번성하라는 하나님의 명령에 위배되며 생명의 주가 되신 하나님께 대적하는 행위이기 때문이다.

하나님이 생명의 주가 되심을 아브라함을 통하여 다시 한번 확인시켜 주셨다. 아브라함에게 100세에 아들을 주셨는데, 그의 아내 사라도 90세가 되어 생산할 능력을 상실한 상태에서 아이를 주심으로 생명을 주관하는 이가 누구임을 보여주셨다.

하나님이 99세된 아브라함에게 아들을 낳아 주게 하시겠다고 했을 때, "아브라함이 엎드려 웃으며 마음속으로 이르되 백세 된 사람이 어찌 자식을 낳을까 사라는 구십 세니 어찌 출산하리요"(창 17:17)라고 했다. 하나님은 아브라함이 사라에게서 아들을 낳을 것이라고 하시며 그 아이의 이름은 이삭이라고 짓도록 하셨다. 하나님은 다시 한번 아브라함을 찾아오셔서 이 약속을 확인해 주실 때, 사라가 듣고 속으로 웃는 장면이 나온다. "아브라함과 사라는 나이가 많아 늙었고 사라에게는 여성의 생리가 끊어졌는지라 사라가 속으로 웃고 이르되 내가 노쇠하였고 내 주인도

늙었거늘 어떻게 아들을 낳으리요 하느냐"(창 18:11~13).

이 사건을 통하여 인간의 생각으로는 불가능한 일을 생명의 주관자 되시는 하나님은 할 수 있음을 보여주셨다.

그런데 하나님은 아브라함에게 백세에 얻은 아들 이삭을 바치도록 명하셨다. "여호와께서 이르시되 네 아들 네 사랑하는 독자 이삭을 데리고 모리아 땅으로 가서 내가 네게 일러준 한 산 거기서 그를 번제로 드리라"(창 22:2). 아브라함이 아무런 망설임 없이 하나님의 말씀에 순종을 하는 것을 보고 우리는 인간적으로 놀라움을 가지지 않을 수 없다. 사랑하는 외아들을 바치라는데, "왜요?"라고 한마디도 묻지 않는 아브라함에게서 비정함마저 느낄 수 있다.

소돔과 고모라를 멸하고자 하는 하나님께 6번이나 질문을 하면서 용서를 구했던 아브라함이 이삭을 바치라는 명령에 즉각 순종을 한 것은 생명의 주가 되시는 하나님을 믿었기 때문이다. 이에 대해 히브리서 기자는 아브라함에게 모리아 산에서 아들을 바치도록 하셨을 때 죽은 자를 능히 살리실 하나님을 믿었다고 말한다. "아브라함이 시험을 받을 때에 믿음으로 이삭을 드렸으니 그는 약속들을 받은 자로되 그 외아들을 드렸느니라 그에게 이미 말씀하시기를 네 자손이라 칭할 자는 이삭으로 말미암으리라 하셨으니 그가 하나님이 능히 이삭을 죽은 자 가운데서 다시 살리실 줄로 생각한지라 비유컨대 그를 죽은 자 가운데서 도로 받은 것이니라"(히 11:17~19).

라헬이 자식을 낳지 못하자 그의 언니를 시기하여 야곱에게 "내게 자식을 낳게 하라 그렇지 아니하면 내가 죽겠노라"(창 30:1)

라고 말했다. 야곱은 라헬에게 화를 내면서 "그대를 임신하지 못하게 하시는 이는 하나님이시니 내가 하나님을 대신하겠느냐"(창 30:2)라고 대답한다. 자식이 없어서 투정하는 라헬에게 야곱은 생명의 주관자가 하나님임을 일깨웠고, 결국은 하나님께서 라헬의 태를 열어 요셉과 베냐민을 주셨다. 후에 하나님은 형들에 의해 죽음의 위기에 처한 요셉을 살리셨고, 나중에는 애굽의 총리가 되게 하시어 큰 환난에서 수많은 생명을 살리게 하셨다.

이렇게 창세기 전체를 통하여 생명의 근원이시며 생명을 주관하시는 하나님을 보여주고 계신다. 우리의 생명이 그분께로부터 왔으며 언젠가는 그분께 돌아간다는 믿음이 신앙의 기초이다. 예수 그리스도를 통하여 영원한 생명을 주셨다는 믿음이 우리가 세상의 모든 환란과 유혹 가운데서도 흔들리지 않을 수 있는 이유이다. 사도행전에서 베드로가 예수 그리스도가 하나님이시며 생명의 주되심을 선포할 때(행 3:15), 많은 사람들이 회개하고 주께 돌아왔다. 생명의 주가 되시는 하나님에 대한 믿음을 가지고 그분을 경외할 때 올바른 의사결정과 지혜로운 경영을 할 수 있다.

2. CEO의 생명관과 경영

생명은 유기체로서 창조된 후 계속 성장하고 변화한다. 생명이 있기 때문에 생육하고 번성할 수 있다. 생명이 없는 것들은 한번 창조되고 나면 이후 어떠한 자생적인 성장과 변화도 없이 있는 그 모습 그대로를 유지하지만, 생명을 부여받은 피조물은 그 자체로서 생명 유지와 종족 유지를 위한 활동을 영위한다. 모든 생명의 근원이 하나님께 있음을 확고하게 믿는다면 우리는 죽음의 문제에서 자유로워질 수 있다. 생명이 하나님으로부터 왔으며 죽은 뒤에는 하나님 앞에서 심판을 받아야 하고 영원한 삶이 있다고 믿는 것은 삶에 대한 태도에 지대한 영향을 미친다. 사후에 영원한 생명이 있다고 믿는 사람과 죽으면 모든 것이 끝이라고 생각하는 사람 간에는 절대적인 차이가 있다. 인간의 삶과 죽음에 대한 인식은 세계관과 밀접하게 연관되어 있기 때문이다.

경영자의 생명관이 기업경영에 어떻게 반영되는가는 실제로 육체적 죽음의 고비를 넘기고 새로운 믿음으로 재탄생하여 기업을 경영한 사례들에서 찾아볼 수 있다. 미국에서 주차장 건축 전문회사로 큰 성공을 일궈낸 팀하스의 하형록 회장은 심장 이식수술 이후 생명의 주인이 누구인지 알게 되었다고 한다.[39] 그는 건축회사의 부사장으로 출세가도를 달리던 중 갑자기 심장병으로 쓰러지게 되었다. 어렵게 심장 이식을 받고 겨우 생명을 유지하며 살아가야 하는 상황에서 사업을 시작했다. 그는 잠언 31장 현숙한 여인에 나오는 말씀에 기초하여 기업을 일으켜 탁월성과 윤리성을 가진 팀하스라는 기업을 경영하면서 그에게 역사하신 하나님의 은혜를 간증한다. 수많은 봉사활동, 선교활동에 참여하며 말씀의 반석 위에 세운 기업의 아름다움과 견고함을 증거하고 있다.

일본 교토의 MK 택시 유태식 부회장 역시 죽음의 문턱에서 살아나와 하나님 중심의 경영을 하는 기업인이다. 그는 55세에 의사가 불가능하다고 판단했던 심장수술을 받고 새로운 생명을 얻게 되었다. 당시 수술을 망설이는 의사에게 "사람의 생명을 좌우하는 분은 하나님입니다. 나를 살리든 죽이든 하나님께서 알아서

하실 테니 한번 해보십시오." 라고 말하며 수술을 받고, 이후 새롭게 태어난 것을 감사하게 생각하여 하나님을 증거하는 데 열심을 내며 경영을 하게 되었다. "나는 내 목숨이 내 것이 아니라 하나님의 것이라는 너무나 당연한 사실을 인정했습니다. 하나님이 연장해 주신 생명을 가지고 하나님이 시키신 일을 최선을 다하면서 살아야겠다는 다짐을 했습니다. 그것이 나의 생명을 연장해 주신 하나님의 뜻이라고 믿었기 때문입니다." [40] 이러한 과정을 통해 그는 새로운 생명을 부여받음을 인식하고 택시업의 본질을 손님의 생명을 책임지는 생명업으로 인식하게 된다. 이후, 실제로 그의 사내 기사의 친절이 자살하려고 하던 여성 승객의 마음을 돌려놓은 사례도 있었다.

3. 기업은 생명업이다

기업은 경제의 가장 중요한 주체로서, 생산의 직접 주인공이며, 소비를 가능하게 해주는 원천이다. 전통적으로 기업은 고객이 원하는 재화나 서비스를 생산하여 제공하는 주체로 인식되어 왔다. 이러한 과정에서 기업은 가치를 만들어 내게 되고, 또한 그 과정에서 일자리를 만들어 내게 되는 창조사역의 동반자이기도 하다. 기업이 본연의 역할을 제대로 수행해 나갈 때에는 '생육하고 번성' 해 나갈 수 있지만, 그 역할이 미비하거나 변질되면 언제든 시장에서 퇴출될 수 있는 존재다. 기업은 새로운 일자리를 만들어 내고, 이러한 일자리를 지켜 나감으로써, 피조물인 인간들이 노동의 과정을 통해 삶의 의미를 느끼며 성장해 나갈 수 있도록 한다.

일자리 창출은 기업의 지속적 성장을 통해서만 가능하다. 기업이 성장하지 않고 현재에 머물러 있다면 일자리는 늘어나지 않고 오히려 감소하게 될 것이다. 기업의 지속적 성장은 "생육하고 번성하라"는 하나님의 말씀과 직결되는 사명이라고 할 수 있다. 이런 의미에서 기업은 인간의 생명, 삶의 문제와 밀접하게 연관되어 있다. 기업은 일터이자 삶터로서 인간의 생명 유지에 필요한 다양한 물질적 충족의 기회를 제공함과 동시에, 일자리를 제공하여 생계에 필요한 재원을 확보하게 한다. 이런 의미에서 기업은 '생명업'이며 '생명공동체'이다.

네패스의 이병구 회장은 회사가 생명 공동체임을 강조한다. "이 세상의 모든 사람은 그저 우연히 세상에 태어난 것이 아니라 세상의 부르심을 받고 태어난 것입니다. 한사람, 한사람 모두가 생명과 소명을 가지고 태어나서 회사를 만나면 그 속에서 자신의 미션과 꿈을 펼치게 됩니다.…… 회사와 직원의 관계는 하나의 '생명공동체'입니다. 자신이 이 세상에 태어난 이유를 찾게 해주고, 완성시켜 주고, 서로의 생명을 지속시키고 활력을 북돋아 주는 관계입니다." 41)

생명을 존중하는 기업으로 근래 소위 '갓(God)뚜기'라고도 불리는 오뚜기의 경영 사례가 있다. 선천성 심장병 어린이 수술비 후원, 협력업체들과 상생 추구, 노숙자에 대한 간접 지원 등 여러 미담과 함께, 오뚜기를 돋보이게 하는 것이 '비정규직 없는 고용'이다. 대형마트 식품코너에서 시식용 음식을 준비하고 고객에게 직접적으로 판촉행위를 하는 직원인 판매사원의 경우, 다른 경쟁업체의 직원들은 대부분 비정규직 혹은 도급업체의 직원인 반면 오뚜기는 판매직원의 정규직화를 실천해왔다. 실제로 2020년 3월 현재, 총 직원 2,930명 중 비정규직 근로자는 40명(약 1.4%)뿐이다. '인건비'라는 비용의 개념에 갇히기보다 직원을 '비용'이 아닌 '가족'의 개념으로 받아들임으로써, 기업이 일자리를 만들고 지켜 나가는 것이 궁극적으로는 기업에게도 이익이 됨을 보여주는 사례라 할 수 있겠다.

하나님은 예수님을 이 땅에 보내시어 인간을 죄와 사망의 덫에서 해방시키시고 하나님께서 주시는 생명의 풍성함을 누리기를 바라신다. 풍성한 생명이란 세상 가운데서 생존하는 수준이 아니라 하늘로부터 오는 풍성한 생명을 누리는 삶이다. 예수님은 "내가 온 것은 양으로 생명을 얻게 하고 더 풍성히 얻게 하려는 것이다"(요 10:10)라고 말씀하셨다. 기쁨이 충만한 삶이며 열매를 많이 맺는 삶이다(요 15장). 기업은 업무환경이나 근무조건에 따라 사람들의 삶의 질(quality of life)이 달라진다. 좋은 기업은 인류의 삶을 풍성하게 하고 직원들의 삶의 질을 높일 수 있게 한다. 잘못된 기업은 그 반대의 결과를 가져온다. 잘못된 경영의 결과로 사람들의 생명이 위협받고 직원들의 삶은 피폐해진다.

'향기내는 사람들'은 2008년 한동대학교 동문들이 기독교 가치관을 바탕으로 설립한 사회혁신기업으로, 장애인들과 함께 행복하게 일하는 세상을 꿈꾸며 도전해왔다. 사람을 살리고 생명을 풍요롭게 하는 기업의 아름다운 모습을 보여주고 있다. 사랑, 소통, 전문성이라는 핵심가치를 바탕으로 현재 60여 명의 장애인들이 전문가로 양성되어 제조업, 서비스업, 컨설팅 현장에서 일하고 있다. 임정택 대표는 "장애인들에 대한 편견을 걷어내고 보니, 그동안 보지 못했던 가능성과 비전이 보였습니다. 장애인들도 함께 성장할 수 있는 동등한 인격체로서 전문교육과정을 이수하고 일할 기회가 주어진다면 전문가가 될 수 있다는 확신이 있었습니다." 이 기업의 핵심사업인 '히즈빈스'는 고급 커피 전문점으로서 장애인 직업유지율이 95%에 달한다.[42]

한국교세라정공의 전희인 사장은 생명업으로서의 소명을 누구보다 강하게 인식하며 기업을 이끌고 있는 경영자이다. 그가 경영위기를 맞아 하나님께 기도하는 가운데 소명을 깨닫게 되어 직원들의 영혼에까지 관심을 가지고 기업을 경영하게 되었다. 그는 하나님으로부터 질문을 받고 결단하게 되었다. "너에게 허락한 나의 축복이 단순히 직원들의 먹고사는 문제만을 책임져주기 위함이었던 것이냐? 내가 네게 보내준 직원들 중에 너는 몇 명이나 그들의 영혼을 구원시켰느냐?" 하나님이 그에게 회사를 맡겨 준 첫 번째 소명은 돈을 열심히 벌어 직원들에게 질 좋은 복지혜택을 제공하고, 좋은 조건의 월급을 주는 것이 아니라, 하나님의 잃어버린 영혼을 위한 영혼구원이라는 것을 깨닫게 되었다고 한다.[43]

생명업으로서의 기업은 기업의 경영성과를 통하여 사회에 기여하는 것이 아니라 기업과 경영 자체의 과정들이 하나님의 섭리하에 축복받는 장소가 되어야 하는 인식에 기초한다. 전희인 사장은 "정규적인 교육과 훈련을 받은 성직자만이 선교사라고 생각했던 나에게 지금 내게 주신 직장, 일터가 곧 나의 선교지이며 내가 바로 선교사임을 그제서야 깨닫게 된 것이다. 하나님께서 나에게 원했던 것은 일터에서 하나님 나라의 확장을 원하셨던 것이

다. 하나님의 영광이 드러나는 거룩한 현장이 되기를 기대하셨던 것이다"라고 말한다.[44]

생명업으로서의 기업관은 직원들이 보다 높은 의미로써 하고자 하는 열망을 갖게 한다. 심장박동기를 생산하는 메드트로닉의 CEO였던 빌 조지는 자신의 회사의 종업원은 사람들에게 풍성한 삶과 건강을 회복시킨다는 임무에 헌신한다는 가치관을 가지고 있다고 말한다. "회사가 봉사하는 환자들을 최우선으로 하는 비즈니스를 한다. 사람들은 일터에서 진정한 의미를 찾고자 하고, 더 높은 목적을 위해 일하려 하며, 다른 사람들의 삶을 더 나아지게 하고픈 욕망이 있습니다."[45]

4. 조직의 성장과 성장통

기업은 생명을 가진 유기체로서 성장과정에서 여러 가지 어려움을 겪는다. 특히 빠른 성장을 하고 있던 기업이 갑자기 심각한 혼란과 침체에 빠지는 현상이 나타나기도 한다. 이와 같이 기업의 성장 속도나 규모에 비해 관리역량이 부족한 경우 나타나는 어려움을 성장통(growing pain)이라고 한다. 성장통을 해소하기 위해서는 조직의 성장단계에 따라 적합한 관리 시스템을 구축해야 하는데, 이를 소홀히 할 경우 기업실패를 가져올 수도 있다. 이는 사람도 성장기에 정체성의 혼란을 겪고 신체적으로 어려움을 겪는 것과 유사한 현상이다.

조직변화가 급속하게 일어나는 시점을 성장의 변곡점이라고 하는데, 이를 예측하거나 정확하게 파악해서 대응해야 한다. 대기업 전문경영자 출신으로 한 때 MP3 분야의 선두주자였던 레인컴의 CEO를 역임한 이명우 사장은 변곡점 관리의 중요성을 다음과 같이 말했다. "레인컴이 불과 수년 만에 3000억 원 규모로 급성장했을 때, 이에 적합한 관리 인프라를 만들어 냈어야 했습니다. 규모의 성장에 대응하지 못한 관리역량의 부족이 성장의 발목을 잡았습니다. 이는 마치 비행기가 음속을 돌파하려면 단지 엔진의 마력을 높여서 속도를 높인다고 되는 것이 아닌 것과 같아요. 초음속을 견딜 수 있는 설계, 소재, 전자, 기계장치 등의 총체적인 질적 변화가 일어나야 합니다. 역설적으로 질적 변화가 수반되지 않는 급속한 양적 성장은 조직의 위기를 초래할 수 있습니다." [46)]

성장통의 징후를 보면 구성원들이 시간에 쫓기지만 성과가 부진하고, 의사소통이 원활하지 못하고 조직 피로 현상이 누적된다. 조직 냉소주의가 만연하고 유능한 인력이 이탈하기 시작하면서 문제의 심각성을 드러내게 된다. 외형은 커지지만 관리 비용이 증가해 수익성이 저조한 현상이 나타나게 된다.

햄브릭과 크로지에(Hambrick & Crosier)는 급성장하는 기업들이 직면하는 문제점을 4가지로 분류했다. 첫째, 규모 급팽창으로 인한 불평 불만, 방향 감각 상실, 불충분한 기술과 시스템의 문제, 둘째, 무류의식(無謬意識, sense of infallibility)으로 급속한 환경 변화와 강력한 경쟁자가 등장함에도 불구하고 과거 성공 방식들을 고수하는 문제, 셋째, 내적 혼란으로 새로운 인력들이 영입되면서 발생하는 혼란, 넷째, 현금흐름의 압박 등이다. 이로 인해 실패를 겪는 기업들이 나타나지만, 반면 성공적인 기업들은 기업의 성장을 대비해서 관리자의 역량을 개발하고, 경영팀을 구

축하며, 기업문화를 정립하는 등의 노력을 기울인다.[47]

성장통을 해결하는 과정에서 기업가의 역할은 매우 중요하다. 그러나 기업가 자신의 한계로 인해 성장통이 해결되지 못하고 더 악화되는 경우도 있다. CEO의 가치관과 역량은 기업의 생존과 성장에 필수적인 요소이다. 그러나 조직 규모가 성장함에 따라 CEO의 강점이 약점으로 바뀌면서 조직의 건강과 지속성장을 해치는 현상이 나타난다. 이러한 현상이 나타나는 주요한 원인이 자신이 기업을 성장시켜온 방식에 대한 과도한 확신, 즉 '내 방식에는 오류가 없다'라는 태도로 말미암아 변화에 대해 적절한 대응을 하지 못하는 데 있다.

사업을 하는 사람은 누구나 실패에 대한 두려움이 있다. 그러나 경영성과가 예상보다 좋게 나타나고 기업의 급성장이 나타날 때 반대로 과도한 자신감에 빠질 수 있다. 특히 창업 CEO는 창업 초기에 기업의 모든 일을 스스로 해결해 나가면서 일일이 관여해야 하는 시기를 겪는다. 이 과정에서 누구보다도 많은 지식과 경험이 축적되어 거의 모든 분야에서 조직 내 최고의 전문성을 갖추게 된다. 이로 인하여 내가 제일 잘 안다는 전문성의 함정에 빠질 수 있다. 특히 장인형 CEO나 전문가형 CEO는 디테일에 대한 통제 욕구가 매우 강한 경향이 있다. 이들은 전문가적인 완벽성을 추구하는 성향이 있기 때문에 모든 세부 사항을 직접 통제하려는 성향을 보인다.

기업가는 심리적 특성상 자신의 회사와 운명을 스스로 통제하려는 강한 욕구를 가지고 있다. 통제에 대한 강박관념으로 인해 자신이 원하는 방식으로 만든 구조에서만 일하려고 하는 성향이 있다. 통제에 대한 욕구가 과도하면 권위주의적 리더십 성향이 나타나게 되고 타인을 자신의 의지대로 복종시키려 하다 보면, 인간관계에서 심각한 문제를 일으키기도 한다. 잠언 말씀에 "교만은 패망의 선봉"이라고 했다(16:18). 자신이 가장 잘 알고 모든 것을 통제하겠다는 생각은 경영의 어려움과 위기를 가져오게 된다.

이러한 딜레마를 해결하기 위해서는 우선 조직 성장단계에 따른 적합한 관리 시스템을 구축해야 한다. 시스템이 정착되기 위해서는 조직 내부에서 시스템을 잘 이해하면서 이를 관리할 수 있는 중간관리자가 육성되어야 한다. 시스템 구축에 따라 CEO의 역할과 책임(R&R: roles & responsibilities)이 변화되어야 한다. 시스템 구축이 성공하려면 CEO가 시스템 도입의 장단점을 충분히 이해하고 적합한 수준의 시스템을 도입함과 동시에 직원들의 가치관 공유와 행동방식의 변화를 통해 조직의 관료화 경향을 방지해야 한다.

기업은 생명체로서 환경 변화에 대응함과 동시에 내부 구성원 간에 유기적이며 역동적인 상호작용이 필요하다. CEO는 지시형 리더십이 아닌 구성원의 역량을 키워주고 동기부여를 하는 코칭형 리더십의 개발이 중요하다. 무엇보다도 직원들을 하나님의 형상으로 지음받은 존재로 존중해야 한다. 직원들이 부족함에도 불구하고 인내하며 자기 개발과 성장의 기회를 부여해야 한다. 하나님이 우리를 부족함과 연약함에도 불구하고 오래 참으시면서 인격적으로 대하시는 분임을 기억해야 한다.

스웨덴의 기독 실업인인 군나르 올슨은 CEO가 가져야 할 기본 태도에 대해 다음과 같이 말한다. "우리가 왕 중의 왕을 섬길 때,

마땅히 우리는 그분이 사랑하시듯 사랑해야 하고, 그분과 동일한 도덕적, 윤리적 기준을 지녀야 한다. 그 기준이 우리의 사업상의 관계(직원, 고객, 공급자 혹은 금융기관 등) 누구든 상관없이 영향을 주어야 한다. 우리는 우리의 이웃을 우리 자신처럼 사랑해야 한다. 심지어 경쟁자까지 사랑해야 한다. 하나님은 세상을 사랑하신다. 그러므로 사업가들은 그리스도가 세상을 사랑하시는 것처럼 세상을 사랑해야 한다." [48]

대의그룹의 채의숭 회장은 "경영은 감동을 주는 것이 되어야 한다"고 말한다. "감동의 주체는 사람이다. 그러므로 비즈니스는 곧 사람이다. 사람을 움직이는 것이 곧 비즈니스다. 무슨 일을 하든지 마음을 다하여 주께 하듯 하라(골 3:23). 주께 하듯 하면 분쟁이 없다. 주께 하듯 하면 부실함이 없다. 주께 하듯 하면 평강과 희락이 있다" 라고 하며, 사람이 중심이 되는 경영, 섬기는 경영을 실천하고 있다. [49]

5. 기업의 자기혁신

창조주 하나님께서 부여해 주신 생명의 의미는 그 육적 생명으로 끝나지는 않는다. 창세기에 나오는 많은 믿음의 조상들의 모습은, 처음부터 좋은 믿음으로 여호와를 경외하는 모습을 보여주지는 않았다. 자기만의 욕심에 집착하거나, 하나님의 기준보다 자신의 기준을 더 앞세우며, 또 때로는 교만과 자만 속에 어리석은 모습을 보이고 실수를 저질렀다. 그러나 고난과 역경의 과정을 겪으면서 함께 하시는 하나님을 알게 되고, 자신의 생명과 삶이 하나님의 주권하에 있다는 것을 깨닫고 변화하여 성숙한 신앙 인격에 이르게 되었다. 이를 실제적으로 보여주신 것이 아브람을 아브라함으로, 사래는 사라로, 야곱이 이스라엘로 이름을 바꾸어 주시면서 새로운 정체성을 부여해 주신 사건들이다.

경영에 있어서도 지금까지의 성공을 가져다주었던 기존 방식에서 결별하여 새로운 활력을 얻기 위해 노력해야 한다. 이것은 때로는 다시 태어남과 같이 기존 방식과의 완전한 결별을 요구하기도 한다. 급변하는 경쟁환경의 속도는 기업의 무한 변신을 필요로 하고 있고, 현재 한 시점에서 기업이 보유하고 있는 역량 자체의 총량보다는, 능동적으로 변화 가능한 유연하고 새로운 지식을 습득할 수 있는 역량들이 강조되고 있다. 물론, 경쟁자에 비하여 우수한 성과를 내게 해 주는 원천이 되는 현재의 핵심역량에 대한 관리는 필수적이지만, 이를 통하여 시장의 빠른 변화에 신속히 적응하며 동시에 다른 사업분야로 확장하며 기업의 변신을 가능하게 해 주는 동적역량(dynamic capabilities)과 흡수역량(absorptive capacity)에 기반한 접근에 주목해야 한다.

자원기반 관점(resource-based view)에서는 기업을 '보유하고 있는 수많은 자원과 역량의 총합'이라고 정의하고 있다. 즉 기업을 바라볼 때, 자동차회사, 전자회사, 건설회사, 조선회사라고 인식하는 기존의 생각들은 그 기업이 생산해내는 최종 제품이나 서비스가 포함되어 있는 '산업'을 기준으로 바라본 것인데 비해, 그 회사가 가지고 있는 자원과 역량을 관점으로 기업을 인식해야 한다는 것을 의미한다. 이렇게 되면, 기업이 현재 보유하고 있는 자원과 역량의 새로운 조합이 가능해지며, 보다 유연하게 경영을 이어나갈 수 있다는 것을 의미한다.

예를 들어 후지필름이라는 회사를 필름을 제조하는 회사라고 인식하고 끝나는 것이 아니라, 후지가 보유하고 있는 필름제조 과정에서 축적된 역량을 기반으로 바라본다면, 이후 후지의 성장을 견인해 왔던 LCD 패널 관련 정밀 화학제품뿐 아니라, 화장품 영역에까지의 진출할 수 있었다. 이러한 관점이 디지털 카메라 시대의 등장에 의해 세계 최대 필름 회사였던 코닥은 대응에 실패했지만 후지필름이 살아남을 수 있었던 원인을 설명해 준다.

동적 역량 관점은 현재 보유하고 있는 회사의 핵심역량을 정태적 총량에서 벗어나, '변화'라는 부분에 초점을 맞춰 급격하게 변화되는 환경에 적응하고자 기업이 내부의 자원과 구조를 조정하는 역량을 의미한다. 기술의 발전이 계속되고 산업의 복잡성이 증가하면서 기업이 기존에 갖고 있던 기능적 역량으로는 마주하는 위험을 관리하는 것에 한계가 있다. 그렇기 때문에 기업의 현재의 기능적 역량도 중요하지만, 수시로 복잡하게 변화하는 환경을 마주하여 유연하게 변화하며 적응하는 역량도 필요하다.

이러한 동적 역량이 발현되기 위해서는 우선 변화하는 환경을 인지하고 그 안에 숨어있는 위험을 분석하여 이를 타파하기 위해 필요한 지식 혹은 자원을 외부로부터 빨리 획득하는 능력(흡수능력: acquisition or absorptive capability)이 있어야 하고, 이어 외부로부터 얻은 자원을 회사 내 시스템에 맞게 적용하며 실질적인 자원으로 창출하는 능력(융합능력: assimilation)이 필요하며, 다음으로는 이러한 외부로부터 얻은 자원을 기존의 회사 내에 보유하고 있던 자원과 통합하여 새로운 자원으로 전환하는 능력(변환

능력: transformation)과, 마지막으로 이를 바탕으로 레버리지 효과를 갖도록 프로세스를 재구성하는 능력과 새로운 것을 탐색하려는 능력(탐색능력: exploitation)이 필요하다.

기업차원에서의 이러한 변화 관리와 함께 경영자로서 한 개인에게 필요한 부분이 자기혁신이라는 개념이다. 미시간대학의 로버트 퀸(Robert Quinn) 교수는 그의 저서 "Deep Change or Slow Death"[50]에서 변화를 위한 필요성과 노력을 개인 및 조직차원에서 잘 설명해 주고 있다. 제목 그대로, 근원적인 변화를 가져가지 못한다면, 결국 그 댓가는 점진적인 죽음일 뿐이라는 경고는 기존 성공방식 및 역량과 결별하여 새로운 도전을 해 나가야 하는 필요성을 잘 제시해 주고 있다. 물론 항시적으로 근원적인 변화를 요구한다면 조직이나 개인이 탈진(burn out)될 것이지만, 기존의 방식이 가져다준 성공의 파이가 클수록 우리는 이에 집착하게 되고, 결국 변화의 시기를 놓치게 되는 사례로 귀결되기 때문이다.

이러한 자기 혁신은 기업의 사례에도 그대로 적용된다. 일본의 도전에도 불구하고 기존의 방식을 고집하여 몰락한 미국 기업들의 80년대 모습은 이러한 사례를 잘 보여주고 있다. 지금도 온라인의 확산이 가져오는 유통업의 변화나 콘텐츠(contents) 비즈니스에서의 변화는 여전히 이러한 자기혁신의 필요성을 웅변해 주고 있다. 어쩌면 더 큰 위기는 slow death도 불가능할 만큼 경영환경의 변화가 빠르다는 것이다. 이로 인해 slow death가 아닌 sudden death 또는 growth stall 현상이 나타나고 있다.

1995년부터 2006년까지, 포춘 100대 기업을 대상으로 한 연구에 의하면, 기업은 그 성장의 정체가 서서히 오는 것이 아니라,

굉장히 건실한 성장을 이어가는 것처럼 보이다 어느 순간 갑자기 정체(growth stall)를 보인다는 것이다. 무엇보다 중요한 것은 그 원인이 산업 내 모든 기업에 공통적으로 영향을 미칠 수밖에 없는 외생적 변수가 아니라, 현재하고 있는 사업 영역의 안주에서 온다는 것을 의미한다. 스마트폰이 나온 지 불과 2년을 버티지 못한 노키아의 모습이나, 공유경제의 등장에 대응 방안을 찾지 못하고 있는 기업들의 모습이 이러한 현상을 잘 보여주고 있다. 전세계 이동통신 시장을 장악하고 있던 노키아는 스마트폰이 출시되기 직전까지도 그 당시 핵심사업이었던 음성 통신 중심의 단말기에 집중하면서, 이미 내부적으로 역량을 확보하고 있던 스마트폰 시대의 도래를 가급적 미루거나 부인하면서 자기혁신을 지체하게 되었고, 그 결과 기업 해체의 운명을 겪게 되었다.

6. 맺음말

하나님의 형상을 따라 사람을 지으시고 자유의지를 부여해 주신 것은 사람이 단순히 생명을 유지하고 번성하도록 하는 것만이 아니고 하나님의 창조사역에 동참하도록 하신 것이다. 따라서 사람은 하나님께서 생명을 주신 목적을 올바르게 알아야만 창조의 참된 의미를 실현할 수 있다.

하나님이 우리에게 생명을 주신 것은 한계적인 생존을 위한 것이 아니라, 그분이 만드신 창조 세계에서 풍성한 생명을 누리도록 하신 것이다. 하나님께서 주신 생명이 때가 되면 그분께 돌아간다는 사실은 우리에게 천국의 소망을 갖게 하며, 우리가 하나님의 뜻에 합당하게 살아야 하는 근거이기도 하다. 이러한 생명관을 CEO가 확고하게 갖게 되면 성경적 세계관에 입각한 기업의 존재 목적과 자신의 역할 인식을 올바르게 정립할 수 있다.

직장을 통하여 많은 사람들의 생존과 번영을 책임지는 CEO는 하나님의 창조 사역의 최일선에서 가치 있는 사명을 감당하고 있다는 자기 정체성을 분명하게 가져야 한다. 그가 자신의 생명뿐만 아니라 타인의 생명을 귀히 여기는 태도를 가질 때, 자신에게 주어진 사명을 온전히 감당할 수 있다. CEO가 기업을 생명공동체로 인식할 때, 한 생명이 천하보다 귀하다는 말씀의 의미를 기업을 통하여 실현할 수 있다. 선한 청지기로서 자신에게 맡겨진 공동체를 올바르게 경영하고 발전시킬 때, 생명의 풍성함을 함께 나눌 수 있을 때, 하나님으로부터 "잘 하였도다, 착하고 충성된 종아"라는 칭찬을 들을 수 있을 것이다.

◪ 실천지침

1. CEO 자신이 성경적 생명관을 가지고 있는지 점검해 보고 이를 경영이념 과 핵심가치에 반영할 수 있는 방안을 찾아본다.

2. 기업이 생명공동체가 되어 직원들이 생명의 풍성함을 누릴 수 있도록 업 무환경과 근무조건, 교육 프로그램 등을 개발한다.

3. 기업의 이해관계자에 대해서도 생명공동체로서의 사명을 실현할 수 있는 방법을 찾아본다.

4. 지속적인 성장을 위한 우리 회사의 전략과 문화를 평가하고 혁신방법을 찾아본다.

5. 과거의 성공방식에 함몰되어 새로운 변화에 대응을 소홀히 하고 있는지 를 점검하고 개선방안을 찾아본다.

◪ 토의주제

1. 나 자신과 경영진이 가진 생명관에 대해 토의해 보고, 우리 조직이 가져 야 할 생명관은 무엇인지 논의해보자.

2. 내 생명의 주관자이신 하나님께서 '보시고 심히 좋았더라'라고 하실 만큼 내 삶의 과정들을 의미롭게 꾸며 나가고 있는가를 묵상해 본다. 하나님 보시기에 심히 좋으셨을 만한 그런 모습에 가장 근접했던 순간이 언제였 고, 왜 그렇게 생각하는지를 함께 토의해보자.

3. 육체의 생명이 다하는 날, 주관자이신 하나님께 돌아간다는 것을 믿음으 로 받아들일 때, 현실에서의 '나'라는 존재가 추구해야 할 가치는 어떠해 야 할 것인가에 대해 묵상하고 토론해보자.

4. 우리 조직에서 일의 의미는 무엇인지 토론해 보자. 조직생활을 통해 생명 의 풍성함을 실현할 수 있는 방법에 대해 논의해보자.

5. 동료로서의 조직 구성원들을 얼마나 이해하고 있는지, 그들이 원하는 삶 의 방식과 지향을 함께 공유하고 있는지 나눠본다.

4

위임의 원리

1. 위임하시는 하나님

창세기를 통해 발견할 수 있는 경영 원리 중 하나는 위임이다. 온 우주의 소유권은 하나님께 있지만, 하나님께서는 인간을 창조 세계를 관리하는 대리자로 선택하시고 그 분의 사역에 참여하게 하는 특권을 주셨다. 하나님이 창조하신 피조물 중에 인간을 제 외하고는 하나님의 형상대로 창조된 것은 하나도 없다. 바로 이 것이 하나님의 형상으로 창조된 특별한 존재인 인간과 함께 일하 기를 원하신다는 증거이다.

하나님이 사람을 만드시고 "세상을 다스리라"라고 위임하시는 장면은 창세기 1장에 잘 나타나 있다. "하나님이 그들에게 복을 주시며 하나님이 그들에게 이르시되 생육하고 번성하여 땅에 충 만하라, 땅을 정복하라, 바다의 물고기와 하늘의 새와 땅에 움직 이는 모든 생물을 다스리라 하시니라"(1:28). 이 말씀을 하나님의 창조명령(creation mandate) 또는 문화명령(cultural mandate)으 로 이해할 수 있다. 이로 인하여 인간은 하나님의 대리인이라는 특권과 함께 위임의 결과를 하나님께 설명할 책임(accountability) 을 갖게 되었다.

하나님이 아담에게 첫 번째 맡기신 일은 에덴 동산을 만들어 아담을 거주하게 하고 경작하며 지키게 하신 것이다(2:15). 하나 님이 만드신 동산 관리인의 업무를 위임하신 셈이다. 그리고 하 나님께서는 들짐승과 새들의 이름을 짓게 하셨다. 이름을 짓는다 는 것은 존재의 의미와 정체성을 부여하는 행위로, 대리인으로서 관리대상을 파악하도록 하신 것이다. 또한 하나님은 이를 통하여 아담의 능력을 테스트하셨다고 볼 수 있다. "아담이 무엇이라고 부르나 보시려고 그것들을 그에게로 이끌어 가시니"(2:19), 그 결과 "아담이 모든 가축과 공중의 새와 들의 모든 짐승에게 이름을 주니라"(2:20). 별도의 언급은 없었지만 아담은 하나님께서 맡기신 첫 번째 업무를 성공적으로 마쳤음을 알 수 있다.

하나님이 사람에게 부여한 두 번째 중요한 업무는 노아를 택하여 방주를 짓게 하신 것이다. 홍수로 땅에 있는 사람과 짐승을 멸하기로 작정하시면서 당대에 의인이며 완전하며 하나님과 동행하는 노아를 구원의 대리인으로 선정하셨다. 노아는 그 명령을 준행하여 하나님이 지시한 방법대로 아주 커다란 방주를 지었다. 이를 통하여 하나님이 일하시는 방법을 알 수 있다. 하나님은 수많은 사람들 중 특정한 한 사람을 택하여 일을 맡겨 하나님의 뜻을 이루어 가신다. 노아가 택하심을 받은 것은 하나님 보시기에 올바르게 행하였기 때문이다. 능력이 아니라 인격을 먼저 보시고, 무엇보다도 하나님의 마음에 합한, 하나님과 동행하는 사람을 택하신 것이다.

창세기 12장에서 하나님은 아브라함을 부르시어 구원사역을 시작하셨다(12:1~3). "내가 너로 큰 민족을 이루고 네게 복을 주어 네 이름을 창대하게 하리니 너는 복이 될지라 너를 축복하는 자에게는 내가 복을 내리고 너를 저주하는 자에게는 내가 저주하리니 땅의 모든 족속이 너로 말미암아 복을 얻을 것이라 하신지라"(12:2, 3). 하나님은 아브라함을 축복의 대상만이 아니라 그를 통하여 모든 족속이 구원을 받게 되는 축복의 통로로 삼으셨다. 이는 이스라엘을 하나님의 백성으로 삼으실 뿐만 아니라, 온 인류를 구원하시는 사역을 맡을 대리인으로 세우신 것이다.

하나님의 구원사역은 요셉이라는 한 사람을 세워 천하 사람들을 기근에서 구원했을 뿐만 아니라, 야곱 가족을 애굽으로 이주하게 하셔서 이스라엘 민족을 세우는 기초를 다지게 하였다(창 46장). 두려움 속에 애굽으로 내려가는 야곱에게 나타나시어 "나는 하나님이라 네 아버지의 하나님이니 애굽으로 내려가기를 두려워하지 말라 내가 거기서 너로 큰 민족을 이루게 하리라"(46:3)라고 말씀하셨다. 요셉은 하나님의 약속을 믿었기에 마지막 유언으로 출애굽 시 자신의 유골을 하나님께서 약속하신 땅으로 가지고 갈 것을 맹세시켰다(50:25). 그리고 그 유언은 400년이 지나서 모세의 출애굽시 시행되었다(출 13:19).

하나님께서는 사람을 창조하시면서 로봇처럼 만들어 기계적으로 복종하도록 하시지 않았다. 그분께서는 자유의지를 주시어 인간 스스로 생각하면서 일을 수행하게 하셨다. 또 하나님께서는 인간의 잠재력을 충분히 발휘할 수 있도록 기회를 주시었고 우리가 죄를 저질렀을 때에는 스스로 깨우칠 수 있도록 기다려 주셨다. 이는 인격적 관계를 통해 사랑과 신뢰가 형성될 때, 진정한 위임이 가능함을 보여주고 있다. 사람에게 "땅을 정복하고 다스리라"라고 하신 말씀도 인간이 자연을 착취하고 억압하라는 의미가 아니라, 하나님께서 주신 자연과 피조물에 대한 배려심을 가지고 그 관계를 유지 발전시키라는 명령이다. 인간에게 필요한 것은 올바르게 대리권을 행사하는 청지기의 자세(stewardship)이며, 궁극적으로는 하나님의 영광을 드러내는 것으로 사용해야 한다.

2. 경영과 위임

경영의 핵심은 위임(delegation)에 있다. 사람 각 개인의 역량에는 한계가 있지만 위임을 통하여 그 역량을 증폭, 확장시킬 수 있기 때문이다. 조직이 커짐에 따라 한 사람이 통제할 수 있는 범위가 제한되는 데, 이를 통제의 범위(span of control)라고 한다. 이에 대해 최초로 체계적인 경영이론을 제시한 프랑스의 앙리 페욜(Henri Fayol)은 '위임의 원리'(principle of delegation)라고 하여 14가지 경영원칙 중에 하나로 포함시켰다. 경영자는 적절한 위임을 통하여 조직의 분권화를 가능하게 하며, 기능별로 전문화를 이룰 수 있기 때문이다.

출애굽기에 나오는 모세와 장인 이드로 간의 대화에서 위임의 중요성을 살펴볼 수 있다. 장인은 모세가 백성을 재판하느라 아침부터 저녁까지 수고하는 것을 보고, 그에게 "네가 하는 것이 옳지 못하도다 너와 또 너와 함께 한 이 백성이 필경 기력이 쇠하리니 이 일이 네가 너무 중함이라 네가 혼자 할 수 없으리라"(출 18:17~18)라고 하였다. 이를 해결할 수 있는 방법으로 온 백성 가운데 능력 있는 사람들, 곧 하나님을 두려워하며 진실하며 불의한 이익을 미워하는 자를 살펴서 백성 위에 세워 천부장과 백부장과 오십부장과 십부장을 삼아"(18:21) 하도록 제안했다. 즉, 모세를 대신해 재판을 할 대리인을 세우고 권한을 위임하도록 한 것이다.

여기서 중요한 것은 어떤 사람들을 세워서 위임하는 가이다. 능력 있는 사람들이 기준인데 거기에는 믿음(하나님을 두려워하며), 진실(신의, 성실하며), 청렴(불의한 이익을 미워하는) 등의 기준이 적용되었다. 위임을 잘 하려면 바로 적절한 사람을 선정하는 것이 대단히 중요함을 알 수 있다.

경영에 있어서 위임의 중요성이 강조되어 왔지만 왜 경영자들은 과감하게 위임하지 못할까? 여기에는 창업해서 기업을 키워온 리더들이 갖는 여러 딜레마에 빠지기 때문이다.[51]

첫 번째는 자신감의 함정이다. 창업 단계에서 CEO에게 보편적으로 나타나는 심리적인 현상은 실패에 대한 두려움이다. 그러나 위기와 난관을 극복하고 높은 성과를 내는 단계에 도달하면 두려움이 오히려 과도한 자신감으로 바뀌어 독선적인 의사결정을 내리는 경향이 나타난다.

두 번째는 전문성의 함정이다. 대부분의 창업기업가는 창업 초기에 모든 일을 스스로 해결해야 하고 일일이 관여해야 하는 시기를 겪는다. 이 과정에서 누구보다도 많은 지식과 경험이 축적되어 거의 모든 분야에서 조직 내 최고 전문지식을 갖추게 된다. 그러나 기업의 규모가 커지고 조직의 복잡성이 증가하면서 창업기업가의 전문성과 효용가치가 약화됨에도 불구하고 자신이 모든 일에 관여하고자 하는 성향을 보인다.

세 번째는 통제의 함정이다. 기업가는 심리적 특성상 자신과 회사의 운명을 통제하려는 강한 욕구를 가지고 있다. 통제에 대한 욕구가 지나치게 강하게 되면 권위주의적 리더십 성향을 나타내게 되고 타인을 자신의 의지대로 복종시키려 하다 보면 관계의 어려움에 빠지게 된다. 이러한 리더들은 어쩔 수 없이 위임을 하지만 직원들을 믿지 못하여 그들의 자율성을 부정하거나 정해진

일만 하도록 하는 리더십 딜레마에 빠지게 된다.

2015년 설립된 피에프디는 화장품 전문 업체이다. 남궁광 대표는 한미약품에 입사한지 10년만에 최고정보책임자(CIO)에 올랐던 IT분야 전문가이다. 그러나 남 대표는 다음과 같이 중소기업에서 권한 위임의 중요성을 강조한다. "특히 중소 기업에서는 대표가 회사 사정을 잘 파악할 수 있기 때문에 무엇이든 대표가 결정하려고 하는데 그것이 문제이다." 그는 특히 브랜드 관리 등 전문성이 확실한 분야는 철저하게 관련 매니저에게 일임하는 것이 중요하다고 강조한다. 그 결과 98%이상은 대표에게 의사결정권이 없다고 한다. 이 회사 매출의 97%가 해외에서 나오는데 그에 따라 외국 인재에 대한 채용과 권한 위임을 중시하고 있다. 40여명의 직원 중 약 1/3 정도가 국비 유학생 출신으로 입사한 케이스라고 한다. 회사의 이익을 공개하고 분기 이익의 10%는 직원에게 분배하는 인센티브 제도로 입사 후 퇴직자가 한 명도 나오고 있지 않고 있다. 또한 해외 영업에서 현지 사정을 잘 아는 외국인 직원들의 역량을 효과적으로 사용하고 있다. 중소기업으로서 이렇게 외국인 직원들을 많이 고용하며 그들에게 권한을 적절하게 위임하고 있는 사례는 흔치 않다.[52]

권한 위임의 딜레마를 효과적으로 해결한 사례를 하나 더 제시한다면, 삼성의 책임경영제도다. 삼성의 관리를 나타내는 표현으로 '맡긴다'와 '챙긴다'를 들 수 있다. '맡긴다'는 부하직원을 믿고 과감하게 일과 권한을 부여한다는 의미이다. 삼성의 권한 위임은 일반적인 기준에 볼 때는 파격적이라고 할 만큼 과감한 점이 많았는데, 이는 삼성인의 능력향상과 자부심 고취에 긍정적으로 기여했다. 그러나 권한 위임을 한다고 해서 상사가 부하에게 모든 것을 맡기는 것으로 끝나는 것은 아니다. 일이 제대로 되고 있는지 살펴야 하고, 잘못되고 있는 것을 시정해야 한다. 따라서 맡기고 나서 진행 상황과 결과를 통제하는 것이 바로 '챙기는' 일이다. 과감하게 권한을 위임하기 위해서는 믿고 맡길 수 있는 능력 있고 성실한 인재가 필요했다. 즉 삼성의 인재 중시 경영은 권한 위임과 책임경영 추구의 경영원칙에서 나왔다고 볼 수 있는 것이다.[53]

위임의 중요성을 누구보다도 강조했던 삼성의 창업자 이병철 회장은 "사람을 채용할 때 신중을 기해야 하지만 일단 채용했으면 믿고 일을 맡겨라"라고 했다. 이 원칙이 바로 의인물용(疑人勿用), 용인물용(用人勿疑)인데, "의심나는 사람은 쓰지 말고, 일단 쓴 사람은 의심하지 말라"는 것이다. 삼성은 1957년 국내에서 처음으로 공개 채용 제도를 도입했던데 이 회장이 직접 면접에 참여했던 것으로 잘 알려져 있다. 그는 또 결제하지 않는 회장으로 불릴 정도로 경영의 중요한 권한을 사장단에 위임했다고 한다. 또한 업무를 위임한 후 단기간에 적자를 본다고 해도 책임을 묻지 않았지만, 반면에 부정을 저지른 직원에는 가혹하리만큼 엄정했다고 한다.

현장 중심의 권한 위양을 하지 않아서 어려움에 빠진 기업으로 일본의 대표적인 국적기인 일본항공(JAL)의 사례가 있다. 이 회사는 사내 최고의 엘리트들이 집결한 기획 본부가 거의 모든 중요한 결정을 도맡아 하였다. 이들은 도쿄대, 교토대 등 일류 대학 출신들로 구성되어 있으며 개개인의 역량은 최상의 수준이었다. 그러나 각각 다른 현장과 상황마다 기민한 결정을 하는 것이 중요한 항공 산업에서 이와 같은 중앙집중식 의사 결정 구조는 회사를 어려움에 빠지게 하였다. 결국 JAL은 막대한 적자를 감당하지 못하고 2010년 법정관리에 들어갈 수밖에 없었다. 그 구원투수로 나선 이가 바로 이나모리 가즈오(稲盛和夫) 교세라 명예 회장이었다. 그는 회사 조직의 책임을 나누고 파격적인 자율성을 부과하였다. 그리고 현장을 잘 아는 정비 엔지니어 출신인 오니시 마사루(大西賢)를 사장으로 파격 승진시켰다. 이러한 자율성에 기반한 위임 경영으로 JAL은 3년만에 흑자로 전환하였다.[54]

3. 관계와 위임

효과적인 위임을 위해서는 신뢰 관계가 필수적이다. 뢰위키와 벙커(Lewicki & Bunker)의 연구[55]에 따르면 신뢰는 주어진 상수가 아니라 서서히 성장하는 변수라고 한다. 초기의 신뢰는 자신에게 얼마나 도움이 되는지에 대한 계산(calculus based trust)에서 출발한다. 다음으로 지식에 기반한 신뢰(knowledge based trust)로서 이전 관계를 통해 학습된 패턴에 익숙해지고 이러한 지식에 의하여 신뢰 관계가 성숙한다고 한다. 마지막 단계에서는 동일시에 근거한 신뢰(identification based trust)로 종업원은 회사 또는 팀의 비전과 미션을 공유하여 공동선을 추구하는 모습으로 발전한다. 이렇게 상사와 부하 직원 사이의 관계는 서서히 계발되는 것이며, 그 과정에서 신뢰와 관용과 같은 정서적 훈련 과정이 필요하다.

Fortune에서 매년 발표하는 '일하기 좋은 기업 100개' 리스트의

3대 선정 기준을 보면 직원과 경영진 사이의 신뢰, 임직원의 자부심, 그리고 함께 일하는 재미를 꼽고 있다.

세계에서 가장 성공한 저가 항공회사인 사우스웨스트 에어라인(Southwest Airlines)은 기내에서 승무원이 생일을 맞은 손님에게 기타 연주를 하고 조종사가 수시로 개그 이야기를 기내 방송으로 들려주는 펀(fun) 경영 회사로 알려져 있다. 이러한 이면에는 직원에 대한 존중과 상호 신뢰가 기반해 있다. 최고 경영진들은 직원들에게 최대한의 자율을 주고 그 결정을 신뢰한다. 심지어 직원을 모욕하는 고객에게는 죄송하다는 대답을 하지 않고 "다음부터는 다른 항공사를 이용해 주십시오"라고 응대하는 직원도 응원한다고 한다. 이 회사의 전 회장인 허브 켈러허(Herb Kelleher)는 직원을 믿고 신뢰하는 것이 고객을 왕으로 떠받드는 것보다 훨씬 중요하다고 하였다. 그는 직원들을 괴롭히는 불량 고객은 과감하게 '해고'하라고 주장하기도 하였다.

경영자와 직원들 간의 건강한 청지기식 위임 관계는 자연스럽게 또는 저절로 주어지는 것이 아니다. 인간 내면에 잠재되어 있는 선한 청지기 마음이 발현되기 위해서는 꾸준한 훈련이 필요하며 그 가운데 경영자의 위임에 대한 소신과 원칙이 필수적이다. 리더는 부하 직원의 역량에 걸 맞는 자리를 제공해야 하며 이러한 용인술이 기업 경영의 중심이 되어야 한다.

직원들이 위임 과정을 통해 인격적으로 그리고 직무적으로 성숙해질 수 있도록 리더는 적절하게 개입할 필요가 있다. 작은 것을 위임하고 긍정적인 피드백을 주어 자신감을 갖게 하여 다음 업무에 보다 적극적으로 나서게 하는 위임 설계가 필요하다.

권한을 위임하려면 직원들의 자율성과 창의성을 인정해야 한다. 조직에서도 큰 틀의 통제와 지시는 조직의 일관성 있는 미션 수행을 위해서 필요하다고 볼 수 있지만, 세부적인 업무의 처리와 설계는 과감하게 자율에 맡길 필요가 있다.

권한 위임의 성과를 높이려면 피드백을 통한 직원들의 역량 개발이 필요하다. 성경에서 나타나는 위임의 모습은 단순히 덮어놓고 신뢰하는 것만 강조하지 않는다. 위임받는 자가 처음부터 신실한 자세로 업무를 능숙하게 처리하는 것은 어려운 일이다. 경험이 많은 창업자나 중간 관리자가 적절하게 개입하여 위임을 받은 자들이 스스로 역량을 개발하고 발전해가도록 해야 한다.

코칭전문기업 '인코칭'의 홍의숙 대표는 좋은 리더가 되려면 피드백을 잘해야 한다고 말한다. 그녀는 좋은 피드백은 상대방과 함께하는 춤과 같다고 하였다. 따라서 좋은 피드백을 주기 위해서는 피드백을 주는 리더 역시 그 기술과 노하우를 체득하려는 부단한 노력이 필요하다는 것이다. 즉 적절한 타이밍에 적절한 방법으로 피드백을 해줄 때, 부하직원들이 가장 신뢰하는 리더가 된다고 한다.[56]

■ 교세라 사례[57]와 아메바 경영

교세라의 창업자 이나모리 회장은 창업 초기부터 어떻게 하면 사원들이 주인의식을 가지고 일할 수 있을까 하는 위임의 문제에 관심이 많았다. 이나모리 회장은 '아메바 경영'으로 알려진 자율형 팀 단위 운영으로 위임의 문제를 성공적으로 해결하였다. 아메바 경영은 거대한 조직을 작게 나눈 것으로 각각에게 독립적인 책임을 부여하는 것이 핵심이다. 이렇게 소규모로 조직을 쪼개면 보이지 않던 것들이 잘 보이는 장점이 있어 경영의 효율성(efficiency)과 효과성(effectiveness)이 높아진다. 교세라는 이 같은 아메바 경영으로 창사 이후 매년 10% 이상의 이익률을 기록하고 있다.

아메바 경영은 다음의 원칙으로 운영된다.

첫째, 기업 단위의 유기적인 세분화 구축이다. 교세라는 피라미드식 위계질서를 지양하고 회사 전체의 팀 구조를 20명이 넘지 않는 작은 조직으로 세분화하여 유지하고 있다. 이렇게 작아지다보니 수익과 비용 구조 역시 더 명확하게 드러나게 된다. 그리고 팀은 단순 비용만 절감하는 것이 아니라 직원들의 주인의식 증진에도 도움이 된다. 거대 관료 조직에서는 내가 할 수 있는 일이 제한이 된다. 내가 무슨 일을 하더라도 겉으로 티가 잘 나지 않는다. 그러나 작은 조직에서는 개인의 역할이 중요한 결과를 가져오게 된다. 직원 한 명 한 명은 회사 전체에서는 작은 개인에 불과하지만 팀 단위에서는 마치 간부처럼 주인 의식을 가질 수 있는 것이다.

둘째는 공유의 원칙이다. 주인 의식을 갖기 위해서는 모든 구성원들이 팀은 물론 회사 전체가 처한 상황과 비전에 대해서 구체적인 공유 지식을 가져야 한다고 보았다. 보통의 대기업에는 거창한 미션이나 비전이 있게 마련이다. 고색 창연한 액자에 담긴 회사의 사훈을 보면 일견 그럴 듯해 보이지만 저 사훈이 과연 내가 하고 있는 업무와 구체적으로 무슨 연관이 있는지 알 수 없도록 추상적인 경우가 많다. 그러나 이나모리 회장은 회사의 비전은 구체적이고 명확해야 한다고 주장했다. 그리고 회사의 사정은 숨김 없이 구성원들과 공유되어야 한다고 주장하였다. 이에 따라 아메바식 팀의 성과는 물론 회사 전체의 매출, 이익, 비용을 숫자화 하여 공유하였다. 그리하여 직원 모두가 본인이 하는 일이 회사의 매출과 채산성에 어떻게 기여하는가를 스스로 인식하면서 일을 하게 하였다.

셋째는 리더의 도덕심이다. 이나모리 회장이 중시한 두 가지 가치는 '직원의 행복'과 '인류의 발전'이었다. 새로운 시장에 진출할 때에도, 새로운 제품을 내놓을 때에도 이러한 원칙에 부합하는지를 계속 고심해 보았다고 한다.

■ 홀푸드 사례[58]와 권한 위임의 중요성

홀푸드는 1980년 텍사스 오스틴의 채식주의자였던 존 맥키(John Mackey)가 창업한 작은 식료품점에서 시작하였다. 존 맥키는 'Whole Foods, Whole People, Whole Planet'이라는 사명을 모든 매장에 걸어 두었는데 이는 소비자와 직원 그리고 지역사회가 모두 하나로 연결된 상호 의존성을 선언하는 것이었다.

창업한 지 불과 일 년도 안 되어 보험도 없는 상황에서 큰 홍수 피해를 입었지만, 당시 수십 명에 불과하던 직원들과 지역사회의 주민들이 홀푸드의 재건 작업에 자발적으로 참여하는 모습을 보고, 이러한 상호 의존성을 확고한 경영 모토로 삼았다고 한다.

홀푸드는 대량생산과 유전자조작 등의 방식으로 가격을 낮추는 것을 경쟁 포인트로 삼던 당시의 유통산업 경쟁자들과는 다른 방향의 전략을 세웠다. 홀푸드는 안심하고 먹을 수 있으며, 가능한 한 유기농으로 재배된 식재료를 선별하여 고객에게 전달하고 지속가능한 환경을 조성하는 것을 핵심 가치라고 삼았다. 이러한 철학에 기반하여 가치 사슬을 만드는데 주력하였다. 예를 들어 자체 생산물 처리 공장을 두고 폐기물을 줄이는데 노력하는 것은 바로 지속가능한 성장이라는 믿음에 근거하기 때문이라고 전해진다. 이러한 기업의 가치에 공감하는 소비자들이 증가하면서 일반 마트에 비해 약 1.5배 이상 높은 가격을 지불하더라도 이용하려는 소비자들이 더 많아졌다.

홀푸드는 2017년 아마존에 137억달러(15조6180억원)로 매각되면서 사업의 지평을 더 넓히고 있다. 홀푸드 경영의 특징은 직원에 대한 신뢰를 바탕으로 판매 방식과 성과에 이르기까지 폭넓게 위임하고 있다는 것이다. 예를 들어 어떤 품목을 어떻게 조달해서 판매할지 등에 대한 판매전략 결정과정에 현지 사정을 모르는 본사의 세일즈 부서가 아닌 그 지역을 잘 알고 있는 매장의 팀원들이 주도적으로 참여한다는 것이다. 그리고 각 팀의 성과는 인터넷에 자율적으로 공개하도록 하고 보상도 그 결과에 따라 즉시 결정한다고 한다.

또한 회사 지분을 직원들에게 폭넓게 배분하여 주인의식을 높이고 있다. 홀푸드의 임원들은 약 7%의 스톡옵션만 갖고 93%를 직원들에게 나눈다고 한다. 또한 모든 직원의 급여 공개는 물론 고위 경영진의 임금이 평균적인 직원 임금의 19배 이상은 넘지 못하도록 제도화하고 있다.

4. 대리인과 청지기

경영학에서는 위임의 문제를 대리인(agency) 이론과 청지기(steward) 이론으로 설명한다. 고대 그리스 시대에서는 주권을 가진 인구가 많지 않았기 때문에 시민 모두가 한데 모여 토론을 통해서 결정할 수 있었다. 이것이 바로 광장 민주주의(agora de-mocracy)이다. 막 시작한 소규모 영세 사업장이나 가족 기업에서도 기업의 중요한 결정을 내부적으로 직접 결정할 수 있다. 그러나 국가 공동체의 규모가 커짐에 따라 주권자인 국민이 모든 결정에 직접 참여할 수 없게 되었고 그 결정 권한을 소수의 선출된 정치인에게 불가피하게 위임하게 되었다.

기업도 주식회사로 발전하면서 모든 주주가 기업의 운영과 결정에 직접 참여할 수 없게 되었고, 그에 따라 주주의 이해를 관철할 수 있는 대리인, 즉 전문 경영진이 출현하게 되었다. 문제는 대리인과 주인의 이해관계가 서로 상충할 수 있다는 데 있다. 성경에서 하나님과 인간 간의 관계도 위임과 수임 관계로 설정되는데 이 과정에서 많은 번민과 갈등이 반복적으로 드러나고 있다.

기업의 경영진은 주주 가치를 높이기보다 외형적 실적이나 본인들의 연봉 인상 등 자기 이익을 우선적으로 고려하는 행태를 보인다. 권력을 위임한 국민들의 열망과는 상반되게 정치인들은 자신의 정치적 이익에 더 열중한 행동을 하는 유혹에 빠지게 된다. 심지어 부패 행위에 빠지는 것도 잘못된 위임의 사례이다. 현대 경영학에서는 이를 대리인 비용(agency cost)으로 다루며 수많은 연구를 수행해 왔다.

연구자들은 대리인 비용을 낮추기 위해서는 인센티브 제공과 같은 경제적인 보상이 수반되어야 한다고 주장한다. 최고 경영진이 연봉을 거의 받지 않는 대신 막대한 스톡옵션을 부여받는 것이 미국에서는 흔한 일이 되었다. 그러나 권한을 위임받은 경영자와 직원들을 반드시 이기심으로 똘똘 뭉친 자들로 가정할 필요는 없다. 즉, 위임에 있어서 기회주의적인 행동을 가정하는 대리인 이론과 대비되는 관점이 바로 청지기 이론이다. 청지기 이론은 인간의 이기심과 상호 불신에 기반한 대리인 이론의 한계를 지적하고 기업 경영에 있어서 신의성실에 기반한 원칙을 강조하고 있다.

감리교 창시자 웨슬리(John Wesley)는 모든 피조물 즉 자연의 소유권은 하나님에게 있으므로 겸허한 마음으로 하나님의 뜻에 따라 그것들을 사용하고 발전시켜야 한다고 하였다. 내가 가진 것이 다 내 것이 아니며 절대자의 창조 원리를 대행함으로써 공동선을 이루는 것이 기독교에서 강조하는 대리의 원칙인 것처럼 기업 운영에서도 이기적 목적에 의해서 동기화되지 않고 주인의 목적에 조화로운 제휴를 추구하는 것이 청지기 이론의 관점이다.

■ 대리인 이론과 청지기 이론

대리인 이론은 이해당사자인 주인(principal)과 이를 대행하는 대리인(agent) 사이에 발생하는 문제를 다루고 있다. 마이클 젠슨(Michael Jensen)과 윌리엄 멕클링(William Meckling) 등의 학자에 의해서 체계화되었다. 사회 구조가 다층화되면서 개인과 집단의 모든 업무를 주인인 당사자가 처리하기 어려워짐에 따라 이를 위임하는 현상이 나타났다. 예를 들어 회사의 주주는 일상의 경영을 담당하는 전문경영인을 선임하고 국가경영 차원에서는 국민들은 행정과 통치를 담당하는 관료나 정치인을 선출한다. 그러나 이를 위임받는 대리인은 주인과 다른 이해 관계를 갖기 때문에 주인에게 손해를 끼칠 수 있다. 대리인 이론에서는 대리인에게 인센티브 보상을 해주거나 대리인을 감시할 수 있는 각종 기구를 설립하는 방식으로 대리인 비용을 줄일 수 있다고 보았다.

반면에 청지기 이론은 대리인이 반드시 주인과 대립하는 존재가 아니라 제휴되거나 협동하는 관계가 될 수 있다고 보고 있다. 청지기 이론에서는 인간은 조직에 친화적이며 이타적인 성향이 있다고 가정하며 따라서 인간의 이러한 성품을 잘 활용한다면 이기적인 인간을 가정하는 대리인 이론에서 보다 높은 수준의 성과를 달성할 수 있다고 한다.

현대의 경영학 이론에서는 인간의 이기적인 속성을 인정하면서도 인간의 이타적인 측면도 고려하는 청지기 이론 역시 활용되어야 한다고 주장한다.

구분	대리인 이론	청지기 이론
인간에 대한 가정	태생적으로 이기적 속성을 지니며 기회주의적 행동을 추구하는 인간상	기본적으로 개인의 이익을 중시하나 공동체의 가치 역시 추구하는 인간상
기업에 대한 가정	주주의 열망이 관철되기 위하여 기업의 단기적인 재무적 성과와 장기적인 투자를 강조하는 관점	기업의 경제적인 성과와 함께 기업 주변의 관계인들의 발전을 도모하는 지역이해관계자(stakeholder) 관점
주주와 경영자와의 관계	계약과 통제를 강조	견제와 신뢰를 모두 강조
CEO와 이사회 겸직	CEO와 이사회 의장의 분리	CEO와 이사회 의장의 겸직
조직 문화	개인주의	집합주의
주요 학자	Michael C. Jensen, William Meckling	Jerilyn W. Coles, Victoria B, McWilliams

최근 금융 유관 기관이나 연기금이 위탁 운용사를 선정할 때에 스튜어드십 코드(stewardship code)에 참여하는 운영사에 인센티브를 부여하고 있는 것도 같은 맥락으로 이해할 수 있다. 스튜어드십 코드는 연기금과 자산 운용사 등 기관투자가가 기업의 의사결정에 적극 참여토록 유도하는 기관투자가의 의결권 행사지침이다. 즉 기관투자가는 단순히 주식을 보유하고 의결권을 행사하는 방관자가 아니라, 투자의 주인(principal)의 열망이 반영될 수 있도록 기업에 영향력을 행사해야 한다는 것이다.

그렇다면 청지기 이론에 기반한 위임은 기업과 국가 경제에 어떠한 영향을 미칠까? 대리인 이론에서는 전문 경영진의 이기심을 강조하기 때문에 이들에 대한 적극적인 권한 부여에 신중한 입장을 취한다. 그래서 대리인 이론은 CEO와 이사회 의장을 분리하는 것이 기업에게 유리하다는 입장을 취한다. 반면 청지기 이론에서는 한 사람이 두 지위를 겸직하는 것이 낫다고 주장한다. 예를 들어 도날슨과 데이비스(Donaldson & Davis, 1994)는 CEO와 이사회 의장 자리가 한 인물에게 모아진 기업의 성과가 더 높았다는 것을 발견하였다.[59]

청지기 관점에서 기업 지배 구조가 개선되는 것은 기업의 장기적 가치는 물론 그 기업들이 속한 시장의 종합적인 가치를 높이는 데에도 도움이 될 수 있다. 아시아기업지배구조협회(ACGA)와 크레디리요네 증권(CLSA)이 발표하는 아시아 기업 지배구조 평가 보고서에 따르면 한국은 2016년 12개국 중 9위에 그친 성적을 보여주었다. 한국보다 순위가 낮은 나라는 중국, 인도네시아, 필리핀 정도였다. 즉 주주의 이해가 제대로 반영되지 못하는 상황에서 대리인 문제와 거기에서 파생되는 지배구조의 후진적 속성으로 인하여 국내 증시 전체가 낮게 평가받고 있다는 지적이다.

이는 주가수익비율(PER: 주가를 주당순이익으로 나눈 값으로 값이 낮을수록 주가가 저평가되었다는 뜻)로도 나타나는데, 코스피 지수의 PER은 9배 정도로 우리와 비슷한 규모의 다른 나라에 비해 훨씬 낮은 편이다. 물론 이러한 결론은 대리인 이론에서 주장하는 인간의 이기적인 속성과 거기에 따른 인센티브와 통제 매커니즘의 필요성을 전면 부정하는 근거로 사용될 수는 없다.

위임은 기본적으로 위험과 비용이 드는 과정이며 주주의 이해관계를 관철하기 위해서는 다각도의 고려와 장치가 필요한 것도 사실이다. 그럼에도 불구하고 현대 주류 경영학에서는 대리인 이론에서 주장하는 인간의 기회주의적 성향을 지나치게 강조하여 경영 관리를 기계적, 경직적, 통제적인 관점으로 바라봤던 것도 사실이다. 창세기에서 제시하는 하나님의 선한 위임 원칙이 경영학의 주주 – 경영인의 관계에 중요한 함의를 던져 주고 있다.

5. 맺음말

하나님은 천지를 창조하시면서 그가 만드신 피조 세계를 다스리도록 인간에게 위임하셨다. 이로 인하여 인간은 하나님을 대신하여 세상을 관리하는 대리인이 되었고, 생육하고 번성하라, 땅에 충만하라는 창조명령의 수행자가 되었다. 하나님을 대신하여 세상을 관리하도록 위임받은 인간은 죄와 타락으로 말미암아 하나님의 뜻에 따라 올바르게 경영하지 못하게 되자, 하나님은 그의 경륜을 따라 사람을 택하여 하나님의 창조목적에 합당하게 세상이 경영되도록 구원의 역사를 이루어 오셨다. 창세기에서 우리는 인간의 탐욕과 실수로 인하여 청지기의 역할을 올바르게 수행하지 못하는 사례와 함께, 동시에 하나님이 택한 사람들이 그 분의 뜻에 순종하여 창조명령과 구원사역에 동참하는 사례에 대해서 배웠다. 궁극적으로는 그분이 직접 사람의 형상으로 이 땅에 오셔서 복음을 선포하고 제자를 택하고 가르치시어 땅끝까지 복음을 전하도록 위임하셨다.

이러한 성경적 원리에 비추어 볼 때, 인간 사회에서 주인과 대리인 간 이루어지는 위임은 가장 중요한 경영 요소이며, 이를 올바르게 수행하지 못할 때 대리인 비용(agency cost)이 높아짐을 알 수 있다. 따라서 세상에서도 위임받은 자가 위임한 사람의 뜻에 따라 올바르게 관리하도록 하는 선한 청지기의 의무가 주어진다. 위임이 올바른 성과를 내도록 하려면 위임받은 자가 맡은 바 업무를 수행할 수 있는 역량과 함께 신뢰관계가 있어야 한다. 크리스천 CEO는 자기 자신이 하나님께 위임받은 자라는 사명의식과 함께 올바른 권한 위임을 통해 조직 성과를 높이고 구성원의 발전을 지원해야 한다.

올바른 위임을 위해서는 단순히 권한을 넘겨주는 것이 아니라, 신뢰를 바탕으로 하는 관계 형성이 기초가 되어야 한다. 권한과 책임을 명확히 하여 자신이 위임받은 업무를 올바르게 수행하도록 해야 하지만, 인간은 항상 역량의 한계와 부족함이 있기 때문에 이를 합리적인 경영시스템에 의해 보완해 나가도록 해야 한다. 위임받은 자기 역량을 키우고 자신의 업무를 제대로 수행할 수 있도록 발전의 기회를 주어야 한다. 한 번에 완벽한 위임은 어렵기 때문에

위임을 하는 자와 받는 자가 훈련을 통해 한 단계씩 발전해 나가
는 것이 필요하다.

◢ 실천지침

1. 우리 회사의 권한 위임 관계를 검토해 보고 올바르게 작동되고 있는지 평가해 본다.

2. 우리 회사의 구성원들간의 신뢰관계를 평가해 보고 이를 증진시킬 수 있는 방안을 찾아본다.

3. 정보공유를 확대하고 소통을 원활히 하여 신뢰관계를 높일 수 있도록 한다.

4. 리더들이 권한 위임을 한 뒤, 제대로 실행되고 있는지 모니터링하고 적절한 피드백을 주도록 한다.

5. 직원들이 자율성과 책임감을 높일 수 있는 교육훈련 프로그램을 개발한다.

◢ 토의주제

1. 올바른 위임을 위해서 필요한 조건들이 무엇인지 논의해보자.

2. 조직의 규모가 커지면서 위임의 필요성을 커지는데, 이에 대응할 수 있는 방법에 대해 토의해보자.

3. 위임이 중요함에도 불구하고 경영자들이 어려움을 느끼는 점에 대해 논의해보자.

4. 경영자로서의 권한 중에서 위임을 확대할 수 있는 것은 무엇이 있을지 생각해보자.

5. 위임을 했지만 제대로 성과가 나오지 않아서 어려움을 겪었던 경험이 있다면 그 원인에 대해 토의해보자.

5

공급의 원리

1. 공급하시는 하나님

창세기에는 세상을 창조하시고 인간이 살만한 조건을 만들어 주신 하나님이 나타나 있다. 궁창을 만드시어 인간이 거주할 수 있는 공간을 주셨으며, 뭍을 드러나게 하시고 채소와 열매 맺는 나무를 내셨다. 광명체를 만드시어 낮과 밤을 나누었으며 짐승들을 만드셨다. 이 모든 것은 인간의 생존에 필요한 것들이다. 인간에게 세상 경영을 위임하시면서 필요한 것들을 공급해 주셨고, 에덴 동산을 만드시어 인간이 살기에 적합한 환경을 제공하셨다.

창세기에 나타난 하나님의 공급은 생존에 필요한 식물을 제공해 주시는 것으로 시작한다. "하나님이 이르시되 내가 온 지면의 씨 맺는 모든 채소와 씨 가진 열매 맺는 모든 나무를 너희에게 주노니 너희의 먹을거리가 되리라(창 1:29)"고 말씀하셨다. 최소한의 의식주를 보장하신 하나님의 성품처럼 우리 사회에서 최저임금이나 기초소득 등으로 누구에게나 가장 최소한의 생계는 유지할 수 있도록 돕는 것이 바로 그러한 원리에 기반한 것이다. 하나님께서 동시에 우리 인간의 구체적 필요를 아시고 인간에게 적절한 공급을 위해 관심을 가지시고 좋은 것으로 채워 주신다.

창세기 2장에서 하나님께서는 아담과 하와가 단순히 놀고먹으면서 지내게 하지 않으셨다. 하나님은 그들을 이끌어 에덴 동산에 두어 그것을 '경작'하며 지키게 하셨다(창 2:15). 모든 것이 완벽하고 풍족한 에덴 동산이었지만, 하나님께서는 인간이 그 적성에 맞는 '노동'을 하여 스스로의 수요에 공급할 수 있는 여건을 만들어 주셨다.

하나님의 공급 원리는 인간을 게으르게 만드는 무조건적인 주심이 아니라 인간의 자율성에 기초하여 스스로 성장하게 하게 하는 생산적 공급이라고 볼 수 있다. 하나님의 공급은 그분의 성품인 사랑에 근거한다. 하나님은 범죄한 아담과 하와를 에덴동산에서 쫓아내시면서 가죽옷을 지어 입히셨다(창 3:21). 에덴동산 같이 안락한 환경에서 살다가 추방된 인간에게 생존을 위한 옷을 직접 만들어 입히신 것은, 죄를 범했음에도 불구하고 하나님의 은혜가 여전함을 보여주신 사건이다.

하나님의 공급 원리를 보면 먼저 그분의 명령에 순종하시도록 요구하신다. 아브라함을 믿음의 조상으로 세우시면서 땅을 주시겠다는 것과 수많은 후손을 주시겠다는 약속을 하셨다. 아무것도 보이는 것도 없고 가진 것이 없는 상태에서 약속해 주신 것이다. 불확실한 가운데 순종을 행동으로 옮길 때, 적절한 시기에 하나님이 적절한 방법으로 공급해 주심을 알게 하셨다.

하나님은 별다른 설명 없이 아브라함에게 명령하셨다. "여호와께서 이르시되 네 아들 네 사랑하는 독자 이삭을 데리고 모리아 땅으로 가서 내가 네게 일러준 한 산 거기서 그를 번제로 드리라"(창 22:2). 공급하시는 하나님은 아브라함이 모리아 산에서 이삭을 바치려 할 때 숫양을 준비해 주셔서 번제로 드려질 이삭을 대신하게 하셨다. 아브라함은 그 땅을 '준비하시는 하나님'이라는 의미에서 '여호와 이레'라 했다(창 22:14).

공급하시는 하나님은 내게 필요한 사람을 준비해 주시기도 하신다. 창세기 24장에는 아브라함의 종이 이삭의 아내를 구하는 과정이 상세하게 기록되어 있다. 시작부터 리브가를 만나서 데려오는 과정이 하나하나 자세하게 기록된 것은 준비해 주시는 하나님을 깨닫게 하기 위한 것이다. 아브라함은 종에게 "내 고향 내 족속에게로 가서 내 아들 이삭을 위하여 아내를 택하라"(24:4)라고 말한다. 아브라함은 고향을 떠나온지 오래 되었기 때문에 그곳의 상황을 전혀 알지 못한 채, 종에게 명령을 내린 것은 그 일생을 통해 준비하시고 공급하시는 하나님에 대한 신뢰가 있었기 때문이다.

종은 아브라함만한 확신이 없었기 때문에 여자가 자기를 따라오지 않을 경우에 대한 대안을 묻는다. "여자가 나를 따라 이 땅으로 오려고 하지 아니하거든 내가 주인의 아들을 주인이 나오신 땅으로 인도하여 돌아가리이까"(24:5). 여기에서 아브라함의 신앙고백이 나온다. "하늘의 하나님 여호와께서 나를 내 아버지의 집과 내 고향 땅에서 떠나게 하시고 내게 말씀하시며 내게 맹세하여 이르시기를 이 땅을 내 씨에게 주리라 하셨으니 그가 그 사자를 너보다 앞서 보내실지라 네가 거기서 내 아들을 위하여 아내를 택할지니라"(24:7).

종은 메소보다미아로 가서 나홀의 성에 이르러 하나님께 기도를 했다. "그가 이르되 우리 주인 아브라함의 하나님 여호와여 원하건대 오늘 나에게 순조롭게 만나게 하사 내주인 아브라함에게 은혜를 베푸소서"(24:12). 이 종이 기도를 마치기도 전에 물을 길으러 나온 리브가를 만나게 된다. 그리고 리브가가 바로 아브라함의 동생 나홀의 손녀라는 것을 알게 되자 하나님의 준비하심에 찬양을 드린다. "나의 주인에게 주의 사랑과 성실을 그치지 아니하셨사오며 여호와께서 길에서 나를 인도하사 내 주인의 동생 집에 이르게 하셨나이다"(24:27).

창세기의 마지막은 요셉을 통하여 기근을 대비하게 하심으로 수많은 사람을 살리셨고 구원의 역사를 만들어 가는 사건이 기록되어 있다. 하나님은 요셉을 먼저 애굽으로 보내셨다. 비록 종으로 팔려가는 신세였지만 애굽의 통치자인 바로와 만나는 길이 되었다. 고난의 과정이지만 하나님은 요셉의 인격을 단련시켰고 마침내 애굽의 총리가 되게 하셨다. 요셉은 바로의 꿈을 해석하여 7년의 대풍년과 대흉년에 대한 하나님의 계시와 함께 대비책을 제시함으로써 애굽의 총리가 되어 이를 대비하는 전권을 바로로부터 위임받게 된다.

"요셉에게 이르되 하나님이 이 모든 것을 네게 보이셨으니 너와 같이 명철하고 지혜 있는 자가 없도다 너는 내 집을 다스리라 내 백성이 다 네 명령에 복종하리니 내가 너보다 높은 것은 내 왕좌뿐이니라"(41:39, 40). 이러한 사건은 야곱의 가족이 애굽으로 이주하는 길을 열어주었을 뿐만 아니라, 이스라엘이라는 한 민족을 준비하시고자 하는 하나님의 섭리 속에 이루어진 일이었다.

2. 공급하심의 은혜

성경 전체를 통해서 볼 때도, 하나님의 공급하심에 대한 이야기로 가득하며, 다양한 방법으로 공급하신다. 가장 대표적인 것이 출애굽한 이스라엘 백성이 광야에서 먹을 것이 없을 때 하늘에서 만나를 내려 주신 것이다. 200만이라는 인구가 아무런 농작물을 생산할 수 없는 광야로 데려오신 것 자체가 엄청난 프로젝트이다. 인간의 관점에서 볼 때는, 대책 없는 무모한 프로젝트라 볼 수 있다. 제대로 먹을 것이 공급되지 않아서 이스라엘 백성으로부터 원망과 불평이 쏟아져 나오기 시작하자 하나님께서는 날마다 일용할 양식을 하늘에서 내려 주셨다. 광야 생활 40년 동안 물이 없을 때는 물을 공급해 주셨고, 의복이나 신발이 헤어지지 않도록 하셨다. 광야 생활은 내 능력이 아닌 하나님이 공급하시는 힘으로 살아가는 것을 배우는 훈련의 장이었다.

창세기에 나타난 공급하시는 하나님은 성경 전체를 통해서도 다양한 모습으로 나타나셨다. 룻기에는 이방 땅에서 남편과 아들을 잃고 빈털터리로 고향에 돌아온 나오미와 룻이라는 이방인 며느리에게 하나님은 선대하시며 구원의 역사에 참여하게 하시는 사건이 기록되어 있다. 나오미가 아들들이 사망한 후, 며느리들에게 각자 고향으로 돌아가라고 하면서 "여호와께서 너희를 선대하시기를 원하며"라고 말한다. 여기서 말하는 '선대하심'(kindness)이 바로 하나님의 헤세드(hesed)이다. 생존의 수단이 막막한 두 과부, 나오미와 룻에게 보아스를 통하여 선대하게 하셨을 뿐만 아니라 룻은 이방여인이지만 다윗의 계보에 들어가게 하는 특별한 사랑을 보여주셨다.

공급하시는 하나님은 열왕기하에서 극적인 사건으로 말씀하신다. 아람왕 벤하닷이 사마리아성을 포위하자 온 백성이 굶주리게 되어 자기 자식을 잡아먹는 지경에 이르게 되었다. 엘리사가 하나님께서 내일 이맘때에 엄청난 식량을 공급하실 것이라고 말하자 왕의 신하가 말하기를 "여호와께서 하늘에 창을 내신들 어찌 이런 일이 있으리요"라고 말한다. 엘리사는 "네가 네 눈으로 보리라 그러나 그것을 먹지는 못하리라 하니라"(왕하 7:2). 엘리사의 말대로 실현되었고 하나님의 능력을 부정한 신하는 성문에서 백성들에게 밟혀 죽었다.

엘리야가 아합을 피하여 그릿 시냇가에 숨었을 때, 까마귀를 통해서 떡과 고기를 공급하셨다(왕상 17장). 그 후 하나님은 엘리야에게 사르밧의 과부에게로 가서 공급받도록 하신다. 그 과부는 식량이 다 떨어져 마지막 남은 것을 먹고 죽으려는 절체절명의 순간이었다. 그러나 마지막 가루를 가지고 엘리야를 먹인 후 하나님께서는 통의 가루가 떨어지지 않고 병의 기름이 없어지지 않도록 하셨다(왕상 17:16). 이 외에도 엘리사의 제자가 사망하여 생계를 지탱하기 어려운 과부에게 빈 그릇에 기름을 공급하여 살길을 열어준 사건도 있었다(왕하 4장).

예수님은 오병이어의 기적을 통하여 자신이 공급하시는 하나님 이심을 나타내셨다. 인생의 염려와 근심의 대부분은 '필요한 것이, 필요할 때 공급될 것인가'에 대한 믿음을 갖지 못하는 것이다. 그래서 믿음의 반대는 불신이 아니라 염려와 근심이라고 했다. 예수님은 제자들에게 반복해서 근심하지 말라고 하셨다. 공급의 문제로 고민하는 인간들에게 예수님은 공중의 새와 들의 백합화를 비유하시면서 "염려하여 무엇을 먹을까 무엇을 마실까 무엇을 입을까 하지 말라 하셨다"(마 6:31).

하나님께서는 이 모든 것이 너희에게 있어야 할 것을 아신다고 하면서 "너희는 먼저 그의 나라와 그의 의를 구하라 그리하면 이 모든 것을 너희에게 더하시리라" 하셨다(마 6:33). 공급이 중요하지만 삶의 우선순위는 물질적 공급에 있지 않다는 것을 분명히 하셨다. 인간은 하나님의 공급을 경험함으로 그 분을 더욱 신뢰하면서 믿음이 성장하게 된다. 그러나 하나님은 우리에게 자기의 유익만을 위한 공급을 바라는 수준에서 하나님의 뜻을 실현하는, 하나님의 나라와 그 의를 구하는 믿음을 가지기 원하신다. 삶의 우선순위가 바뀌기를 원하신다.

인간은 하나님의 공급하심이 없이는 생존할 수 없는 존재임에도 불구하고, 스스로의 노력과 수고에 의해 필요한 것들을 생산했다고 생각할 때 인간중심 사고와 교만이 싹튼다. 인간이 수고한 것은 사실이지만 하나님께서 적합한 환경 조건을 주지 않으면 인간의 노력이 성과를 거둘 수 없다. 그래서 인간은 과학 문명이 발달되기 전까지는 생존조건이 하늘에 달려 있다고 생각하여 신에게 제사를 지냈다. 오늘날에도 가뭄이나 홍수 등이 기상조건에 의해 일어난다는 것을 알지만 이러한 현상을 신의 뜻과 연관시켜 보는 생각이 남아 있다.

공급은 인간의 생존과 풍요가 달린 문제이기 때문에 진정한 공급자가 누구인지를 알지 못하면 인간은 우상숭배의 관습을 벗어나기 어렵다. 풍요를 갈구하는 인간들은 하나님을 알지 못하는 곳에서는 우상에게 제사를 지냈고, 가나안 땅에서는 풍요의 신 몰렉에게 자식을 인신 공양하는 풍습까지 있었다. 하나님은 이를 가증하게 여기시어 이스라엘 민족을 일으키시어 가나안을 멸망시키라는 명령을 하시게 된다. 하나님으로부터 이러한 소명을 받은 이스라엘 민족이 가나안 땅에 들어가 하나님의 법도를 지키지 않고 오히려 이방의 가증한 풍습을 따르자, 하나님은 북쪽의 이방 민족을 일으키시어 이스라엘을 멸망시킨다. 하나님은 왜 이스라엘을 멸망시키게 하셨을까를 말씀하실 때마다 이방의 가증스러운 풍습인 인신공양을 언급하신다. 이는 진정한 공급자이며 풍요를 주시는 분을 멸시했을 뿐만 아니라 하나님께서 혐오하시는 풍습을 따라 했기 때문이다.

하나님의 공급하심은 사랑에 근거한다. 비록 죄로 인해 타락한 인간이지만 하나님의 사랑은 없어지지 않았다. 이러한 특별한 사랑인 헤세드는 실패하지 않는 사랑(unfailing love), 변함없는 사랑(enduring love)이라고 한다. 특별히 하나님의 사랑은 공동체 내의 약자를 돌보시도록 명하신다. 하나님은 신명기(15, 16장)에서 고아와 과부와 나그네를 돌보도록 했으며, 가난한 이웃에게 돈 빌려주는 것을 거절하지 말라고 명하셨다. 가난한 자의 저당 잡은 것을 저녁에는 돌려주도록 하며, 때가 되면 부채를 탕감하도록 명하셨다.

하나님은 이적과 기사를 통해 특별한 공급을 주시기도 하지만, 이 세상의 생산수단을 통하여 공급해 주신다. 오늘날 기업들이 공급을 담당하면서 사람들에게 풍요를 제공하고 있다. 이러한 관점에서 기업은 공급하시는 하나님의 대리인 역할을 하고 있다고 볼 수 있다. 좋은 기업들이 많아서 이러한 시스템을 잘 갖춘 나라에서는 공급이 원활하게 이루어진다. 그러나 많은 나라들이 제대로 된 생산시설이 없어서 굶주리고 가난에 허덕이고 있다. 최근 코로나19 사태로 글로벌 공급망에 차질이 빚어지면서 기업들이 어려움을 겪고 있다. 우리가 당연하다고 누려왔던 일상의 공급도 하나님의 보호하심이 없으면 무너질 수 있으며, 모든 것이 하나님의 은혜로 공급이 이루어지고 있음을 깨닫는 시간이기도 하다.

3. 사업과정에서의 공급

기업경영의 핵심은 필요한 자원을 적기에 조달하고 공급하는 것이다. 창업자에게도 가장 중요한 역할은 필요한 인적, 재무적, 기술적 자원을 효율적(efficiently)이며 효과적(effectively)으로 동원하는 일(resource mobilization)이다. 글로벌 경영의 시대에 적절한 자원을 공급받는 공급사슬(supply chain)이 매우 중요하다. 적절한 공급자를 확보하고 좋은 관계를 유지하기 위해 다양한 형태의 제휴와 계약을 하지만, 장기적으로 중요한 것은 신뢰이다. 신뢰가 없으면 거래비용이 증가하기 때문이다.

크리스천의 믿음이 성장하는데 여러 가지 경로가 있지만 어려운 상황에서 하나님의 공급하심을 경험하면서 하나님을 더욱 깊이 알아가게 되는 경우가 많다. 많은 기업인들도 위기 상황에서 만나는 하나님은 '공급하시는 하나님'이시다. 적절한 시기에 필요한 사람을 보내주시는 하나님, 필요한 기술을 획득하게 하시는 하나님, 재정의 위기에서 필요한 자금을 공급하시는 하나님을 만나면서 그 은혜를 체험하게 된다. '하늘의 성공원리'라는 책에서 길스 박사는 "주께 모든 것을 드리면 그가 모든 것을 공급하신다"라고 말한다.[60]

로버트 프레이저는 경영현장에서 공급의 중요성을 다음과 같이 말한다. "우리의 최선의 삶은 진실한 열정을 추구하면서 그 일을 위한 하나님의 공급하심을 기대하는 것이다. 우리의 열정을 추구하는 것이 곧 우리의 열정의 주인이신 하나님을 섬기는 것이다. 다른 것을 추구하는 것은 돈을 섬기는 것일 뿐이다."[61] 하나님 나라와 그 의를 위해서는 필요한 재정이 공급되어야 한다. 하나님은 일터를 통해 개인에게 재물을 주셔서 가정의 일용할 양식을 공급하실 뿐 아니라, 지역 사회와 나라에 능력 있는 영향력을 발휘하도록 엄청난 부요를 허락하시기도 하신다. 이러한 점에서 재물을 공급하시는 것은 언약을 이루어 가시는 과정이기도 하다. "네 하나님 여호와를 기억하라 그가 네게 재물 얻을 능력을 주셨음이라 이같이 하심은 네 열조에게 맹세하신 언약을 오늘과 같이 이루려 하심이니라"(신 8:18).

재정적인 공급의 중요성에 대해 로버트 프레이저는 다음과 같이 말한다. "지금까지 나는 사업의 비경제적인 열매를 강조했지만, 사업은 분명히 가정과 하나님 나라의 사업을 위한 재정을 공급하는 의미가 있다. 직원들은 우리 회사에서 일하는 동안 서른 가정 이상이 처음으로 주택을 장만했다. 나는 크리스천 직원들을 많이 채용했는데, 그들은 삶의 막다른 골목에서 낮은 보수로 일하던 사람들이었다. 그들은 하나님의 부르심, 영적인 삶과 사역의 기름 부으심이 있는 장소를 발견하였을 뿐 아니라, 또한 재정적으로 풍성하게 되었다." [62]

작은 자에게 공급하시기를 원하시는 하나님의 마음을 깨닫고 시작한 기업이 있다. '향기내는사람들'의 임정택 대표는 예수님의 "지극히 작은 자 하나에게 한 것이 내게 한 것"(마 25:4)이라는 말씀 때문에 자신의 인생을 바꾸었다고 한다. 이 세상에서 가장 어렵고 힘든 삶을 사는 '지극히 작은 자들'과 함께 일하는 기업을 만들겠다는 꿈을 꾸게 되었다. 이 회사에서 일하는 모든 장애인들은 지역사회의 7명(정신과 의사, 사회복지사, 본부 담당자, 직장 선배, 기관 동료, 현장 매니저 등)이 함께하는 다각적 지지시스템을 통해 안정적인 일자리를 유지하도록 하고 있다. 장애인 사업장을 10년 무사고로 경영한 실적을 바탕으로 장애인 관리 솔루션과, 장애인 의무고용 맞춤형 컨설팅을 제공하여 창사 10년 만에 전국에 히즈빈스 18호점의 매장과 향기제작소(공장), 향기나눔지원센터(직업교육센터), 히즈빈스 컨설팅(장애인 고용 컨설팅) 등을 설립하여 비즈니스 영역을 확장하고 있다.[63]

4. 직원복지와 공급

직원들에 대한 올바른 공급의 중요성에 대해 래리 줄리언은 다음과 같이 말한다. "우리는 회사가 성공하는 데 가장 중요한 요소가 직원들이라고 믿습니다. 따라서 직원들이 잠재력을 극대화할 수 있도록 힘과 용기를 얻을 수 있는 문화와 환경을 가꾸는 것이 우리 특권이자 책임입니다. 직원들이 잠재력을 발휘할 수 있도록, 우리는 각각의 직원에게 신경 쓰며, 요구를 파악하고, 재능을 이해하며, 성장과 변화를 위한 직원들의 노력에 아낌없이 지원하는 책임을 기꺼이 완수할 것입니다. 동시에 직원들은 책임감있게 자신의 업무를 수행하고, 책임감이 넘치는 환경을 육성해야 합니다."[64]

기업은 직원들의 형편에 맞는 복지프로그램을 운영해야 한다. 실제로 경영현장에서 직원들을 위한 사내 복지는 조직 충성도를 높이며 대외적인 인지도를 제고하여 궁극적으로는 기업의 경쟁력을 제고하는 데 도움이 된다. 사내 복지는 회사가 일방적으로 제공하는 전통적인 복지와 함께 임직원 개인의 니즈에 적합한 복지 항목과, 수혜 수준을 자유롭게 선택하게 하는 선택적 복지(cafeteria plan)로 구분할 수 있다. 오늘날 후자가 최근 큰 관심을 받고 있다.[65] 단일 메뉴의 일방적인 제공을 하는 전통적 복지제도에 비해 개인의 선택과 자유를 반영하는 선택적 복지제도가 더 성경적 가치에 부합한다고 할 수 있을 것이다.

인간은 다른 사람의 내면을 완전하게 이해하기 어렵다. 따라서 회사의 임직원이 본인이 원하는 복지를 선택적으로 활용할 수 있게 하는 것이 보다 자연스럽고 성경적인 접근이 될 것이다. 최근 기업들이 바우처 제도를 활용하여 연간 일정 금액의 복지금을 개인별로 적립해주고 각 개인들의 필요한 수요(도서 구입, 학원 등록, 안경 구입 등)에 맞춰 사용할 수 있게 하는 것도 바로 선택적 복지 기반의 사내 복지 사례가 될 것이다. 이는 실증 연구에서도 잘 드러난다. 한국 사례를 분석한 연구[66]를 보면 선택적 복지를 채택한 기업에서 임직원들의 만족도가 유의미하게 높았다.

직원들의 필요와 지역사회의 필요를 함께 채우는 복지 모델로서 팀 하스의 사례가 있다. 하형록 회장은 자신의 경험을 이렇게 말한다. "우리 회사가 어린이집을 시작한 것은, 어려운 이웃을 돕는다는 회사의 기본 정신을 실천하기 위해서였다. 먼저 지역의 어려운 분들이 아이들을 맡기고 마음 놓고 일할 수 있도록 돕고 싶었다. 그러다보니 우리 회사 직원들도 아이들을 맡기게 되었다. 어떤 사람들은 우리가 어린이집을 운영하는 것을 두고 군이 손해볼 일을 왜 하느냐고 말한다. 물론 회사의 수익을 위해 어린이집을 연 것은 아니다. 하지만 이웃을 위해 시작했더니 회사에도 도움이 되었다. 직원들이 자신의 아이들을 회사의 어린이집에 맡긴 뒤로 업무에 대한 의욕도 높아졌을 뿐 아니라 성과도 향상되었기 때문이다." [67]

기업복지는 기본에 충실하면서 공정하게 공급해야 한다. 요즘 젊은 구직자들 중에서 기피해야 하는 광고로 "가족과 같은 회사"라는 문구를 홍보하는 기업이라고 한다. 가족과 같다는 의미는 야근을 강요하고 사생활을 보장해주지 않으면서 모든 일을 정실대로 처리하는 기업이라는 것이다. 가족 사이에는 엄밀하게 이해관계를 따지지 않고, 때로는 주먹구구식으로 일을 처리하기도 한다. 그러나 기업을 그러한 논리로 운영해서는 곤란할 것이다. 기본에 충실하게 사내 복지 제도를 운영하라는 것은 공정하게 임직원을 대해야 한다는 것과 같은 뜻이다.

와디즈는 '우리는 팀원간의 필요를 채워줍니다'라고 강조하는 기업이다. 우선순위를 파악하여 내가 속한 조직보다 회사 전체가 필요한 것을 우선적으로 진행하며, 책임소재가 명확하지 않은 일을 적극적으로 맡아 처리하는 등 팀 우선, 팀 정신을 강조하고 있다. [68] 섬유 제품을 생산하는 리디아알앤씨의 임미숙 대표는 법이 보장하고 있는 제도대로 휴가, 반차, 출산휴가 등을 자유롭게 쓸 수 있게 하는 것이 중소기업으로서 할 수 있는 가장 공정한 복지이자 직원들에 대한 공급이라고 말한다. [69]

비즈니스 미션의 현장에서 공급하시는 하나님의 은혜는 더욱 절실하다. V국에서 인쇄업을 성공적으로 운영하고 있는 K선교사 부부는 "저희는 직원들의 생일을 기억했다가 작은 선물이지만 손수 포장해 생일파티를 하곤 합니다. 가난한 사람들에게는 문화적,

정서적 경험이 드물다는 것을 발견했어요. 그래서 직원들 중에는 생일파티, 영화보기, 피자집 가보기 등 처음 해보는 것이 많다고 합니다. 이러한 활동을 통해 회사가 직원들을 소중히 여기고 있다는 것을 느끼게 해줍니다. 아픈 직원들에게는 병원비를 지원해 주기도 합니다. 직장을 단순히 일을 하고 돈을 벌어가는 곳이 아니라, 직원들이 자립하고 신앙생활을 할 수 있는 곳으로 만들고자 했습니다"라고 말한다. 이 회사는 성실히 생활하는 직원들이 집이나 땅을 사고자 하는 경우에는 월급의 20배 정도를 빌려주어, 가능하면 초기에 집을 살 수 있도록 지원했다. 그러자 장기 근속하는 직원들 가운데 오토바이, 집, 땅 등을 사며 삶의 질이 높아지는 혜택을 입은 사례들이 나오게 되었다.[70]

중국 운남성에서 보이차 사업을 하고 있는 Y선교사는 비즈니스 선교의 중요성을 이렇게 말한다. "인간의 영과 혼, 몸은 서로 연결되어 있습니다. 영적인 것이 물질적인 것이고, 물질적인 것이 영적인 것입니다. 비즈니스 선교는 전인격적인 구원을 위한 것입니다. 이는 복음과 함께 삶의 수준을 향상시켜주어야 한다는 것입니다.", "만일 형제나 자매가 헐벗고 일용할 양식이 없는데 너희 중에 누구든지 그에게 이르되 평안히 가라, 덥게 하라, 배부르게 하라 하며 그 몸에 쓸 것을 주지 아니하면 무슨 유익이 있으리요"(약 2:15~16). 그에게 비즈니스 선교에 대한 열정을 불러일으킨 말씀이다.[71]

■ 이디야 커피 사례[72]

이디야 커피의 문창기 회장은 창업주가 아니다. 2001년에 사업을 시작한 이디야의 창업자는 80여개의 매장까지 확장하였으나 커피 시장이 레드오션이라고 생각하여 회사를 매각하였다. 그러나 문창기 회장은 커피 소매 시장의 미래 가능성은 지금보다 훨씬 밝다고 생각하여 전 재산을 투자하여 2004년 이디야를 인수하였다. 그 후 16년이 지난 2020년 기준 국내 커피 판매 업체 중 최초로 3000호점을 오픈하였다. 국내 외식업 프랜차이즈 중 가맹점 수가 3000개를 돌파한 기업은 파리바게트와 이디야 커피뿐이다.

이디야 커피의 문 회장은 가맹점주와 직원에 대한 공급, 즉 복지가 회사 경쟁력의 원천이라고 생각한다. 회사를 움직이는 점주와 직원들이 먼저 충만한 공급으로 행복해야 다음으로 고객에게 그 기분이 전해질 수 있다고 믿었다. 이디야 커피는 모든 마케팅 비용을 본사가 부담한다고 한다. 미디어 간접광고(PPL), 모바일 앱 프로모션, 소셜네트워크 마케팅 등을 본사가 책임지고 있다.

최근 임대료 문제로 고민하는 점주들이 늘어나자 가맹점 공급 물품의 가격도 인하하였다. 정부의 일회용 컵 없애기 캠페인이 시작되자 다회용 컵을 본사 부담으로 공급하기도 하였다. 상당수의 아르바이트 직원들이 학생이라는 점에 착안하여 아르바이트생들을 위한 장학금 '이디야 메이트 희망기금'과 '장기근속 아르바이트생 격려금' 등에 매년 30억원 정도를 배정한다고 한다. 또 연 120만원의 피복비를 통해 도서 구입비를 제공한다. 이디야의 연봉과 사내 복지 수준은 동종 업계 최고 수준이며 폐업율은 1%로 역시 동종 업계 최저 수준이다. 이러한 사내 복지 제도는 문 회장의 지론이다. 그는 사업 정체기마다 무작정 책을 읽는 것으로 알려져 있다. 성공하는 기업들의 자산을 연구한 결과 내부고객, 즉 기업 구성원들의 요구에 귀를 기울이고 그들의 요구에 공급하는 것이 가장 중요하다고 결론을 내렸다.

5. 심리적 공급과 영적 공급

직원들에게 물질적인 복지를 제공하는 것도 중요하지만 심리적, 영적으로 적절한 공급을 하는 것이 더욱 중요한 경우가 많다. 크리스챤 기업 들 중에는 직원들의 영적 공급에 대한 관심을 가지고 운영하기도 한다.

달렌 피터슨은 격려가 매우 중요한 심리적 공급이라고 말한다. "리더는 구성원들을 섬기고 열정과 의욕을 북돋워 주어야 할 책임이 있다. 이는 사내 게시물이나 공식 발표문으로 가름되는 일이 아니다. 이는 리더를 가까이서 지켜보며 그의 기쁨, 성실성, 그리고 헌신을 직접 목격한 사람들로부터만 나오는 것이다." [73] "직원들을 인정해주는 방법은 어찌 보면 매우 단순하다. 나는 매일 모든 사무실을 방문해 직원들을 칭찬하고 격려했다. 자발적이고 진심이 담긴 칭찬은 다른 사람들 앞에서 할 경우에 윗사람에 대한 신뢰와 충성심을 돈독히 할 수 있는 아주 효과적인 방법이었다." [74]

멘토링은 심리적 공급의 효과적인 방법이다. "멘토링 프로그램은 우리 회사를 강하게 성장시킨 대단히 효율적인 방법이었다. 첫째로 신규 점주들을 코치하자 신뢰를 키우는 회사로 역량이 강화됐다. 우리는 누군가를 코치할 때마다 상대방에 가르치는 것만큼 배우게 된다. 그러한 멘토링 자세가 우리 회사에 충만해 있다". 리디아알앤씨는 신입사원의 안착을 지원하기 위해 '앰버서더' 제도를 운영하고 있다. 점심시간과 티타임을 이용하여, 신입사원들이 조직에 잘 적응할 수 있도록 상담하고 돕는 프로그램이다.

가정이 평안하고 잘 되어야 영혼의 풍요를 누릴 수 있는 것이 임미숙 대표의 지론이다. 좋은 가정을 위한 자녀교육, 부부관계를 위한 비공식적 지원을 한다. 직장이지만 기쁨과 감사가 넘쳐나게 하여 영혼구원의 장이 되도록 만들고 있다.[75]

직원들에 대한 진정한 공급은 섬김의 리더십에서 나온다. "나는 모든 것을 돌보는 사람일 뿐이다. 그것이 나를 겸손하게 한다. '돌보는 사람'이 되는 것은 종이 되는 것 이상이다. 왜냐 하면 종은 섬기는 것을 원하지 않을 수도 있지만, 돌보는 사람은 섬기길 원한다. 이것이 크리스천의 핵심가치이다. 이기적이지 않으며 종으로 섬기는 것, 그것은 실천하기가 쉽지 않지만 큰 만족을 준다."[76]

경영자는 직원의 필요를 인지하고 적절하게 공급하는 역할을 해야 한다. 육적인 것뿐만 아니라 정신적인 측면에까지 필요를 채우도록 해야 한다. 특히 조직내 약자에 대한 배려와 관심이 필요하다. 크리스천 경영자는 직원들의 영적인 측면까지도 살펴서 공급하는 지혜가 필요하다. 직원들을 하나님께서 맡겨주신 영혼이라고 생각해야 한다. 한국교세라 정공의 전희인 사장은 하나님으로부터 직원들의 영혼 구원에 관한 질문을 받고 돌보기 시작하면서 경영방식의 변화를 가져오게 되었다. 특히 생산직 주부 사원에 대해 관심을 가지고 복지를 향상하도록 했다.[77]

경영자가 직원들의 영적인 부분까지 돌볼 책임이 있는가에 대해서는 의견이 다를 수 있다. 그러나 직원들 각자가 하나님의 형상으로 지어진 존재라는 사실을 항상 염두에 두고 있다면 영혼에 대한 관심을 갖게 되고 그들을 위해 기도하게 될 것이다.

래리 줄리언도 같은 견해를 피력하고 있다. "저는 우리가 직원들이 성장할 수 있는 환경을 제공하고 직원들로 하여금 자기 삶을 위한 하나님의 계획을 발견케 할 수 있다면, 이거야 말로 고용주로서 최고의 영예라고 생각합니다." [78]

■ 칙필레 사례[79]

칙필레는 미국에서 가장 사랑받는 치킨 버거 프랜차이즈이다. 칙필레는 2019년 ACSI (American Customer Satisfaction Index) 고객 만족도 평가에서 100점 만점에 86점으로 1위에 올랐다. 미국 내 칙필레 점포당 평균 매출액은 약 400만 달러로 맥도널드, 스타벅스, 서브웨이의 점포당 평균 매출을 합친 것보다 많다. 가맹점을 낼 때에 수십만 달러의 금액을 요구하는 동종 업계와 달리 신청자로부터 불과 오천불의 투자비만 받는데 이처럼 저렴하게 사업 시작이 가능하다 보니 신청자들이 아주 많이 몰린다고 한다. 대략 10대 1의 경쟁률을 뚫어야만 칙필레 점주가 될 수 있다.

치열한 프렌차이즈 시장에서 칙필레는 주일에 영업을 하지 않는다. 그리고 가장 많은 매출이 나오는 날 중에 하나인 추수감사절, 성탄절에도 무조건 쉰다. 그러나 예외는 있다. 지역 사회에 큰 재난이 발생하거나 칙필레의 공급이 필요한 시점에는 주일에도 영업을 하고 무료로 음식을 제공한다. 2016년 올랜도 게이클럽에서 무차별 총기 사고가 발생했을 때에는 주일에도 문을 열고 무료 샌드위치로 지역 주민들을 위로하였다. 칙필레는 미국의 어떤 기업보다 기독교 기업으로서의 정체성을 드러내는데 두려움이 없다. 기업 공개를 하지 않고 사기업으로 유지하고 있는 것도 바로 기독교 기업으로서의 경영 원칙을 고수하기 위해서라고 한다.

창업자인 트루엣 캐시 회장과 그 뒤를 이은 댄 캐시 회장은 기회가 있을 때마다 동성 결혼 반대 의사를 분명히 하고 있다. 미국에서 동성 결혼 반대 목소리를 내는 것은 대단한 용기가 필요한 행동이다. 그 결과 수많은 동성애 단체의 조롱과 반대에 직면하였지만 그 원칙을 포기하지 않았으며 오히려 경쟁업체인 KFC조차 뛰어넘는 기업으로 성장하였다. 칙필레는 직원들에게 심리적, 영혼의 양식을 공급하는 회사로도 잘 알려져 있다. 그리고 전통을 지키는데 있어서 주저함이 없다. 바이블벨트인 남부에서 시작한 기업으로 남자 직원들은 가급적이면 정장 바지를 착용하고 칙필레 넥타이를 맨다고 한다. 칙필레가 여는 연례 행사에는 술이 등장하지 않는다. 점주들이 모이는 수련회에서는 기도로 모임을 시작한다. 칙필레 본부에서도 강요하지는 않지만 자발적인 기도 모임이 활성화되어 있다. 기업은 직원들을 섬기고 직원들은 고객들을 섬기면서 기독교 정신을 확산하는 것을 기업의 최고 목표로 삼고 있다.

칙필레의 홍보 담당 임원은 "믿음의 청지기로서 하나님께 영광을 돌리는 것이 존재 목적이다. 매장을 방문하는 모든 고객을 섬긴다. 그렇게 하루에 200만명을 섬긴다"고 말한다. 칙필레의 대표적인 '2-마일 서비스'도 기독교 정신에서 유래하였다. 예수님께서 "5리를 가게 하거든 그 사람과 10리를 동행하고"(마 5:41)라며 산상수훈에서 말씀하신 것처럼 고객들의 요구, 그 이상의 서비스를 제공한다. 항상 깨끗함을 유지하는 매장에는 테이블마다 생화가 놓여있고 종업원들은 수시로 고객들에게 필요한 것이 없냐고 묻는다. 장애 고객들이 테이블에 앉을 때 의자를 빼주고 애완동물을 위해 치킨 조각을 주는 것도 2-마일 서비스의 정신에서 직원들이 자발적으로 실행하고 있는 원칙이다.

6. 맺음말

인간의 모든 삶의 기반은 하나님의 공급으로부터 나왔다. 기업 역시 하나님으로부터 받은 물질적 기반을 바탕으로 세상에 필요한 것을 공급하는 기능을 맡고 있다. 많은 크리스천 기업인들의 간증을 보면 공급하시는 하나님의 은혜를 깨닫고 감사하는 신앙 고백이 담겨있다. 특히 위기의 상황에서 적절한 시기에 적절한 방법으로 공급하시는 하나님을 체험하면서 그분에 대한 깊은 신뢰를 하게 된다. 반면, 공급하시는 하나님을 잊어버리거나 깨닫지 못하고 자급한다고 생각할 때 교만이 싹트거나 불안과 염려 속에서 살게 된다. 그러나 때때로 우리가 생각하는 방법으로 공급이 이루어지지 않을 지라도 그분을 신뢰하고 사랑하는 것이 우리가 가져야할 마땅한 태도이다.

공급은 좋은 물건과 서비스를 고객에게 제공하는 것뿐만 아니라, 기업 내부 임직원들의 필요를 만족시키는 것까지를 포함한다. 성공한 많은 기업들은 외부와 내부의 공급 모두에 있어서 균형 있는 자세를 보여주었다. 외부에 대한 서비스를 잘하기 위해서는 내부 고객을 만족시켜야 한다. CS(customer satisfaction, 고객만족)가 건강하게 지속되려면 ES(employee satisfaction)도 올바르게 제공되어야 한다.

공급에서 중요한 원칙은 공급하는 사람의 입장이 아닌 공급을 받는 입장에서 생각해야 한다는 것이다. 최근 사내 복지의 추세도 직원들의 자율성과 선호에 바탕을 둔 선택적 복지가 대세가 되고 있다. 공급은 물질적인 것뿐만 아니라 심리적, 영적인 것까지도 포함되어야 한다. 특히 영적인 부분은 크리스천 기업가에게는 매우 도전적인 과제다. 의무적인 예배를 드리도록 하거나 종교활동을 요구하는 차원이 아닌 성경적 원리와 가치관이 반영된 조직문화와 시스템을 만들어야 한다.

☑ 실천지침

1. 회사가 지금까지 성장하는 데 하나님의 공급하심에 대해 어떻게 경험해 왔는지 검토해보자.

2. 공급하시는 하나님의 은혜에 대해 올바른 감사를 표현할 수 있는 방법을 찾아보자.

3. 회사의 직원, 동료들의 필요에 관심을 갖고 이를 채워 주려고 노력하고 있는지 점검해 보자. 부족하다고 생각한다면 이를 좀더 적극적으로 실천할 수 있는 방법을 찾아보자.

4. 우리 회사의 사명과 핵심 가치에 올바른 공급의 원리가 반영되어 있는가 점검해보자. 이를 반영할 필요가 있다고 생각한다면 이를 실천할 수 있는 방법을 찾아보자.

5. 회사의 복지제도를 점검해보고 직원들 각자의 필요에 따라 적절한 공급이 이루어지고 있는지 점검해보자.

☑ 토의주제

1. 우리 기업이 세상에 공급하는 유일하고 가치 있는 서비스와 재화는 무엇인지 생각해보고 토의해보자.

2. 직원들이 회사에 요구하는 가치를 회사는 적절하게 제공하고 있는지 생각해보고 논의해보자.

3. 직원들이 필요로 하는 것 중에서 물질적인 것을 제외한 정신, 가치, 신념 등에 해당하는 것은 무엇인지 고민해보고 이를 어떤 식으로 공급해볼지 생각해보자.

4. 우리 주변에 도움이 가장 절실하지만 적절하게 공급받지 못하고 있는 대상에게 어떻게 공급할 것인가에 대해 논의해보자.

5. 기독교 기업으로서 정체성을 드러내면서 사회에 기여할 수 있는 것은 어떤 것이 있을지 생각해보고 토론해보자.

6

형통의 원리

1. 형통케 하시는 하나님

하나님은 인간을 창조하시고 생육하고 번성하여 땅에 충만하라는 형통의 축복을 주셨다(창 1:28). 인간의 형통은 하나님이 인간에게 주시고자 하는 사랑의 성취이며 인간은 피조물로서 형통해야 하는 사명을 가진 존재가 되었다. 그러나 인간의 타락으로 말미암아 생존에 수고로움과 고통을 동반하게 되었고, 창조 목적인 형통은 왜곡되었다(창 3:17~19). 인간의 죄성은 재물과 명예와 권세의 형통함이 오히려 교만하게 하고 하나님으로부터 멀어지는 결과를 만들게 되었다.

하나님은 구원 사역을 이루시고자 이스라엘 민족을 세우는 과정에서 아브라함, 이삭, 야곱, 요셉을 형통케 하셨다. 이에 대해 크래그 힐과 얼 피츠는 "하나님에게는 형통에 대한 목적이 있으시다. 하나님이 궁극적인 존재가 되실 때에 우리는 형통 안에 있는 그 분의 목적을 발견할 수 있다. 부는 엄청나게 풍부하게 있으며, 열심히 일하거나 창조적인 아이디어로 부를 더 많이 창출 할 수 있다. 재정이 늘고 줄고 하는 것은, 하나님과 인간의 언약, 그리고 인간이 이러한 언약을 얼마나 이해하고 하나님과 동행하느냐에 달려 있다" [80] 라고 말한다.

하나님은 노아 홍수 이후에 노아와 그 아들들에게 다시 한번 형통의 약속을 확인시켜 주셨다(창 9:1, 7). 하나님은 아브라함에게 가나안 땅을 주시겠다고 약속하시면서 자손의 번성을 약속하셨고(창 13:14~17), 창세기 17장과 18장에 거듭 확인해 주시면서 축복의 대상만이 아닌 축복의 근원이 될 것이라고 하셨다. 이는 구원사 관점에서 온 인류에게 미치는 예수 그리스도로 말미암은 축복이지만, 실제로 유대인들이 가는 곳에 나라의 번성이 이루어 졌고, 유대인을 박해하고 추방했을 때 나라가 쇠퇴한 역사적 사실을 통해서 실현되었다.[81]

형통의 축복은 이삭, 야곱, 요셉으로 대를 이어가게 된다. 창세기 26장 4절에 이삭에게 형통의 언약을 하시면서 그 이유를 "아브라함이 내 말을 순종하고 내 명령과 내 계명과 내 율례와 내 법도를 지켰음이라"라고 말씀하셨다. 하나님께서 주시는 형통은 무조건적인 형통이 아니라 그 분의 법도를 지켰을 때 따라오는 것이다. 이는 여호수아 1장 8절에 "이 율법책을 네 입에서 떠나지 말게 하며 주야로 묵상하여 그 안에 기록된 대로 다 지켜 행하라 그리하면 네 길이 평탄하게 될 것이며 네가 형통하리라"라는 말씀과 일맥상통한다.

이삭은 농사하여 100배를 얻었고, 창대하여 거부가 되었다(창 26:12~13). 그러나 블레셋 족속의 시기를 받게 되어 계속 옮겨 다니다가 마침내 아비멜렉이 화친을 청해오게 된다. 그 이유는 하나님이 이삭과 함께 하심을 그들이 보았기 때문이다(창 26:28). 야곱과 요셉도 고난 끝에 하나님이 주시는 형통에 이르게 되었음을 볼 때, 하나님의 형통에 이르기 전 고난도 받게 되는 원리를 알 수 있다. 이는 우리가 하나님이 주시는 형통을 누릴 수 있는 믿음과 인격을 갖추길 원하시기 때문이다. 반면 잘못된 방식으로 형통을 얻고자 할 때, 고난이 배가 되는 것을 야곱의 사례를 통해서 알 수 있다.

하나님께서 아브라함에게 주신 부의 의미에 대해 로버트 프레이저는 다음과 같이 말한다. "아브라함은 재산과 자원, 금과 은, 거대한 양 무리와 들판을 소유하였다(창 13:2). 아브라함의 가족은 300명 이상의 훈련된 남자들을 부양하였는데(창 14:14), 여성과 어린이들을 포함하면 아마도 훨씬 더 많은 숫자가 될 것이다. 이 사람들은 들에서 일하며 양무리를 치는 고용인들이었으며, 보상을 받는 일꾼들이었다. 자원을 잘 활용하는 것은, 우리가 소유한 자원을 고갈시키지 않으면서도 다른 사람들의 필요를 채워줄 수 있는 능력을 제공한다.

부는 영적인 오아시스를 창출할 수 있는 능력을 제공한다. 아브라함은 가까운 지역인 소돔과 고모라의 악행을 피하여 온 수많은 난민들을 채용하여 부양했을 것이다. 사업체를 소유함으로 우리는 생산수단을 다스리고 자원을 창출할 수 있다. 우리는 선한 사람을 채용할 수 있으며, 그들의 필요를 공급할 수 있다. 또한 물건을 생산함으로 또는 서비스를 제공함으로 고객들을 섬길 수 있다. 그리고 고용인들을 위해 영적인 오아시스를 창출할 수 있게 된다." [82]

창세기를 통하여 하나님은 하나님의 백성을 세우기 위하여 먼저 한 사람 아브라함을 택하시면서 네 후손이 별과 같이 많아지리라는 형통의 약속을 주셨다. 그리고 아브라함에게 많은 재산과 종들을 주셨고, 이는 그 후손인 이삭에게 이어졌다. 야곱도 많은 부를 허락하셨으며, 요셉은 그 당시 초강대국인 애굽의 총리로 세우셨다. 이러한 사실을 통하여 형통케 하시는 하나님을 만날 수 있다. 아브라함을 부하게 하신 것은 본인만의 행복한 삶을 위한 것이 아니며, 요셉을 애굽의 총리로 세우신 것도 개인의 영달이 아닌 많은 사람을 살리고 이스라엘 민족을 세우시기 위한 것이다. 이러한 목적을 망각할 때, 형통은 축복이 아니라 사람을 교만하게 하고 타락시키는 덫이 될 수 있다. 이로 인하여 기독교 내에도 인간의 연약함 때문에 형통을 경계하고 이를 부정적으로 생각하는 경향이 있다.

2. 형통케 하시는 하나님의 뜻

하나님이 주시는 형통을 올바르게 이해하기 위해서는 먼저 형통의 목적을 알아야 한다. 하나님이 형통을 주시는 것은 우리 자신의 복된 삶만이 아니라, 우리를 통하여 다른 사람들을 축복케 하시고 복음을 전하여 하나님의 나라를 확장케 하고자 하는 것이다. 즉, 우리를 축복의 통로로 삼으시기 위한 것이다. 그래서 형통은 하나님이 주신 것으로 그분을 위해 드릴 수 있는 기회이기도 하다.

사람의 형통을 바라시는 하나님의 창조 목적을 올바로 이해할 때, 우리는 자신이 하는 일을 하나님의 소명으로 받아들이게 되고, 맡은 바 업무를 성공적으로 수행할 수 있는 가능성이 높아진다. "하나님께서는 우리가 성공하기를 바라신다. 우리 마음 속에 동기를 심어 주실 뿐만 아니라 무엇인가에 공헌하고 가치를 높이며, 다른 이들과 의미있는 일을 하고자 하는 본연의 열망도 불어넣어 주신다. 따라서 일에서 의미와 목적을 발견하는 것은 개인적 만족과 아울러 직업적 성공에 이르는 열쇠다." [83]

대의그룹의 채의숭 회장은 야베스의 기도를 예로 들면서 하나님의 형통을 간구하는 것이 기복적인 것이 아니라 예수 그리스도를 전할 수 있는 수단이 된다고 말한다. "주여 나에게 복에 복을 더하사 지경을 넓혀 주소서 주의 손으로 나를 도우사 환난이 없게 하소서 내게서 근심이 사라지게 하옵소서"(대상 4:10). "야베스란 말은 '고통'이란 뜻이다. 그의 이름이 고통인 것처럼 인생도 고통 그 자체였다. 그러나 그는 기도했다. 지경을 넓혀 달라고, 부요하게 해 달라고, 환난과 근심을 떨치고 복을 받게 해달라고. 이것이 기복적인 기도인가. 아니다. 그 복을 통해 예수 그리스도를 전할 수 있다면 얼마나 좋은 일인가. 하나님은 당신의 자녀들이 비참한 삶을 살기를 원하지 않으신다."[84]

우리는 위기 가운데 도우시는 하나님의 손길을 깨달을 때 자신의 형통이 하나님께로부터 온 것이라고 고백할 수 있게 된다. 김성주 회장은 본인의 성공은 하나님을 통한 것이라 강조한다. 매년 매출이 30~50%씩 성장했지만 1997년 외환위기 때 1년 사이 300억 원의 손실을 입으면서 회사는 부도위기에 처하게 된다. 하지만 "하나님은 믿는 자를 부끄럽게 하지 않는다"라는 본인의 신념을 토대로 항상 기도했고 하나님이 주신 사업가로서의 자질과 재능을 적재적소에 활용해서 외환위기라는 고난을 이겨낼 수 있었다.[85]

이와 같이 형통이 가지는 성경적인 의미에도 불구하고 많은 크리스천들의 마음 한 구석에는 형통에 대해 다소간 부정적인 생각을 가지고 있는 것도 사실이다. 그 첫 번째 이유는 형통을 세상의 부와 연결시켜 생각하기 때문이다. 형통을 추구하는 것은 물질적인 것을 추구하는 세속적인 태도라는 생각이 있기 때문이다. 아브라함과 같은 족장 시대에도 부자의 기준을 소, 양, 낙타 등 가축의 수와 연관지어 생각했고, 지금도 물질적 성취와 연관시켜 보는 것은 사실이다. 그러나 하나님이 주시는 형통은 물질적인 것뿐만 아니라 마음과 영혼의 총체적인 축복이다. 하나님이 주시는 축복은 재물과 근심을 겸하여 주시지 않는다고 했다(잠 10:22). 재물이 많아도 근심과 걱정이 떠나지 않는다면 하나님이 주시는 형통과는 거리가 있다.

둘째, 세상에서 부자가 된 것은 무엇인가 비윤리적인 방법이나 부정적인 수단을 사용했을 것이라는 반부자정서가 있기 때문이다. 자본주의 사회에서 부자가 되는 방법은 매우 다양하다. 모든 사람이 윤리적이고 도덕적인 방법으로 부자가 되는 것이 아니고, 그 반대의 경우가 많은 것도 사실이다. 그러나 법과 도덕의 범주 내에서 자신의 노력과 아이디어, 여기에 운이 따라 주면서 부자가 된 사람들도 많다. 따라서 막연한 반부자정서를 가지고 형통에 대해 부정적인 인식을 갖는 것은 바람직하지 않다.

셋째, 형통하면 오히려 믿음이 약해지고 하나님을 떠나게 될 위험이 있다고 보기 때문이다. 엄청난 부의 축복을 받은 솔로몬의 말년이 그러했다. 예수님께서 부자 청년과 만났을 때, "그 청년이 재물이 많으므로 이 말씀을 듣고 근심하며 가니라"(마 19:22)라고 기록되어 있다. 이어서 예수님은 제자들에게 "내가 진실로 너희에게 이르노니, 부자는 천국에 들어가기가 어려우니라"(마 19:23)라고 하셨다. 여기서 주목할 것은 '불가능하다'고 하지 않으시고 '어렵다'고 하셨다는 점이다. 이러한 위험 때문에 잠언 기자는 "나를 부하게 하지 마옵소서 내가 배불러서 하나님을 모른다 할까" 하는 우려를 나타낸 것이다(잠 30:8, 9). 그러나 세상의 부를 가졌음에도 불구하고 하나님 앞에 신실하게 살아가고 하나님 나라를 위하여 헌신한 사람들도 많다는 사실을 알아야 한다. 따라서 세상의 부에 대하여 흑백논리로 접근하는 것은 위험하다.

형통을 축복과 연관시켜 볼 때, 유의해야 할 점은 믿는 자에게 형통이 하나님의 축복인 것은 사실이지만, 형통하지 않았다고 하나님이 축복하지 않았다는 이분법적인 생각을 갖는 것이다. 욥의 인생을 볼 때 물질적인 부와 많은 자손이 있었는데, 이에 누구나 욥은 하나님의 축복을 받은 자라고 생각했다. 반대로 욥에게 고난이 닥치자 친구들은 욥이 하나님께 저주를 받았다고 생각하며, 그의 죄를 회개하라고 강박한다. 이 과정에서 욥은 친구들과 길고 긴 논쟁을 벌인다. 우리가 선을 행하면 축복을 받고, 악을 행하면 벌을 받는다는 이분법적이고 인과응보적인 생각에 사로잡힌 친구들은 욥의 숨겨진 죄를 자백하라고 다그친다.

우리가 믿음 생활을 하면서 열심히 봉사하고 헌신해도 고난과 가난이 떠나지 않을 수 있다. 이럴 때 우리는 하나님에 대한 원망과 섭섭함이 있을 수 있다. 어떠한 상황이 오더라도 하나님에 대한 믿음을 떠나지 않는 것이 우리가 가져야 할 신앙의 태도이다. 하박국은 "비록 무화과 나무가 무성하지 못하며 포도나무에 열매가 없으며 감람나무에 소출이 없으며 밭에 먹을 것이 없으며 우리에 양이 없으며 외양간에 소가 없을지라도 나는 여호와로 말미암아 즐거워하며 나의 구원의 하나님으로 말미암아 기뻐하리로다"(합 3:17, 18)라고 했다.

욥도 고난 가운데 하나님을 원망하지 않고 고난을 견디면서 "주신 이도 여호와시요 거두신 이도 여호와시오니 여호와의 이름이 찬송을 받으실지니이다"(욥 1;21)라고 말했다. 결국 욥은 그 고난의 과정을 통하여 "내가 주께 대하여 듣기만 하였사오나 이제는 눈으로 주를 뵈옵나이다"(욥 42:5)라는 믿음의 고백을 하게 된다. 그래서 인생에는 형통한 날도 있고 곤고한 날도 있지만, 우리가 가져야 할 태도는 "형통한 날에는 기뻐하고 곤고한 날에는 되돌아보아라 이 두가지를 하나님이 병행하게 하사 사람이 그의 장래 일을 능히 헤아려 알지 못하게 하셨느니라"(전 7:14)라는 말씀에 의지하는 것이다.

우리는 형통과 고난에 대해 이분법적인 사고를 갖게 되면 하나님의 뜻을 왜곡하며 혼란에 빠질 수 있다. 이 점에 대해 전도서 기자는 "자기의 의로움에도 멸망하는 의인이 있고 자기의 악행에도 불구하고 장수하는 악인이 있나니"(전 7:15), "지혜자들이라고 음식물을 얻는 것도 아니며 명철자들이라고 재물을 얻는 것도 아니며"(전 9:11)라고 했다. 이 점을 제대로 이해하지 못하면 아삽처럼 악인의 형통함을 보고 마음에 시험이 들고 실족하게 될 수 있다. 그는 하나님의 성소에 들어갈 때에야 그들의 종말을 깨닫고, "하나님께 가까이함이 내게 복이라"하는 믿음의 고백을 하게 된다 (시 73).

정리하면, 형통은 분명히 창조 목적을 이루기 위함이며 하나님께서 주시는 축복이라는 사실이다. 형통은 영향력이며 재물을 하늘에 쌓아 놓을 수 있는 기회이다. 아브라함, 이삭, 야곱의 부는 하나님의 백성을 세우는 가운데 주어진 것이다. 요셉의 인생 목적이 애굽의 총리가 되는 것이 아니라 백성을 구원하고 이스라엘을 세우기 위한 하나님의 뜻이 이루어지는 과정이다. 이를 오해하면 하나님을 형통을 주시는 풍요의 신으로, 복을 비는 수단으로 여기게 된다. 풍요의 하나님을 강조하다 보면 소위 '형통신학'의 오류에 빠지게 된다.

인간은 죄와 타락으로 말미암아 형통을 자기 만족과 향락의 기회로 삼아 오히려 하나님으로부터 멀어지거나 구원에 이르지 못하게 될 위험이 있다. 반면 형통을 부정적으로 생각하고 멀리하는 것은 물질을 통하여 하나님의 나라와 그의 의를 이룰 기회를 스스로 제한하게 될 위험이 있다. 재물이 의의 병기로 쓰일지, 죄의 병기로 쓰일지는 재물을 맡은 자의 의지와 방향성에 달려 있다. 우리는 하나님께 형통을 주시기를 간구하며, 주신 것을 가지고 의롭게 사용할 수 있도록 해야 한다.

기업은 실패의 위험도 있지만 물질적, 사회적 형통을 추구할 수 있는 기회이기도 하다. 크리스천은 자신이 하는 사업에 하나님의 축복이 임하고 형통하기를 간구해야 한다. 그리고 재물의 축복이 주어지면 감사함으로 하나님 나라를 위하여 쓰여지도록 해야 한다. 이것이 창조 목적에 합당한 진정한 형통의 의미이다.

한국교세라정공의 전회인 사장은 기업공동체의 의미에 대해 이렇게 말한다. "아브라함을 복주시고 구원하신 하나님은 이스라엘 공동체를 복주시고 구원해 주셨다. 나에게 복주시는 하나님은 가정공동체는 물론 일터 공동체에도 복을 주신다. 우리는 우리가 속해 있는 일터 공동체를 행복 공동체, 재미있고 즐거운 공동체로 만들어야 할 사명이 있다. 그것이 하나님의 마음이다." [86]

3. 형통의 영적 원리

앙드레 비엘러는 '칼빈의 경제원리'라는 책에서 형통의 영적 원리에 대해 이렇게 말한다. "칼빈은 성경의 근거를 제시해 가면서 물질적인 재산은 하나님이 자신의 섭리를 완성시키는 데 사용하는 도구들이라고 가르친다. 돈은 이러한 재산을 대표하는 것이기 때문에 인간과 그의 동료들의 생존을 지원하기 위해 필요한 것을 인간에게 공급해 주는 데 하나님이 사용하시는 수단이라고 할 수 있다. 하나님은 부를 인간 수중에 두서서 인간으로 하여금 자신의 생활과 사회생활을 영위해 갈 수 있게 하신 것이다. 더욱이 창조주께서는 모든 물질적인 재산 특히, 돈을 피조물에게 공급함으로써 자신이 생명을 부여해 주는 아버지임을 나타내신다. 따라서 돈은 단순히 공리주의적 기능만을 가지고 있는 것이 아니다. 돈은 영적 사명도 아울러 가지고 있다." [87)

로버트 프레이저도 형통의 영적 의미에 대해 다음과 같이 말한다. "모든 부는 하나님으로부터 오며, 하나님께 속해 있다. 그리스도인들은 부요함이 세속적이라는 생각을 버려야 한다. 성경은 수많은 부요한 그리스도인들인 아브라함, 이삭, 야곱, 모세, 욥, 다윗, 솔로몬 등으로 가득차 있다. 성경에서는 부요함이 하나님의 축복이라고 분명히 말씀하고 있다. "이삭이 그 땅에서 농사하여 그 해에 백배나 얻었고 여호와께서 복을 주심으로 그 사람이 창대하고 왕성하여 마침내 거부가 되어 양과 소와 떼를 이루고 노복이 심히 많으므로 블레셋 사람이 그를 시기하여(창 26:12~14)", "할렐루야 여호와를 경외하며 그 계명을 크게 즐거워하는 자는 복이 있도다. 그 후손이 땅에서 강성함이여, 정직자의 후대가 복이 있으리로다. 부요와 재물이 그 집에 있음이여 그 의가 영원히 있으리로다"(시 112:1~3) [88]

'하늘의 성공원리'에서도 형통이 하나님의 축복임을 강조하고 있다. "아브라함, 다윗, 솔로몬, 요셉 등은 모두 거부였다. 하나님은 이들을 축복하시기를 기뻐하셨다. 많은 크리스천이 부와 거룩함이 양립할 수 없다는 잘못된 관념을 가지고 있다. 경건과 빈곤이 친구처럼 함께 있어야 하는 것은 아니다. 사실 의로운 삶의 지표 중 하나가 번영이다. 세상의 부모들이 자녀들에게 선물 주기를 기뻐하는 것처럼 하늘에 계신 우리 아버지도 그러하시다. 성경은 하나님의 선물에 대한 약속으로 가득한데, 거기에는 풍요함도 포함되어 있다." [89]

형통을 통하여 다른 사람에게 축복을 전할 때 큰 기쁨이 온다고 말한다. "우리가 돈에 얽매여 있지 않을 때 우리를 새롭게 하는 자유가 찾아온다. 쌓아두려는 경향이 후하게 나눠주는 것으로 대체될 것이다. 후하게 줄 때 주는 기쁨과 동시에 사람들의 꿈과 필요가 채워지는 것을 보는 즐거움이 찾아온다." [90]

앙드레 비엘러는 칼빈의 주장에 근거해서 돈의 영적인 의미에 대해 이렇게 말한다. "돈은 하나님의 자녀들을 생존케 하는 하나님의 은총의 표시이다. 더욱이 돈은 하나님 나라의 상징이기도 하다. 이스라엘에게 주어진 약속의 땅의 풍요함이 내세의 풍요한 삶의 전조이듯이 돈도 내세의 풍요한 삶의 전조가 되는 것이다. 따라서 돈은 이중적인 의미를 가진 표징이다. 돈은 믿음을 통하여 그의 모든 소유물이 하나님으로부터 그에게 왔음을 인정하는 자에게 내린 은총의 표시인 동시에 그것이 하나님의 선물임을 분별하지 않고 사용하는 자들에겐 저주의 표시인 것이다." [91)

또한 돈은 우리의 신앙 상태를 테스트하는 기능도 있다. 칼빈은 이렇게 말한다. "돈은 항상 사람을 시험에 빠뜨린다. 하나님은 사람들이 그를 진실로 믿는가를 시험하기 위해 그들을 일부러 돈이 부족한 상황 속에 빠뜨린다. 믿음을 가지고 생계를 위해 일하는 자들이 그들의 생계를 꾸려가기에 필요한 것을 하나님의 신실한 섭리로부터 구할 수 있다고 생각하는가? 아니면 자신들을 먹여 살리는 것은 오로지 자신들의 노력의 덕택이라고 생각하는가? 그러나 하나님은 풍요, 번영, 단순한 위로를 통해서도 자기 백성의 믿음을 시험하신다. 아주 부유하고 안락한 생활을 할 때도 전적으로 하나님을 신뢰하는가? 아니면 그들이 돈에 속아 돈이 진실로 하나님과는 관계없는 독립된 힘이라고 믿고 있는가?" [92)

이러한 돈의 속성 때문에 영적 전쟁에서 사탄은 우리로 하여금 재물의 영적 의미를 혼미케 해서 재물의 신이 하나님의 자리를 차지하도록 하는 위험이 있다. 사탄이 하는 일이란 인간에게 일용할 양식을 공급해주고 인간의 미래를 보장해 주는 것은 결코 하나님이 아니라 돈이라는 사실을 넌지시 비추는 것이다. 이렇게 해서 재물의 신이 하나님의 자리를 차지한다. 재물의 신은 일단 신의 자리를 찬탈하고 난 뒤엔 인간을 더욱 교묘하게 속이기 위해 인간 자신이 신뢰하는 종교를 실행하고 기도를 하도록 충분한 자유를 허용한다.

로버트 프레이저는 진정한 형통은 우리를 맘몬신으로부터 자유케 하고 돈을 올바르게 사용하게 한다고 말한다. "보화를 가져오는 자들은 성령의 기름 부으심의 능력으로 돈을 벌고 나라들을 위하여 자비와 긍휼로 위대한 사역을 하는 사람들이다. 그들은 영적인 로빈 훗과 같은 자들이며, 그들의 기쁨은 주님을 위하여 세상에 속한 재물을 다시 찾아오는 것이다. 그들은 긍휼이 풍성하신 하나님의 계시에 의해 동기를 부여받은 자들이며, 맘몬의 신으로부터 완전히 자유롭게 된 자들이다. 그들은 돈을 어떻게 사용해야 하는지를 알고 있는 자들이기에, 돈에 대해 올바른 태도를 가지고 있다." [93)]

이를 위해서는 돈에 대해 올바른 이해를 하는 것이 중요하다. "사실상 돈은 좋은 것도 나쁜 것도 아니다. 그것은 윤리적으로 중성적인 도구이며, 시장의 효율성을 높이기 위해 지혜롭게 창안된 것이다. 우리의 마음이 돈과 잘못 연결될 때에만 그것이 악하게 되는 것이다. 일터의 기독 신앙을 온전히 이해하기 위하여 모든 성도들은 진정한 성경적인 관점으로 돈을 이해해야 한다. 하나님이 돈을 도구로 주셨음을 알아야 하며, 영광의 대상이 아니라 사용의 대상이며, 높이 섬겨야 할 것이 아닌 그 자체 그대로 볼 수 있어야 한다. 그리스도인들은 돈의 가치를 어떻게 인식할 것인지, 어떻게 최선의 방법으로 돈을 사용할 것인지 이해하고 있어야 한다". [94)]

하나님의 형통은 우리로 다른 사람들에게 관대할 수 있게 한다. 하나님 나라의 가장 중요한 원칙은 주는 것이다. 하나님은 우리 삶에 재정적인 형통을 주셔서 줄 수 있게 되기를 원하신다. 돈이 없다면 우리 주위의 다른 사람에게 관대할 수 없다. 기업이 하나님의 형통을 추구해야 하는 이유도 바로 여기에 있다. 또한, 형통은 세계 복음화를 위해 자금을 공급할 수 있게 한다. 하나님 나라를 위해 드린 돈은 우리로 하여금 동시에 많은 곳에서 활동할 수 있게 한다. 우리에게 재정적인 과잉이 있을 때, 그 돈을 사용하여 세상 체제로 하나님의 나라를 위해 일하도록 만들 수 있다.[95]

하나님은 형통을 주시기를 원하신다. 신실한 사람들에게 맡겨진 부는 하나님의 나라를 위하여 많은 열매를 맺었다. 인류 역사를 통하여 비즈니스맨들이 하나님의 역사를 일으켜 왔다. 사도행전에서 바울을 도운 루디아는 그 당시 고급 의류인 자주 옷감 사업을 하던 사업가였다. 진젠도르프 백작은 자기 영지에 모라비안 교도들의 피난처를 제공하고 그들이 선교의 사명을 감당하도록 함으로써 비즈니스 선교의 기원이 되었다.

수많은 부자들이 교회를 세우고 선교를 하는데 헌신했다. 100여년 전 조선 땅에 와서 선교를 하는 데에도 이름 없는 수많은 성도들의 헌금과 함께 자산가들의 기여가 있었다. 대표적인 것이 세브란스 병원을 설립한 사례이다.

따라서 크리스천 기업인은 하나님께 사업의 형통을 간구해야 한다. 그리고 형성된 부를 바탕으로 하나님 나라를 위하여 기쁘게 사용해야 한다. 그래야만 형통의 덫에 사로잡히지 않을 수 있다.

4. 청부론 vs. 청빈론

우리가 하나님이 주시는 형통함에 대한 이해를 시작하려면 먼저 재물에 대한 생각부터 정리를 할 필요가 있다. 우리나라는 조선 시대에 성리학의 사상적 지배를 받아서 부와 물질을 경시하는 풍토가 형성되었다. 선비정신이라는 것이 부를 탐하면 안 된다는 안빈낙도(安貧樂道)의 청빈 사상을 강조하다 보니 생산과 소비라는 경제활동이 낙후되고 사회 전체가 빈곤을 벗어나기 어려워졌다. 그러나 인간의 본성은 물질을 좋아하다 보니 권력을 통해 부를 창출하는 잘못된 사회 관행이 형성되었고, 결국은 조선 후기에 탐관오리가 양산되면서 사회시스템이 무너지는 상황에 이르렀다.

오늘날에도 청빈사상이 의식 속에 남아있어서 부에 대하여 부정적인 인식을 가지고 있는 경우도 있지만, 다른 한편으로는 지나치게 물질적인 행태로 인하여 위선적이고 이중적인 모습이 사회 전체와 교회 내에도 만연해 있다. 이로 인하여 기독교 내에서도 재물과 부에 대한 대립적 논쟁이 있어 왔으며 그 대표적인 것이 '청부론'과 '청빈론'이다.

먼저 청부론은 정직하고 깨끗하게 돈을 벌어 그 일정한 몫을 교회와 이웃을 위해 선하게 사용하고, 남은 재물을 가지고는 자신을 위해 감사한 마음으로 쓴다는 것을 기본으로 하고 있다.

청부론에 대한 논쟁의 시작은 김동호 목사가 2001년 '깨끗한 부자'라는 제목의 책을 출간하면서 이 책이 큰 반향을 일으키며 출발했다. 김동호 목사의 청부론의 핵심은 물질에 대한 부정적 태도 일변도의 관점을 지양하고 물질은 하나님께 받은 은사이므로 이를 잘 사용해야 한다는 것이다. 그래서 하나님으로부터 부의 축복을 받은 자는 깨끗한 부자가 되어 하나님 나라에 기여해야 한다는 내용이 주요 내용이다. 이러한 청부론의 핵심인 '자신의 부를 사용한 섬김'은 성경적 원리와 일치하고 칼빈이나 웨슬레의 정신과도 다르지 않다.

성경이 구원 다음으로 강조하는 것은 가난한 자에 대한 섬김과 나눔이다. 가난한 자의 생존권을 보장하는 것은 기독교인과 교회의 책임이라는 말씀은 성경의 많은 곳에서 강조되고 있다(신 24:10~22, 26:12, 레 19:9~10, 23:22, 25:1~7, 출 23:10~12).

하나님은 약자를 위한 자발적 나눔을 요구한다. 추수할 때 모퉁이를 다 수확하지 말고 남겨두라는 말씀과 과실을 거둘 때 땅에 떨어지거나 남아있는 것은 그냥 두라는 자발적 나눔이 바로 그것이다. 이러한 하나님의 관심은 하나님께서 가난한 자들과 자신을 동일시하신다는 말씀에도 드러나 있다. "가난한 자를 불쌍히 여기는 것은 여호와께 꾸이는 것이니"(잠 19:17), "이 지극히 작은 자 하나에게 하지 않은 것이 곧 내게 하지 아니한 것이니라"(마 25:45).

최근 사업 등을 통해 돈을 많이 벌어서 교회와 선교를 위해 사용하는 많은 기업가들, 또는 단체들이 생겨나고 활동하고 있으며, 기독교인들도 큰 기업을 운영하고 재력을 가져서 사회와 하나님의 나라를 위해 큰 일을 해야 한다는 것이 청부론의 주장이다. 성경에서는 직접적으로 가난과 부를 선과 악으로 상응시키지 않으며, 부와 재물도 하나님이 주신 것으로 잘 사용한다면 하나님 나라에 충분히 기여할 수 있다고 말씀하고 있다. 즉, 그리스도인들이 건실한 기업들을 많이 세워서 많은 사람들을 고용하고 사회에 도움을 주는 것이 정당하며 이를 위해서는 재물이 필요하다고 주장한다.

반면 청빈론은 그리스도인은 부자로 살려고 해서는 안 되고 자원해서 가난한 삶을 살아야 한다는 것이다. 그리고 청부론의 돈을 벌어 선하게 사용하는 것에는 동의하지만, 남은 것을 자신의 삶을 위해 쓴다는 것에는 동의하지 않는다. 청빈론은 2003년에 김영봉 교수가 '바늘귀를 통과한 부자'라는 책을 통해 김동호 목사의 책과 견해를 정면으로 비판했고, 두 사람의 논쟁은 열띤 토론으로 확대되었다. 그 후 2012년에 양낙홍 교수가 '깨끗한 부자, 가난한 성자'라는 제목의 책을 출간하면서 이러한 청부론과 청빈론의 이분법적인 틀을 벗어나 성경적 시각으로 균형을 잡으려는 시도를 하였다.

청빈론이 청부론을 비판하는 요점 중 하나는 청부론이 부의 나눔을 강조하기 보다 부의 성취, 그리고 부의 누림을 합리화한다는 것이다. 성경에는 재물을 가난한 자와 나누라고 강조하나 재물을 누리라는 말씀은 거의 하지 않는다. 아마 인간은 그냥 두면 자신의 재물을 이용하고 누릴 본성이 있기 때문이다.

청지기 의식은 하나님 앞에서의 정신으로 나의 부의 전부가 하나님의 것임을 인정하고 나의 소비와 투자, 모두에 있어 하나님의 주권, 하나님의 뜻을 따라 사용해야 한다는 것이다. 기독교인의 소비는 자신을 위해서는 검소와 절제의 삶을, 다른 사람을 위해서는 충성된 나눔의 삶을 사는 것이 원칙이라는 것이다. 이는 영성적, 혹은 자발적 가난함이 강조하는 내용과 일맥상통하며, 나의 소비의 기회 비용까지도 고려해야 한다는 것이다. 즉, 내가 쓰지 않고 이 돈이 다른 사람, 특히 가난한 사람에게 주어졌을 경우, 그 사람의 후생을 더 크게 증가시킬 수 있다면 내가 이 돈을 나를 위해 씀으로써 더욱 가치있는 사용의 기회를 잃어버리게 된다는 것이다.[96]

또한 청빈론은 재물이 우리가 하나님께 나아가는 경건과 이웃을 향하는 마음에서 멀어지게 할 수 있다고 주장한다. 물론 재물 자체가 악이 아닐지라도 이것이 유혹의 소지가 있으며, 특히 많은 재물이 있어 이것을 충분히 선한 곳에 많이 나누었다 할지라도, 그 남은 것으로 자신의 편리함, 안락함, 효율성을 향유하고 산다면 우리는 큰 천국을 소망하기 보다는 그 부를 더 신뢰하게 될 위험성이 있다고 말한다. 이것은 맘몬을 섬길 위험에 처하는 일이기도 하다고 주장한다(마 6:20).

중요한 것은 이 두 가지 관점을 통해 우리가 기독교인의 경제윤리를 올바로 세울 수 있다는 점이다. 가장 바람직한 자세는 부나 가난함 자체를 우리 신앙을 나타내는 잣대로 간주하지 않을 뿐 아니라 부 혹은 가난을 추구하는 것을 우리 삶의 목적으로 삼지 않는 것이다. 그러면서 엄격하고 철저하게 경제생활을 돌아보는 것이 필요하다. 기업도 마찬가지로 이러한 관점에 비추어 기업의 이윤을 어떻게 사용해야 할 것인가에 대한 올바른 선택이 이루어져야 할 것이다.

5. 기업의 흥망성쇠와 형통

1) 전략적 관점에서 본 기업의 흥망성쇠

기업경영에서는 형통이라는 용어보다는 성공, 성과라는 용어가 일반적이다. 일반적으로 성공(success)과 형통(prosperity)을 동일한 개념으로 쓰이는 경우가 많은데, 구분하자면 성공은 나의 노력을 통해 이루어진다는 의미가 많은 반면에 형통은 하나님으로부터 주어지는 은혜라는 의미가 좀더 강하다고 볼 수 있다. 성공은 물질적이고 외형적인 면이 강조되지만, 형통은 영육간에 조화를 이루는 의미가 총체적인 축복을 의미한다. 세상적인 성공에는 근심이 따르는 경우가 많고, 성공을 쟁취하고서도 불행해지기도 하지만 하나님이 주시는 성공은 영육간에 평강을 주신다는 의미다. 따라서 크리스천은 내가 만드는 성공보다는 하나님이 주시는 형통을 간구해야 한다.

기업관점에서 형통이란 우수한 경영성과를 달성하면서 생존과 성장이 지속되는 것을 의미한다. 경영성과는 경쟁력 있는 가치창출을 통해 이루어지며, 이는 시장에서 고객만족이라는 지표로 나타난다. 피터 드러커는 일찍이 기업의 본질을 고객을 창조하는 것이라고 했으며, 핵심 수단은 마케팅과 혁신이라고 했다.[97] 따라서 기업의 형통은 마케팅과 혁신을 통하여 고객을 창조하는 데 달려있다.

고객만족 경영의 모델로 잘 알려진 일본 MK 택시의 유태식 부회장은 직원 교육을 통한 고객만족에 대해 이렇게 말한다. "교육을 통해 서비스를 개선하고 손님들에게 친절하게 대하면 긍정적이고 좋은 이미지가 형성됩니다. 그리고 그 이미지는 곧바로 회사에 이익을 가져다줍니다. 서비스는 교육을 통해 개선되고, 개선된 서비스는 돈을 벌어다 주는 것입니다. 그러니까 교육하는 시간은 시간 낭비가 아닙니다. 그 시간에 일을 하는 것보다 결과적으로는 더 큰 이익입니다. 회사의 성장은 교육과 함께 가는 것입니다."[98]

기업의 형통은 모든 기업인, 경영자, 직원의 주된 관심사여서,

그 원인을 규명하고, 이해하고, 예측하고자 하는 노력은 경영학의 역사와 함께 발전되어 왔다. 특히 전략이론에서는 기업의 총체적 경영성과, 즉 흥망성쇠에 대한 관심을 가지고 연구해 왔다. 이를 최초로, 체계적으로 정리한 사람은 체스터 바나드(Chester Barnard)이다. 그는 경영학자가 아니라 경영자로서의 경험을 바탕으로 해서 불후의 명저인 '경영자의 기능'(Functions of the Executives, 1938)이라는 책을 썼다.

그의 주장에 따르면 기업의 흥망성쇠를 결정하는 것은 효과성(effectiveness)과 효율성(efficiency)이다. 효과성이란 기업이 외부로부터 자원을 끌어들이는 데 비해 얼마나 외부에 공헌하는가를 의미한다. 이를 대외적 균형이라고 하는데 기업은 자신이 쓰는 자원보다는 공헌을 많이 해야 사회로부터 자원을 지속적으로 끌어들일 수 있다. 효율성은 투입 대비 산출로서 기업의 내부에서 사용하는 자원에 비해 얼마만큼의 산출을 만들 수 있는 가의 개념으로 이를 대내적 균형이라고 한다. 바나드는 기업은 대외적 균형과 대내적 균형을 유지할 때, 생존할 수 있으며 반대로 균형이 무너지면 생존이 어렵다고 했다.

성경적 원리에 의하면 하나님께서 우리에게 공급해 주신 것을 가지고 그분께 '얼마나 돌려드렸는가'와 우리가 목적한 성과를 얻기 위해 그분이 맡겨 주신 자원을 '얼마나 올바르게 사용했는가'가 핵심 원리라고 할 수 있다.

기업은 대외적 균형을 유지하기 위한 방법으로 기업의 사명(mission), 또는 신조(credo)를 제정한다. 이는 기업이 표방하는 가치로서 우리는 어떤 기업이 될 것이고 어떻게 주요 이해관계자에게 가치를 제공할 것인가를 명시하는 것이다. 또한 기업은 다양한 방법으로 기업이 추구하는 가치를 사회와 소통하기 위해서 노력한다.

바나드는 기업이 유지되기 위해서는 1) 공통 목적, 2) 협력의지, 3) 소통이 필요하다고 했다. 공통 목적은 기업이 추구해야 하는 가치와 목표를 제시하는 것이고, 협력의지는 구성원들이 서로 합심해서 일하고자 하는 태도를 의미하며, 소통은 서로의 가치와 의지를 주고받는 것으로서 올바른 의사결정의 핵심이다.

바나드의 생각은 피터 드러커에 의해 더욱 확장된다. 드러커는 효과성을 올바른 일을 하는 것(Do right things)라고 했고, 효율성은 일을 제대로 하는 것(Do things right)라고 하면서, 효과성은 무엇을 할 것인가 하는 기업의 방향성의 문제이고, 효율성은 어떻게 하느냐의 방법과 수단의 문제라고 했다. 그래서 드러커는 기업경영이란 '올바른 일을 제대로 하는 것'(Do right things right)이라고 정의했다.

이러한 논의가 시사하는 바는 기업경영에 있어서 방향성과 우선순위가 중요하다는 것이다. 방향성과 우선순위가 잘못되면 방법이 아무리 좋아도 기대한 목표를 이루기 힘들다. 인간은 타락으로 말미암아 방향성과 우선순위 설정의 어려움을 겪고 있다. 죄를 헬라어로 '하르마티아(harmatia)'라고 하는데 이는 목표에서 빗나감을 뜻한다. 창조목적에 어긋나게 인간이 살아갈 때 인간이 타락하고 범죄하는 것이다. 따라서 경영자는 항상 자신의 기업이 올바른 방향을 향해 나가고 있는가를 점검해야 한다.

역사적 사례를 분석하여 미국 기업의 흥망성쇠를 연구한 알프

레드 챈들러(Alfred Chandler)는 기업은 환경변화에 따라 전략을 바꾸어야 하고, 전략에 따라 조직의 운영 방법을 바꾸어야 한다고 했다.[99] 환경변화에 따라 조직의 전략을 바꾸지 않으면 효과성을 잃게 되고, 전략 변경에 따라 운영방법을 바꾸지 않으면 효율성을 잃게 된다.

가장 대표적인 사례로 포드 자동차와 GM 자동차의 경쟁의 예를 들고 있다. 헨리 포드는 콘베이어 벨트를 이용한 연속 생산시스템과 3S 방식을 통하여 값싸고 품질이 좋은 자동차를 생산하여 자동차 시장을 석권하였다. 이에 위기를 느낀 GM은 고객들의 욕구에 맞추어 다양한 차를 개발하여 시장에 제공함으로써 포드의 단일 모델에 실증을 느낀 고객들을 흡수하여 시장 점유율을 높였다.

고객의 욕구변화라는 환경변화를 무시하고 전략을 변경하지 않은 포드 자동차의 위기는 바나드, 드러커가 지적한 기업 흥망성쇠의 예라고 볼 수 있다. 따라서 방향성과 우선순위는 환경변화에 따라 재정렬되어야 한다. 변하지 않는 원칙이 필요하지만 상황에 맞게 조정하는 유연성도 있어야 한다.

전략이론이 발전하면서 전략이란 기업의 내부역량(competence)과 환경(environment)과의 연계(match)에서 만들어진다는 견해가 대두되었다. 이를 구현하기 위한 도구로서 내부의 강약점과 외부의 기회위협을 연계시켜 전략대안을 개발하는 SWOT분석이 유용한 도구로서 사용되었다. 이를 바탕으로 다각화된 사업부를 관리하는 포트폴리오 관리 기업이 발전되었다.

대표적인 것이 맥킨지 매트릭스와 BCG 매트릭스로서 60년대와 70년대 전략이론으로 활용되었다. 이를 실행하기 위한 방법론으로 전략기획(strategic planning)이 발전되었고 거의 모든 대기업이 전략기획을 통한 기업의 장기적 생존을 도모하게 되었다. 이러한 노력에도 불구하고 80년대 철강, 자동차, 가전, 심지어 반도체에서 일본과의 경쟁에서 밀리면서 전략이론에 대한 비판과 반성이 대두되었다.

미국 대기업이 단기적 재무성과에 집중한 나머지, 장기적 역량을 키우는 데 주력한 일본기업과의 경쟁에서 밀렸다는 반성과 함께 대두된 것이 핵심역량(core competence) 이론이다. 이것은 장기간을 두고 축적해온 핵심역량이 있어야만 지속가능한 경쟁우위(sustainable competitive advantage)를 유지할 수 있다는 관점이다. 핵심역량이란 눈에 보이는 자원이 아닌 눈에 보이지 않는 기술, 인적자원, 기업문화, 평판 등이 중요하다는 점이 인식되면서 무형자원 핵심역량과 지식경영이 각광을 받게 되었다.

기업의 생존과 성장은 결국 경쟁자보다 더 나은 가치를 고객에게 제공하는가에 달려 있다. 이를 구현하기 위한 방법으로 가치혁신(value innovation)의 방법론이 대두되었고, 인터넷과 온라인이 보편화됨에 따라 새로운 기업 모델 혁신(business model innovation)이 이루어 졌다. 또한 4차 산업혁명의 대두와 함께 디지털 전환이 가속화 되고 있는 상황이다. 이렇게 1950년대 이후 전략 관점에서 기업의 흥망성쇠를 설명하는 이론들을 살펴보았다.

이러한 이론들은 시대적 상황에 따라 상당한 설명력을 갖지만 기업의 흥망성쇠에 관한 이론적 설명은 한계가 있고 불완전하다. 인간이 노력을 하지만 눈에 보이는 것보다 보이지 않는 힘들이 작용하면서 성과에 많은 영향을 미친다. 유형자원보다는 무형자원이 지속가능한 경쟁력에 영향을 미치고, 거기에는 리더를 포함한 구성원의 가치관이나 태도 등이 영향을 미친다고 할 수 있다.

2) 경영성과 평가와 형통

기업의 목적을 무엇으로 정의하는가에 따라 기업의 성과를 평가하는 기준은 달라지게 된다. 만일 우리가 기업의 성공을 이윤추구라고 정의한다면 성과평가도 당연히 재무적 평가에 치우치게 될 것이다. 그러나 우리가 기업의 목적을 하나님의 형통함으로 두는 순간 기업의 경영성과에 대한 관점도 완전히 달라지게 될 것이다. 왜냐하면 단순히 보여지는 숫자적인 성장만이 목적이 아니라 기업 전체의 성장과 미래를 향한 지속적인 경쟁력과 이해관계자들 모두를 고려하게 되는 관점으로 확장되기 때문이다. 이러한 관점에서 본다면, 우리가 기업의 성과를 하나님의 형통에 비추어 어떻게 측정하고 추구해야 할 것인가?

BSC(balanced score card)는 기업의 비전과 전략을 조직 내외부의 핵심성과지표(KPI)로 재구성해 전체 조직이 목표달성을 위한 활동에 집중하도록 하는 전략경영시스템이다. 1992년 하버드대의 로버트 캐플란 교수와 노튼 박사가 내부와 외부, 유형과 무형, 단기와 장기의 균형 잡힌 관점에서 성과를 측정하고 관리하기 위해 개발했다. 이후 BSC는 계속적으로 발전하여, 지금은 전략을 지속 가능한 프로세스로 만드는 도구로 주목받고 있다.

또한 기업의 전체적인 전략 목표에 맞는 팀별·개인별 이행 과제를 수립해 조직의 역량을 키우는 데 초점을 맞추고 있다. 참가

자들은 개인의 성과지표 달성 여부와 진척 상황을 수치화해 파악할 수 있다. 개인의 성과지표와 회사 목표가 어떻게 연동돼 있는지 한눈에 파악할 수 있다. 코카콜라 등 포춘지 선정 100대 기업 중 절반 이상이 BSC를 활용하고 있다.

이러한 성과측정은 단지 기업이 이윤추구에만 몰입하는 것이 아니라 기업의 비전을 중심으로 미래와 조직 구성원을 위해서 역량을 키워나가는 조직으로 만들어 나가도록 방향을 제시해 줄 수 있다는 장점이 있다. 형통한 조직을 만들어 나간다는 것은 단순히 이윤추구만 집착하는 조직이 아니라, 기업에서 필요한 모든 영역에서 함께 성장해 나간다는 것을 의미한다. 그렇게 하기 위해서는 보여지는 숫자에 얽매이는 경영성과평가가 아니라 기업이 다양한 측면에서 성장해 나갈 수 있는 균형성과표를 통한 성과 측정과 평가가 미래를 향해 조직구성원들과 함께 성장해 나가는 조직의 형통함을 위해서는 반드시 필요한 부분이라고 할 수 있다.

이렇게 비전에 맞는 경영원칙들을 통해 조직의 형통함을 이룬 기업 중 하나로 와디즈를 꼽을 수 있다. 와디즈는 회사의 미션만큼이나 운영 방식을 중요하게 정의하고 있다. 일하는 원칙 중 첫 번째 원칙이 '우리는 옳은 일을 한다'이다. 옳은 일에 대한 생각은 각기 다르다. 그렇기 때문에 회사가 선언하는 옳은 일을 정의해 놓았다. 그 첫 번째가 사회를 어지럽히는 비즈니스를 하지 않겠다는 것이다. 아무리 이익이 되는 일이라고 해도 내 자녀들에게 제공하고 싶은 일이 아니라면 하지 않겠다는 선언이었다.

이제 기업들은 기업의 성과를 넘어서 사회와 공동체의 가치를 증대시키기 위한 경영을 고민해야 하는 시대에 직면해 있다. 칼빈은 일찍이 부의 분배 문제에 대해 다음과 같은 견해를 피력한 바 있다. "하나님의 목적에 따르면 인간들 사이에 부가 불균등하게 배분된 것은 하나님이 어떤 사람을 희생시켜 가면서 다른 어떤 사람을 더 사랑한다는 증거가 될 수 없다. 이러한 불균형은 끊임없는 재산의 재분배를 촉발하는 것으로 이해되어야 한다. 이러한 재분배는 더 부유한 자들로부터 더 가난한 자들에게로 향한 것이다." [100]

칼빈은 우리가 가진 부는 우리에게 가난한 자를 도우라는 소명을 실현할 수 있는 기회임을 강조한다. "부유한 자는 하나님의 섭리에 따라 경제적 소명을 가지고 있다. 그는 자기의 재산을 자기 자신만을 위해 사용할 것이 아니라 가난한 자들과 나누어 소유할 책임이 있으며 그렇게 함으로써 가난한 자가 가난해지지 않게 되고 부유한 자가 부유해지지 않도록 해야 하는 것이다. 가난한 자는 하나님의 입장에서는 부유한 자의 신앙과 사랑을 시험하시기 위해 보냄을 받은 자이다." [101] 라고 말하면서 가난한 자를 부유한 자와 함께 이 세상에 두신 의미를 강조한다.

기업의 목적과 가치가 단순히 이윤추구가 아니고 자신이 속한 공동체의 발전에 기여하면서 지속가능경영을 하는 기업만이 살아남을 수 있는 시대가 되었다. 그러므로 이제 기업들은 자신들의 가치의 우선순위를 어디에 둘 것인가에 대한 본질적 성찰이 필요하다. 창세기에 나오는 믿음의 조상들은 하나님이 자신에 주신 개인의 형통이 공동체의 형통, 더 나아가서는 민족의 형통함으로 이어지는 통로가 되었다. 크리스천 기업의 형통은 우리를 불러 축복의 통로로 삼으신 하나님의 창조목적을 실현하는 장이라는 자기 정체성의 확립이 필요하다.

6. 맺음말

우리는 하나님이 주시는 형통을 올바르게 이해할 필요가 있다. 하나님이 형통을 주시는 목적은 우리 자신의 복된 삶만이 아니라 우리를 통하여 다른 사람들을 축복케 하시고 복음을 전하여 하나님의 나라를 확장케 하고자 하는 것이다. 형통은 하나님이 주신 것으로 그분을 위해 드릴 수 있는 기회가 많아지는 것이다. 따라서 형통을 세상적인 성공이나 부와 동일시하여 부정적인 인식을 가져서도 안 되며, 동시에 형통이 가져올 수 있는 풍요에 의한 영적 타락의 위험성에 대한 경계심을 늦추어도 안 된다.

기업관점에서 형통이란 우수한 경영성과를 달성하면서 생존과 성장이 지속되는 것이라고 볼 수 있다. 이때 경영성과는 경쟁력 있는 가치창출을 통해 이루어지며, 이는 시장에서 고객만족이라는 지표로 나타나게 된다. 결국 기업의 본질은 고객을 창조하는 것이며, 핵심 수단은 마케팅과 혁신이라고 할 수 있다. 따라서 기업의 형통은 마케팅과 혁신을 통하여 고객을 창조하는데 달려있다. 동시에 기업을 둘러싼 수많은 이해 관계자와 상생을 통한 형통의 가능성도 높여야 한다.

성경적 원리에 의하면 하나님께서 우리에게 공급해 주신 것을 가지고 그 분께 '얼마나 돌려드렸는가'와 우리가 목적한 성과를 얻기 위해 그분이 맡겨 주신 자원을 '얼마나 올바르게 사용했는가'가 형통을 가져오는 경영의 핵심 원리라고 할 수 있다. 또한

기업 내부의 성과만을 바라보는 시각에서, 이제 기업들은 경제적
성과를 바탕으로 사회와 공동체의 가치를 증대시키기 위한 경영
을 해야 하며, 이 과정에서 하나님이 주시는 형통의 참된 목적을
실현해야 한다.

☑ 실천지침

1. 기업의 리더로서 무엇이 진정한 형통인지를 점검해보고 올바른 형통의 길을 갈 수 있도록 하나님께 간구한다.

2. 형통케 하시는 하나님이라는 믿음이 나의 기업경영에 어떻게 반영되고 있는지 점검해 보자. 형통케 하시는 하나님의 뜻을 올바르게 이해하고 있는지 자신을 살펴본다.

3. 기업을 경영하다 보면 억울한 일들을 당할 때도 많고, 힘든 인고의 시간들을 견뎌야 할 때도 있다. 어려운 가운데서도 하나님이 맡겨주신 일을 계속 수행하며, 하나님이 바른 길로 마무리 지어 주실 때까지 기다리고자 하는 마음이 있는지 점검해 본다.

4. 우리 기업은 사회와 공동체의 가치를 증대시키기 위한 경영을 하고 있는지 점검해 보고, 이해관계자들과 함께 형통할 수 있는 방법을 찾아본다.

5. 균형성과표(BSC)를 활용하여 경영을 평가를 해보고, 진정한 형통의 의미에 대해 점검해 본다.

☑ 토의주제

1. 기업의 성공을 무엇이라고 정의하는지, 하나님의 형통과 어떠한 차이가 있을지 생각해보고 토의해보자.

2. 부자가 되는 것과 기독교 가치관은 어떻게 연결될 수 있을지 생각해보고 토의해보자.

3. 다양한 성과평가 방법들 중 우리 기업에 맞는 성과평가의 방법은 무엇인지 생각해보고 토의해보자.

4. 우리 기업에게 기업가치의 최우선 순위는 무엇일지 고민해보고 나눠보자.

5. 기업의 형통을 이끄는 리더가 되기 위해 가장 먼저 실천해야 할 일은 무엇일지 고민해보고 토의해보자.

7

비전의 원리

1. 창세기에 나타난 비전

비전의 정의는 히브리어로 꿈이나 계시를 말한다. 하나님은 비전의 하나님이시다. "비전이 없으면 백성이 죽는다"(잠언 29:18)는 말씀으로 계시가 없으면 백성들은 망하나 율법을 지키는 사람은 복이 있다고 전하고 있다. 비전은 하나님 안에서 큰 그림을 그리는 것이다.

미국의 존경받는 크리스천 기업인이며, '다니고 싶은 회사 만들기'(Loving Monday)의 저자 존 베케트는 이렇게 말한다. "성경은 하나님께서 주신 비전과 목적의식에 영향을 받거나, 그와 반대로 비전이 부족하여 고통을 겪는 인물들의 이야기를 들려준다. 우리의 비전을 다음 몇 가지 예화를 살펴보며 확장할 수 있다. 아브라함은 번창한 도시를 떠나 "하늘의 별과 같이 많은 자손들로 이루어진 새로운 민족의 아버지가 되리라는 약속을 받은 땅, 당시에는 황폐했던 그 땅으로 나아가라는 부르심을 받았고, 인도하시는 대로 따랐다." [102]

비전의 참된 근거는 하나님의 말씀이다. 그래서 진정한 비전은 하나님께서 우리에게 하나님의 목적과 계획을 알리시는 것으로부터 시작하며, 그 통로 중 하나는 영적 랜드마크다. 영적 랜드마크란 하나님께서 하나님 자신과 그분의 목적과 길들을 우리에게 나타내시는 획기적인 사건들을 가리키는데, 하나님은 이를 통해 우리에게 하나님의 비전을 보이시고 길을 지도하신다.

영적 랜드마크에 대한 좋은 예가 아브라함의 경우다. 성경에 나오는 아브라함에 대한 사건들은 아브라함의 일생에서 특별하고 기념비적인 일이었다. 하나님은 이런 사건들을 통해 하나님의 목적과 계획을 아브라함에게 알리셨다. 그리고 그 목적과 계획은 일직선상에 놓여 있었고, 사건이 거듭될수록 하나님의 계획과 목적은 더 상세하고 명확해졌다. 그래서 이 사건들을 쭉 연결해보면 하나님께서 아브라함에게 보이신 하나님의 목적과 계획의 전체적인 그림, 즉 그의 사역을 위한 하나님의 비전이 보인다.

우선 창세기 12장 1~3절이다. 하나님이 아브라함을 부르시고 아브라함에게 하나님의 계획과 뜻을 알리셨다. 하지만 이 사건만 가지고는 하나님께서 지금 무엇을 하시려는지 잘 알 수 없다. 이 사건에서 알 수 있는 것은 하나님께서 그에게 고향을 떠나 앞으로 지시할 땅으로 가라는 것, 그를 창대하게 할 것, 땅의 모든 족속이 그를 통해 복을 얻게 될 것이라는 정도다.

또 하나의 영적 랜드마크는 창세기 12장 7절에 나온다. 아브라함이 하나님의 명령대로 하란을 떠나 가나안 땅으로 왔을 때 하나님이 아브라함에게 나타나셔서 가나안 땅을 그의 자손에게 주시겠다고 말씀하셨다. 이를 통해서 보이신 하나님의 뜻은, 이전에 보이신 하나님의 뜻과 정확하게 일직선상에 놓여 있다. 또한 이전에 보이신 하나님의 뜻보다 더 보완되었음을 알 수 있다.

그리고 또 하나의 영적 랜드마크가 창세기 15장 4~7절에 나온다. 이 특별한 사건을 통해, 하나님은 아브라함의 몸에서 날 자가 상속자가 될 것이고, 그 자손이 하늘의 별처럼 많게 될 것이라고 말씀하셨다. 그리고 아브라함에게 가나안 땅을 주시는 것이 하나님의 뜻임을 확인시켜 주셨다. 이로써 하나님은 이전에 말씀하신 것에 덧붙여서 어떤 부분은 더 보완하셨고, 어떤 부분은 다시 확인해 주셨다.

그리고 창세기 15장 12~18절에서 일어난 특별한 사건을 통해서, 하나님은 아브라함에게 그의 자손이 400년 동안 이방 나라를 섬기겠고, 그 후에 다시 가나안 땅으로 돌아와 정착하게 될 것이라는 새로운 사실을 알리신다. 그리고 하나님은 아브라함과 더불어 언약을 맺었고, 애굽 강에서 유브라데까지 그의 자손에게 주시겠다고 하셨다. 이전에 하셨던 말씀을 더 구체화하신 것이다. 또한 창세기 17장에 보면, 아브라함이 99세가 되었을 때 하나님께서 그에게 나타나셔서 그동안 말씀하셨던 내용을 종합적으로 확인시켜 주셨다.

여기까지만 보더라도, 아브라함에게 보이신 하나님의 비전을 선명하게 이해할 수 있다. 하나님은 지금 하나님을 위한 한 백성을 세우실 계획을 실행하고 계신다. 그 일을 위해 하나님은 아브라함을 부르셔서 그에게 하나님의 계획을 알리시고, 그 일로 그를 초청하고 계신다. 앞으로 아브라함의 자손들인 이스라엘은 하나님께서 그들에게 주신 가나안 땅에 정착하게 될 것이다. 하나님은 그들과 언약을 맺으셔서 그들의 하나님이 될 것이고, 그들은 하나님의 백성이 될 것이다. 하나님께서 그들을 부르신 목적은 그들을 통해서 열방이 하나님께로 돌아와 복을 받게 하기 위함이다.

하나님의 비전을 우리에게 알리시기 위해 하나님께서 사용하시는 영적 랜드마크들을 통해서 우리에게 '말씀'하신 하나님의 계획과 목적이 일직선상에 있도록 정렬해야 한다. 그리고 그 비전을 하나님께로부터 받은 다른 인도하심들과 대조해 봄으로써, 그 다른 인도하심들의 진정한 의미를 더 잘 이해할 수 있게 된다. 크리스천 CEO는 우리기업에 대한 하나님의 비전을 명확히 할 필요가 있다. 기업의 시작은 하나님께서 우리에게 하나님의 목적과 계획을 알리시는 것에 대한 발견으로부터 시작해야 기업의 존재 의미를 갖고 지속적인 경영을 해 나갈 수 있게 될 것이다.

2. 기업의 비전과 경영

비전이란 조직구성원들이 추구하여 만족을 느낄 수 있는 이상적인 가치나 생각을 나타내는 것으로서, 이상화된 미래의 목표 상태, 미래의 목표 달성을 위한 계획 및 미래에 도달하고자 하는 그림이다. 조직이 미래에 달성하고자 하는 목표에 대해서 조직구성원들로 하여금 스스로 동기부여 되어 함께 목표를 공유하며, 또한 자신의 업무에도 만족하여 조직과 개인의 가치가 함께 부합하는 것을 비전이라 말하기도 한다. 나아가 그룹이나 조직의 미래 모습에 관한 정신적 모델이다. 따라서 비전은 조직에서 받아들여지고 인식되어질 수 있는 그림이므로 조직 구성원들의 동기나 계획, 목표수립을 기반으로 정립되어야 한다.

이러한 비전이 조직과 개인 간에 부합하여 비전의 공유 또는 비전 만족도로 이어지려면 무엇보다 비전의 속성이 간결하고 명확하며 도전적이고 미래지향적이어야 한다. 비전의 속성이 중요한 이유는 비전의 문구가 너무 짧고 함축적이면 조직원들이 무엇을 해야 할지 명확히 알 수 없으므로 전반적인 성과 달성에 있어 자신이 역할을 제대로 하지 못할 수 있기 때문이다. 반면에 비전이 너무 길면 리더가 수시로 이를 인용하여 조직원들에게 전달하기에 불편하기 때문이다.

비전의 속성들은 상호작용을 통해 조직구성원들에게 영향을 주고 이것이 조직의 성과로 이어진다. 또한 비전의 내용으로 제품, 서비스, 시장, 조직, 그리고 이상적(ideals)인 것을 담고 있어야 한다. 기업과 관련되어 있는 고객이나 산업도 비전의 내용으로 사용할 수 있다.

이러한 비전의 내용으로 중요한 것은 조직원들이 동기부여 될 수 있는 내용, 널리 많은 조직구성원들이 쉽게 받아들일 수 있는 내용이어야 한다는 점이다. 그리고 조직구성원 개인들의 비전과도 일치할 수 있거나 공감할 수 있는 내용이어야 하며, 이러한 비전의 내용과 회사가 집중하고자 하는 이념이 서로 일치할 때 이것이 기업의 성과로 이어질 수 있다.

조직원들이 비전을 인지하고 이를 업무에 적용하여 실천하려면 비전공유를 위한 의사소통 경로가 있어야 한다. 문서나 구두 등 여러 가지 방법으로 의사소통을 하여 조직이 비전을 받아들이거나 지지하게 하는 것도 중요하다. 따라서 아무리 좋은 내용을 담고 있는 비전이라도 이를 적극적으로 조직원들에게 알리고 그 의미를 서로가 공유하지 않는다면, 단지 구호로만 그치게 되거나, 조직구성원 모두가 공감하는 비전이 아닌 경영자 본인의 비전으로만 머무르게 된다.

비전은 간결하고 명확할수록 기업의 성장에 도움이 된다고 한다. 하지만 비전이 너무 간결하면 그 의미가 명확하지 못하여 조직원들이 이해할 수가 없어서 전반적인 성과향상에 도움이 되지 않는다. 그리고 비전이 명확하지 않다면 조직원들의 역할도 불분명하여 이는 조직원들 사이에 분란을 가져오게 된다. 따라서 비전이 명확하면 조직원의 비전에 대한 이해를 도와 비전에 대한 조직구성원들의 만족도에 긍정적인 영향을 준다.

메리메이드의 달렌 피터슨은 이점에 대해 다음과 같이 말했다. "자신이 몸담은 기업의 비전을 이해하고 공동의 목표를 위해 기여할 수 있음을 알게 되면 강한 소속감과 함께 그 공동체를 더 강하게 만들기 위해 노력한다. 모든 직원은 회사의 큰 그림, 즉 미래 비전을 알고 있었다. 바로 규모와 서비스 면에서 업계 최고이자 최대의 집청소 회사가 되는 것이었다." [103]

와디즈를 창업한 신혜성 대표는 비즈니스란 도대체 뭘까, 왜 존재하는가 라는 질문을 스스로에게 해보았다. 이 비즈니스가 있음으로 인해 인류가 더 행복해지거나 더 나은 삶(better life)을 주지 못한다면 존재의 이유가 없다는 생각을 하게 되었다. 신 대표는 와디즈라는 비즈니스를 왜 만들고 크라우드 펀딩이라는 비즈니스를 왜 하는지, 그리고 우리가 하기에 적합한지에 대해 고민했다. 금융시장의 문제점에 대해 고민하고 이를 해결하는 방법에 대해 생각했다.

와디즈의 미션은 '올바른 생각이 신뢰를 바탕으로 성장하는 세상을 만든다' 이다. 그렇다면 금융의 역할은 무엇일까? 올바른 생각을 가진 사람들에게 성장할 수 있도록 돈을 줘야 하는게 금융의 역할일 텐데 실제로 그런 역할을 하는가? 그렇지 않다고 생각했다. 와디즈가 존재함으로 인해서 "우리가 가지고 있는 올바른 생각이 드러날 수 있는 그런 비즈니스 모델을 만들자"라는 것이 비전이었다.

그것을 와디즈는 '신뢰'라는 것으로 표현했다. 남들이 다 할 수 있는 비즈니스가 아닌 남들이 안 하려고 하지만, 실제로 필요한 비즈니스를 하는 것이 맞다고 생각했다. 그래서 "올바른 생각을 가진 사람들이 잘 될 수 있는 금융 서비스를 만들자"라는 목적으로 시작했다. 와디즈의 비전은 '신뢰를 바탕으로 활동하는 Trust Capitalist가 되자' 이다. Trust Capital의 정의는 눈에 보이지 않는 신뢰자본으로서 재무제표의 무형 자산보다 중요하다. 신뢰자본을 끄집어 내어 시각화할 수 있다면 큰 가치가 될 수 있겠다는 생각을 기반으로 만들게 된 비즈니스이고 이것이 와디즈를 이끌어 나가는 비전이 되었다.

3. 비전과 기업의 전략

기업에서의 전략 수립은 큰 그림(big picture)과 행동경로(road map)를 만드는 작업이다. 기업의 전략을 시작하는 첫 단계가 바로 비전 수립이다. 이러한 비전 수립이 중요한 이유는 이 비전에 대한 인식이 그 기업의 모든 활동에 스며들어 있게 되고 성과에 영향을 미친다는 점이다. 우리가 주목할 만한 글로벌 기업인 3M, IBM, 필립모리스, 월마트, 디즈니 등은 비전을 가진 기업으로 그 기업이 내세우는 사명과 비전이 모든 기업 활동의 중심이 된다. 한 가지 흥미로운 점은 이러한 기업들의 장기 수익률이다. 이들 기업이 1926년부터 1995년까지 1달러의 투자를 통해 6,546달러의 가치를 창출하는 동안 다른 기업들은 평균적으로 415달러의 가치

를 창출했다.[104]

　이러한 비전을 가진 기업들은 기업사명에서 자신들의 존재이유가 이익극대화가 아니라고 밝혔음에도 불구하고 다른 평균적인 기업들보다 훨씬 높은 수익을 창출하는 흥미로운 결과를 만들어 냈다. 이들 기업의 존재 이유는 일상업무에서의 의사결정 기준이 되는 가치와 신념에서 알 수 있게 되는데, 다른 기업들이 단기적인 이익을 위해 이러한 가치와 신념을 포기할 때, 비전이 있는 기업들은 단기적 성과에 대한 압력과 함께 장기적 성과에 대한 가치와 신념이 균형을 이루는 것을 볼 수 있다.

　전략적 차원에서 기업의 비전은 기업의 전략적 목표로 연결되게 된다. 비전이 명확한 기업은 기업이 추구하는 목표를 수립함에 있어서도 명확한 목표를 제시할 수 있게 된다. 명확한 목표는 결국 기업으로 하여금 어떠한 경쟁우위를 갖추어야 할지에 대한 청사진을 제시함으로써 성공적인 전략수립에 한층 더 가까이 갈 수 있도록 돕게 된다.

　임팩트스퀘어의 도현명대표는 잘나가는 게임회사를 스스로 박차고 나와 임팩트스퀘어를 창업했다. 그의 창업은 삶의 전환점이 된 '세상을 바꾸는 대안 기업가'라는 책을 만나고 나서 이루어졌다. "그들이 만났던 사회적 기업가들은 정말 세상을 바꾸고 있었고 나도 그렇게 세상에 변화를 일으키고 싶었다. 물론 본래 마음에 담고 있었던 벤처를 창업하여 세상에 영향을 미칠 수도 있었을 것이다. 그렇지만 이 책을 읽은 후 뭐라 꼬집어 말할 수 없는 좀 더 이루기 어렵지만 그만큼 사회에 가치 있는 변화를 이루어 내고 싶다는 갈망이 생겼다." 이러한 비전과 꿈을 품고 설립된 회사가 바로 2010년 설립된 임팩트스퀘어이다. 이 기업의 홈페이지에는 이 기업의 비전과 정체성을 잘 설명하는 글이 제시되어 있다.[105]

"임팩트스퀘어는 '임팩트'와 '비즈니스' 간의 메커니즘에 대해 진정성 있게 연구하고, 다양한 프로젝트를 실제 사업으로 구현해 온 임팩트 비즈니스 전문 조직입니다. 2010년부터 지금까지 기업 사회공헌, CSV, 비영리 프로젝트 등을 자문, 연구해왔으며, 다양한 소셜벤처들과 사업협력, 연계, 공동창업, 운영, 투자 등의 형태로 성장을 고민하고 협력해 왔습니다. 우리는 임팩트 즉 사회적 가치가 비즈니스와 온전히 결합될 때, 위대한 비즈니스가 구현된다고 믿습니다." [106]

도현명 대표는 임팩트스퀘어의 비전을 통해 사회적 가치를 창출하는 사회적 기업과 소셜벤처 분야에서 사람을 키우는 것을 소명으로 삼고 10년을 달려왔다. 이 기업의 명확한 비전은 임팩트스퀘어를 통해 소셜벤처와 사회적 기업이 성장하도록 돕고, 사회적 가치 창출 패러다임이 대기업 등 다양한 사회 주체에 전달되도록 컨설팅하면서 이 업계에서 뛰어난 활약상을 보여주고 있다.

한 기업가가 품은 꿈과 비전이 기업의 비전으로 성장하면서 사회에 어떠한 가치와 영향력을 줄 수 있는가를 보여주는 좋은 사례이다. 또한 명확한 비전으로 하여금 기업의 경쟁력을 만들어가는 데 있어서 역량과 자원을 집중할 수 있는 가이드라인이 되도록 노력하고 있다. "임팩트스퀘어는 엑셀러레이터로서 온전히 역량과 자원을 집중합니다. 참여기업의 성패는 곧 임팩트스퀘어의 성패와 직결됩니다. 같이 뛰며 함께 울고 웃는 최고의 훈수꾼이 되어 종국에는 킹메이커라고 불리기를 희망합니다." [107]

4. 비전과 리더십

  비전의 리더(Visionary leader)는 종업원에게 조직의 미래에 대한 강력한 비전을 제시한다. 비전이란 조직의 가치 안에서 이상적인 조직의 미래 상태를 표현한 것으로 비전과 현재의 조직상태 사이에는 괴리가 존재하게 된다. 이때 만약 리더가 고무적이고 실행 가능한 비전을 제시한다면, 구성원들은 그러한 비전을 달성하고자 동기부여될 것이다. 왜냐하면 비전은 구성원들이 불확실한 상황에서 어떻게 행동해야 되는지에 대한 신념체계 즉, 무엇을 구성원들이 지향해야 되는지에 대한 지침이기 때문이다.

  또한 비전을 통하여 구성원들은 자신의 업무가 기업조직이나 사회에 어떤 공헌을 할 수 있는지에 대해서도 알 수 있게 된다. 뿐만 아니라, 비전에 제시된 이상적인 조직의 미래 상태는 상당한 희생이나 불편까지도 감수한 상황하에서 타인을 돕고자 하는 CEO의 이타적 도덕적 원리가 반영된 경우가 많고, 기업의 다양한 이해관계자들도 고려하게 된다.

  따라서 리더가 종업원의 마음을 움직이는 실행 가능한 강력한 비전을 제시한다면, 종업원들의 기본 가치나 신념, 태도가 조직의 가치, 신념, 태도에 맞춰지게 되어 리더가 제시하는 조직의 비전과 목표를 자신의 것으로 인식하게 된다. 즉 비전적 리더십이 영향력을 발휘할수록 종업원들은 조직의 목적과 자신의 목적을 하나로 일치시키게 된다. 그 결과 조직시민행동과 같은 직무 외 활동을 보임으로써 조직에 긍정적인 기여를 하고자 할 것이다.

또한 비전적 리더가 제시한 고무적 비전을 함께 공유하는 구성원들 간에 유대감이 형성되어 서로서로를 도와주는 행위가 증가할 수도 있고, 이러한 비전을 통해 하나가 된 조직에 대해서도 이로운 행위가 발생할 수 있다.

이러한 비전을 조직 구성원 모두가 공유하고 실천하기 위해서는 비전에 대한 충분한 공감과 커뮤니케이션이 이루어져야 한다. 대부분의 연구에서도 비전을 시각적·비시각적 방법으로 전달하는 것이 중요하며 시각적인 전달 방법이 비전만족도를 더 높이는 것으로 나타났다. 비전 커뮤니케이션이 잘 되어야 비전공유가 잘 되고 비전만족도가 높아지며, 이러한 비전만족도가 높을수록 비전의 실천과 기업의 성과로 이어질 가능성도 높아진다.

비전 공유를 통해 비전에 대한 구성원의 공감도가 높아지면 이는 직무를 수행하는 조직구성원들의 직무 몰입에 중요한 영향을 미치게 되며, 직무몰입은 성과 향상에 기여하게 된다. 조직의 비전이 명확하게 정립되어 있으면 조직 구성원들이 업무수행에 있어서 뚜렷한 목표 및 역할을 가지고 자신의 업무를 수행하게 된다. 또한 비전이 직무를 수행하는 조직구성원들 사이에서 활발한 공유를 가져오게 된다면 조직원들은 자신의 업무에 더 집중하게 된다.

또한 조직몰입이란 조직구성원이 그가 속한 조직과 심리적으로 연결되어, 조직에 만족하는 것을 넘어서서 조직에서 요구하는 사항들과 조직구성원의 성취욕구가 서로 부합하여, 조직에 대하여 자신이 가진 역량을 집중하여 발휘하는 조직충성도를 말한다. 조직구성원이 조직에 몰입하게 되면 회사의 재무적인 성과 및 생산성이 좋아지고, 결근하는 비율이 낮아지고, 또한 이직하려는 의도도 낮아진다. 이에 반해 조직 몰입이 일어나지 않으면, 더 나은 조직을 찾으려고 이직의 행동을 보이게 된다. 조직에 몰입하려는 행동들을 자발적으로 실행하여 조직원으로서의 소속감을 느낄 때 조직 몰입은 상대적으로 더 강해지며, 조직의 목적과 가치를 수용할 때 조직 몰입은 구체화된다.

이러한 조직원의 소속감은 결국 비전공유로부터 시작된다. 비전에 만족을 느낄 때 그들은 조직에 대한 적극적 자세를 보이며 몰입이 일어나고, 이처럼 비전이 공유되어 만족도가 증가하면 조직 몰입에 긍정적인 영향을 주게 되어 조직의 성과도 향상되는 것이다.

침구류와 의류를 생산, 판매하는 리디아알앤씨는 작지만 강한 중소기업으로, 기업의 비전은 모든 사업 영역에서 건강, 인류, 행복, 삶의 진정한 가치를 실천하는 것을 최우선으로 하는 것이다. 리디아알앤씨의 모든 가족은 즐거운 분위기 속에서 서로 협력하고 소통하며, 변화하는 환경 속에서 나와 우리뿐만이 아닌, 협력사, 구성원들의 가족, 고개 등 연관된 모든 사람들의 행복을 최고의 가치로 삼고 있다. 리디아알앤씨의 모든 구성원들은 1년, 3년, 5년, 10년 후의 성장계획서를 갖고 각자의 꿈과 목표를 펼치고 있다. 또한 누구나 영어이름을 사용하고 있으며 과장, 대리 등 직급이 없다. 때문에 직원들은 임미숙 대표를 '대표님'이 아닌 '리디아'라고 부르는 등 수평적인 조직문화가 조성되어 있다.

임미숙 대표는 성경이 말하는 오늘날 고아와 과부는 누구일까를 생각하다가 실업청년과 경력 단절 여성을 떠올렸고, 이들을 사장으로 성장하게 하는 것이 임 대표의 인력관리의 목표이다. 이러한 비전이 2016년 경기 여성 고용 우수기업으로 선정되는 결과를 가져왔다. 수평적이고 비전으로 하나된 조직은 계속 성장하게 된다. 리디아알앤씨도 국내뿐만 아니라 해외시장으로 점차 확대해가고 있으며, 국내에서는 온라인 채널을 통해 브랜드를 알리며 성장해가고 있다. 2022년까지 브랜드 고객 만족도 1위와 대한민국 일하기 좋은 기업에 선정, 그리고 매출액 500억을 목표로 비전을 향해 달려가고 있다.

5. 맺음말

기업을 경영하는 목적이 무엇인가? 어떻게 회사를 시작하게 되었는가? 현실 속에서 매일매일의 생존을 향해 달리다 보면, 이 질문에 대해 스스로 묻고 대답하는 시간을 거의 잊어버리고 살게 된다. 하나님께서 우리를 창조한 목적과 비전을 갖고 계신 것처럼, 기업도 마찬가지로 하나님의 목적과 비전을 늘 기억하고 되새겨야 할 것이다. 경영자가 이를 인식할 뿐만 아니라, 조직 전반에 이러한 비전을 함께 공유하고 비전에 맞게 기업을 경영해 나가도록 조직문화를 만들어 가는 것이 무엇보다 중요하다.

창세기에 나타난 하나님의 비전은 아브라함의 삶 가운데 영적 랜드마크를 통해 하나님의 목적과 계획을 알리시는 것으로 나타나게 된다. 이러한 사건들은 기업을 경영하는 가운데에도 나타날 수 있으며, 하나님께서 하나님 자신과 그분의 목적과 길들을 우리에게 나타내시는 획기적인 사건들을 통해, 우리에게 하나님의 비전을 보이시고 길을 지도해 가심을 깨달을 수 있다.

이 비전과 목적을 가지고 기업을 경영해 갈 때, 시장에서 필요한 경쟁우위를 갖추게 되고 이를 바탕으로 전략적인 기업의 모습으로 성장하게 된다. 이 때 비전의 리더십이 강력하게 요구되며, 장기적인 관점에서 결국 비전의 기업과 비전의 리더가 지속적으로 성과를 가져오는 경영으로 이끄는 시작점이자 가장 핵심적인 요소가 될 것이다. 경영자들은 비전을 향해 흔들리지 않고 나아가는 조직으로 만들어 가는 것과 동시에, 환경의 변화 속에서 자신이 설정한 비전의 적합성을 점검하고 정렬하는 일도 소홀히 해서는 안 되는 책임을 가지고 있다.

☑ 실천지침

1. 비전은 하나님 안에서 큰 그림을 그리는 것이다. CEO는 우리 기업에 대한 하나님의 비전이 무엇인가를 알기 위해 끊임없이 질문하고 확인해야 한다.

2. 기업의 비전에 대해 구성원간 다양한 방법의 소통을 통해서 올바르게 이해하고 공감하면서 비전을 달성하기 위해 함께 노력한다.

3. 기업의 비전은 기업 전략의 출발점이다. 기업의 비전이 기업의 전략적 목표로 연결되도록 연결성을 점검해 본다.

4. 나 자신이 비전의 리더가 되기 위해 스스로를 점검해보고 부족한 부분을 채우기 위해 노력한다.

5. 우리 기업은 비전 공유를 통한 조직 만족도와 몰입도가 향상되고 있는가? 그리고 이러한 결과가 성과에 연계되는지 체크해보자.

☑ 토의주제

1. 우리 기업의 비전은 어떻게 정의할 수 있을지, 조직구성원들도 함께 충분히 공감하는 비전인지 생각해보고 논의해보자.

2. 비전을 공유하고 소통하기 위한 문화가 기업 내 존재하는지 고민해보고 토론해보자.

3. 기업의 비전은 기업의 전략에 어떻게 영향을 미치게 되는지, 우리 기업의 전략은 비전을 반영하고 있는지 생각해보고 토의해보자.

4. CEO 자신이 비전의 리더인지 점검해 보고 비전을 실현할 수 있는 현실적인 전략을 가지고 있는지 논의해보자.

5. 기업의 비전과 경영성과가 어떻게 연관되어 있는지 토의해보자.

8

공정의 원리

1. 공정하신 하나님

하나님은 사랑의 하나님이시며 동시에 공의의 하나님이시다. 창세기에는 이러한 하나님의 모습이 다양한 사건을 통하여 드러나 있다. 공의의 하나님은 죄를 미워하시고 죄에 대해서 심판하시는 하나님이시다. 죄에 대하여 책임을 물으시는 하나님의 모습이 창세기 3장에 등장한다. 하나님께서는 아담에게 "선악을 알게 하는 나무의 열매는 먹지 말라 네가 먹는 날에는 반드시 죽으리니"(2:17)라고 하셨다. 그런데 뱀의 유혹으로 선악과를 먹은 아담과 하와는 죄책감에 하나님의 낯을 피하여 숨었다(3:8). 하나님은 그들을 책망하시며 하와에게는 임신과 출산의 고통을 주었고 남자 의존적인 삶을 살게 될 것을 말씀하셨다. 아담에게는 땅이 저주를 받아서 평생에 땀 흘려 수고해야 땅의 소산을 먹게 될 것이라고 하셨다.

두 번째로 죄에 대하여 책망하시는 사건은 동생 아벨을 죽인 가인의 행위에 대해서이다. 하나님께서 아벨의 제사는 받으시고 자신의 제사를 받으시지 않자 가인은 분노하여 아벨을 죽였다. 하나님께서는 분명하게 가인의 제사를 받지 않으시는 이유가 그의 죄 때문이라고 밝히셨는데(4:7), 회개하지 않고 오히려 친족 살해의 범죄를 저지르고 말았다. 하나님은 가인이 땅에서 저주를 받아 밭을 갈아도 효력이 없으며 땅에서 유리하는 자가 되리라고 하셨다(4:11, 12). 떠돌이 신세가 된 자신의 안전을 우려하는 가인에게 표를 주사 죽음을 면케 하셨다.

지상에 사람이 번성하면서 동시에 죄악이 가득함에 따라 한탄하시고 근심하시며 홍수의 심판을 내리셨다. "그때에 온 땅이 하나님 앞에 부패하여 포악함이 땅에 가득한지라"(6:11). 심판 가운데서도 인류와 지상에 있는 동물들의 생명을 이어가게 하기 위하여 노아에게 방주를 만들도록 하셨다. "내가 홍수를 땅에 일으켜 무릇 생명의 기운이 있는 모든 육체를 천하에서 멸절하리니 땅에 있는 것들이 다 죽으리라 그러나 너와는 내가 언약을 세우리니 너는 네 아들들과 네 아내와 네 며느리들과 함께 그 방주로 들어가고 혈육 있는 모든 생물을 너는 각기 암수 한 쌍씩 방주로 이끌어 들여 너와 함께 생명을 보존하게 하되"(6:17~19) 홍수 이후에 다시 생육하고 번성하라는 창조시에 말씀한 언약을 확인해 주셨다(9:1). 이와 같이 하나님은 죄에 대하여 철저한 심판을 하시면서도 생명을 보전하시는 분임을 나타내셨다.

하나님은 홍수로 인류 전체를 심판하셨으나 다시는 홍수로 멸망시키지 않으시겠다는 약속의 징표로 무지개를 주셨다(9:13~15). 그러나 하나님의 관용을 넘는 죄를 저지른 소돔과 고모라에 대해서는 불의 심판을 내리셨다. 이 일을 먼저 아브라함에게 알리셨다. "여호와께서 또 이르시되 소돔과 고모라에 대한 부르짖음이 크고 그 죄악이 심히 무서우니"(18:20) 여기서 한가지 유의할 점은 하나님께서 죄악에 대한 부르짖음의 사실 여부를 알아보시고자 천사를 시켜 현장 조사를 나갔다는 사실이다. 소돔 백성은 천사들에게까지 범죄를 저지르고자 강포를 부리다가 결국은 멸망하게 되었다. 하나님은 심판의 와중에서도 천사를 통해 롯의 가족을 구해 내셨다.

공의의 하나님은 사람들 간의 관계에 있어서도 공정함을 보이셨다. 야곱을 속이고 노동력을 착취한 라반의 재산을 초자연적인 방법을 통하여 야곱에게 옮기셨다. 나중에 이를 알게 된 라반과 라반의 아들들이 야곱에 대해 좋지 않은 감정을 가진 것을 알고 도망을 가게 되었다. 야곱을 추격해서 따라잡은 라반에게 하나님은 "선악 간에 말하지 말라" 하시면서 야곱을 보호하셨다. 야곱은 라반에게 자신의 재산을 정당한 것이라고 주장하며 오히려 라반의 집에 일꾼으로 있는 동안 품삯을 10번이나 바꾸었음을 책망했다. 결론적으로 야곱은 하나님께서 자신의 고난과 수고에 대한 보상을 하신 것이라고 말한다(31:42).

하나님의 공의는 형들에 의해 죽임을 당할 뻔한 요셉을 통해서도 실현되었다. 요셉은 야곱이 노년에 얻은 아들이어서 다른 아들들보다 더 사랑했다(37:3). 이로 인하여 형들의 미움을 사게 되었고 결국은 애굽에 노예로 팔려가게 되었다. 요셉은 야곱을 통하여 함께 하시는 하나님에 대하여 듣고 자라서 어떠한 고난 속에서도 범죄하지 않고 하나님이 주시는 형통함을 나타내 보였다. 애굽의 총리가 된 요셉 앞에서 자신들의 범죄로 두려워하는 형들에게 요셉은 그들을 위로하며 이 모든 것이 하나님의 구원의 역사 가운데 이루어진 일이라는 해석을 한다. 야곱이 사망한 후 요셉의 보복을 두려워하여 용서를 비는 형들에게 요셉은 "두려워하지 마소서 내가 하나님을 대신하리이까 당신들은 나를 해하려 하였으나 하나님은 그것을 선으로 바꾸사 오늘과 같이 많은 생명을 구원하게 하시려 하셨나니"(50:19, 20)라고 말한다.

하나님의 공의는 용서와 화해를 통하여 악을 선으로 바꾸셨다는 사실을 보여주고 있다. 이러한 관점에서 볼 때, 요셉은 예수 그리스도가 이 땅에 오셔서 십자가를 통하여 하나님의 공의와 사랑을 나타내신 사건의 예표이기도 하다.

2. 기업경영과 공정성

경영현장에서 리더는 공정이라는 가치를 실현하기에 힘써야 한다. 특히 크리스천 기업가는 공정하신 하나님의 성품이 경영의사결정 과정에 반영되도록 해야 한다. 이를 위해서는 무엇이 공정한가에 대한 평가기준이 세워져야 한다. 공정성을 강조하는 경영원리는 전통적으로 '신상필벌(信賞必罰)'의 원칙이다. 잘 한 행위에 대해서는 상을 주고 잘못된 것에 대해 서는 벌을 주는 원칙으로서 이는 조직의 규율(discipline)을 세워 나가는데 가장 기본적인 것이다. 이러한 원칙이 수많은 조직 속에 뿌리내려 왔지만 오늘날 자율성과 유연성이 강조되는 시대적 변화 속에서 전통적인 신상필벌 원칙에도 새로운 변화가 나타나고 있다.

공정성 확립을 위해서 기업 내에서 공정성에 대한 원칙이 세워지고 체계화하여 조직 구성원이 이를 내재화할 수 있도록 해야 한다. 이를 위해서는 CEO 자신이 공정성에 대한 가치관과 철학이 정립되어야 한다. 첫번째가 공사(公私) 구분을 확실하게 하는 것이다. 공적 의사결정 과정에서 사적 이익을 반영하지 않도록 해야 한다. 이를 위해서 '이해충돌(conflict of interest) 방지', '공정한 거리 두기(arm's length relationship)' 등의 원칙을 준수해야 한다. 이를 CEO나 개인의 자의적 판단에 의존하지 않고 명문화된 규정으로 만들어야 한다.

둘째는 편견(prejudice)이나 편파성(partiality)을 배제하도록 해야 한다. 선악과를 먹은 인간은 자신이 하나님의 위치에서 자의적으로 판단하는 오류를 범하기 쉽고 좌로나 우로나 치우치는 경향이 있기 때문이다. 사람을 자의적으로 차별(discrimination)하거나 편애(favoritism)하는 오류에 빠지지 않도록 스스로를 경계해야 한다. 리더가 과도하게 자만심을 갖거나 자기 확신에 빠지면 이런 잘못을 저지를 가능성이 높아지기 때문에 이에 대해서도 가이드라인을 설정해서 독단성에 빠지는 것을 예방해야 한다.

셋째는 CEO 자신의 도덕적 기준과 행동을 주기적으로 점검하도록 해야 한다. CEO의 도덕성과 윤리성이 공정성 경영의 출발점이기 때문이다. 도덕성과 윤리성에 대한 자가진단표를 만들 필요가 있다. 사람의 행위가 자기가 보기에는 옳으나 하나님 보시기에는 옳지 않을 수 있음을 유념해야 한다(잠 16:2, 21:2). 좌로나 우로나 치우치지 않기 위해서는 주야로 하나님의 법도와 기준을 묵상해야 한다(수 1:7). 공정성이라는 하나님의 성품을 닮아가기 위해 노력해야 하며, 조직 내에 공정성의 원칙이 확립되도록 해야 한다.

벤처기업의 성공과 실패요인을 연구하다 보면 CEO의 도덕성이 실패의 원인이 되는 경우가 많음을 보게 된다. CEO의 도덕적 해이는 내부 갈등과 사기저하를 불러 일으킨다. 경영진의 갈등은 조직 운영의 방향성을 불분명하게 하고, 직원들의 사기 저하를 가져오며, 결국은 핵심인력의 이탈과 사업 실패로 귀결된다. 조직의 신뢰상실은 대부분 리더의 도덕성과 연관되어 있다. 이러한 위험을 방지하기 위해서는 CEO를 포함 조직 구성원들이 준수해야 할 윤리 규정을 제정하고 이를 숙지하도록 하고 평가에 반영해야 한다. 윤리 규정의 기본원칙과 함께 행동 규범(code of conduct)을 제정하여 의사결정의 가이드라인이 되도록 해야 한다. 공정성을 담보할 수 있는 윤리경영이 정착되기 위해서는 CEO의 솔선수범이 중요하다.[108]

체성분 측정기의 글로벌 리더업체인 인바디의 차기철 대표는 이 점에 대해 다음과 같이 말한다. "리더가 정직한지, 사기성이 있는지는 느낌으로 다 알게 됩니다. 그런 냄새를 풍기면 전 직원이 다 알죠. 도덕성을 잃으면 회사는 점점 경쟁력을 잃게 됩니다. 철저하게 숨기려고 하기 때문에 눈에 바로 띄지 않을 수 있지만 결국은 무너집니다. 편법이 쌓이다 보면 나중에 회사가 어려워진 다음에도 무엇 때문에 어려워졌는지도 모르죠."[109]

CEO가 경영 활동에 있어 도덕성의 원칙을 지키지 못하는 것은 여러가지 유혹에 노출되기 때문이다. 꼭 지켜야 하는 가치와 사회적으로 통용되는 도덕률을 반하여 눈앞의 이익에 끌려 판단력이 상실되는 것이 실수의 원인이 된다. 우리 나라는 '관행'이라는 이름으로 비윤리적이고 부도덕한 행동이 쉽게 저질러지는 풍토가 있다. 또한 관행을 따르지 않다 보면 나만 손해 본다는 생각이 들 수 있다. 그러나 하나님의 성품을 따르는 경영을 하려면 세상의 관행을 배격하는 자기 혁신이 필요하다. "이 세대를 본받지 말고 오직 변화를 받아 하나님의 선하시고 기뻐하시고 온전하신 뜻을 분별"해야 한다(롬 12:2). 쉽지 않는 길이지만 이러한 경영원칙을 가지고 승리한 크리스천 기업인들의 사례들도 많이 있다.

유나이티드 제약의 강덕영 대표는 제약업계의 관행을 벗어나는 경영을 했지만 성공적인 결과를 만들어 냈다. 그는 영업사원들에게 술접대 영업을 금지했다. 처음에는 직원들과 거래처 사람들이 반발을 했다. 직원들이 "사장님, 우리나라에서 그렇게 접대하지 않으면 어떻게 영업합니까?"라고 항의를 하자, 그는 "나는 우리 회사 영업 사원들이 여성 접대부가 있는 술집에서 접대하는 것을 금기시합니다. 왜냐하면 그런 접대로 매출을 올리면 당장은 회사에 이익이 되는 것처럼 보이지만, 결국은 사원들을 타락시키고 부패하게 만들고, 그 독소가 나중에는 회사 존립에까지 치명적인 타격을 입히는 경우를 많이 보아왔기 때문입니다."라고 답했다고 한다. 처음에는 힘들었지만 결국은 경영성과에 지장이 없었다고 한다. "처음에 룸살롱이나 단란주점에서 접대를 하지 않는다고 불만을 품었던 거래처 사람들도 나중에는 그만큼 우리 회사를 더 신뢰하게 됐고, 매출에도 큰 지장이 없었습니다. 오히려 접대비로 지출되던 돈이 줄어들게 되고 그 돈으로 거래처에 대한 서비스를 더욱 개선할 수 있었습니다. 결론적으로 서로에게 모두 득이 되는 일이었습니다." [110)

성주 그룹 대표인 김성주 회장은 크리스천 기업인으로 일찍이 투명경영을 실천하며 자신만의 독특한 기업문화를 개척해 나갔다. 바이어들에게 향응 대신 자전거 하이킹이나 뮤직 콘서트 관람을 제의했다고 한다. 김 회장이 한국에 돌아와 사업을 막 시작했을 때 소매 유통업은 흰 봉투 없이는 한 발자국도 움직일 수 없는 곳이었다. 김 회장은 그들이 바라는 상납을 하는 관행을 무시하고 원칙대로 '깨끗한 손'을 고수하였다. 처음에는 힘들지 몰

라도 결국 옳은 길이라는 것을 확신했기 때문이었다고 한다.[111]

칠성섬유의 주수일 회장도 투명경영의 원칙을 수립하기 위해 기업의 모든 정보를 최대한 투명하게 공개하는 것을 원칙으로 하였다. 기독교적인 경영철학에 근거하여 회사 구성원에게 여러 가지 방법으로 정보와 애로사항을 알리고 공유하는 것을 강조하였다. 직원들과 횡적인 관계를 지향하여 회사 내의 여러 가지 문제점, 직원들의 가정 문제까지 폭넓고 허심탄회하게 이야기하는 기회를 마련했다. 제품의 품질과 가격은 물론이거니와 불량품이나 제품의 오류에 대해 투명한 공개와 정보 공유를 통해 고객의 신뢰를 유지하였다.[112]

공정성 경영의 핵심은 인사관리의 공정성이다. 우리나라는 지연, 혈연, 학연이라는 연고주의와 정실주의 문화(nepotism)가 오랜 동안 형성되어 왔다. 이로 인하여 공정성에 대한 불만과 비판이 끊이지 않고 있다. 기업이 초창기에는 규모가 작고 연고 관계에 의한 채용이 만연하지만, 비공식적 관계가 우선되다 보면 크게 문제가 되지 않을 수 있다. 그러나 조직이 성장하면서 직원수가 증가하게 되면 인사평가의 공정성이 중요해진다. 연봉제나 성과주의 인사제도를 도입하게 되면 평가기준과 평가방법에 대한 조직내 공감대 형성이 선행되어야 한다. 국내에서는 삼성이 공정성 경영을 위한 노하우가 가장 많이 축적된 기업으로 평가받고 있다.

■ 삼성 사례

우리나라에서 신상필벌에 의한 조직 규율을 잘 세워 경영의 탁월성을 실현한 기업으로 삼성을 들 수 있다. 삼성은 부정부패가 없는 청결한 조직풍토를 조성하기 위해 공정성 원리를 철저하게 적용했다. 창업자 이병철 회장은 조직 내 부정 척결에 대한 확고한 소신을 가지고 있었다. "부정은 개인을 망치고, 조직을 망치고, 나아가서는 사회를 망친다", "부정을 저지르도록 허용하면 사람 잃고 돈 잃는 결과"라는 신념 하에 공사 (公私) 구분을 철저히 하여 부정에 대한 유혹을 떨쳐 버리도록 했다.

삼성은 청결한 조직풍토 조성을 위해 첫번째로 중시한 것이 공정한 인사 제도다. 삼성이 깨끗한 조직을 유지해 올 수 있었던 것은 직원들 간에 상호 신뢰를 가능케한 지연, 혈연, 학연 배제에 의한 공정인사가 그 원천이다. 인사공정성 유지는 구성원들에게 조직에 대한 자부심을 갖게 하여 부정에 대한 유혹에서 자신을 지켜 나가도록 하는 데 긍정적으로 기여해 왔다. 대외적인 거래 관계에서 부정 배제는 내부 조직관리의 공정성과 밀접하게 연결되어 있다.

둘째는, 교육이다. 삼성은 신입사원의 입사시 정신교육을 대단히 강조하고 있다. 삼성인으로서 정신자세를 갖추게 하기 위하여 강도 높은 교육을 실시하는데, 이 가운데서 강조되는 것 중의 하나가 '부정을 용납하지 않는 조직'이라는 점이다. 교육과정에서 이를 주지시킴으로써 부정에 대한 거부반응을 갖도록 하고 있다. 간부들의 승진 교육에서도 부정방지가 강조되어 사전 경고의 역할을 하고 있다. 이를 위하여 삼성 내에서 그간 적발된 부정사건을 사례화하여 직원 연수시 교재로 사용하고 있다. 이러한 방법은 부정에 대한 사전 대응 능력을 향상시키는 데 도움이 된다.

셋째는, 내부 감사제도이다. 삼성은 회장 비서실에 감사팀을 구성하여 부정을 적발하여 처벌해 왔다. 특히 부정이 발생할 소지가 많은 구매와 판매 부서에 대한 감사를 철저히 하고 있다. 감사를 철저히 하는 것도 창업자의 철학에 연유한 바가 크다. 어느 조직에나 여건에 관계없이 부정을 저지르지 않는 10%가 있고, 또 부정을 저지르는 10%가 있을 수 있다. 나머지 80%는 분위에 따라 좌우된다. 따라서 조직의 청결을 위해서는 부정을 저지른 10%를 철저히 관리한다는 원칙을 세우고 있다.

넷째는 업무합리화이다. 부정을 배제하는 데 감사가 만능이 될 수는 없다.

부정은 사후 적발보다 '예방'이 중요하다. 부정을 예방하기 위해서는 사전에 부정이 발생하지 않도록 하는 업무합리화가 필요하다. 업무의 절차를 체계화하고 권한과 책임의 소재를 분명히 하여 부정의 소지를 없애도록 하는 것이다. 업무 분장시에도 내부 통제제도를 도입하여, 상호 견제와 균형을 하도록 하고 있다. 즉, 한 부서에서 부정이 개입되면 반드시 타부서에 의해 적발되도록 되어 있다.

삼성은 이러한 경영방식을 통하여 부정부패가 없는 조직, 인사 공정성에 신뢰가 있는 조직을 만들어 왔다. 삼성경영의 핵심인 '규율에 의한 경영'(management by discipline)이 형성되어 왔고, 경영 탁월성을 실현하는 데 기여해 왔다. 많은 기업들이 삼성 경영을 벤치마킹하려고 했으나 대부분 성공하지 못한 이유가 위의 네 가지 핵심을 철저하게 실행하지 못했기 때문이다. 규율은 구성원이 자기 조직에 대한 자부심(pride)이 있을 때 제대로 정착될 수 있다. 감시와 처벌만으로는 한계가 있기 때문이다. 감시와 처벌의 수위를 높이면 규율이 형성될 수는 있겠지만, 관료적이고 보신주의에 흐르는 조직이 되어 경영성과가 떨어지게 된다. 삼성은 이 점에서 기업문화와 제도를 적절하게 활용하여 규율경영의 부정적인 면을 최소화하려고 노력해왔다.

그러나 삼성 경영도 시대의 변화에 따라 한계점을 보이게 되었다. 조직 내에 규율을 형성하고 '삼성맨'이라는 인재 양성과 국내 최고 기업이라는 성과를 내었지만, 글로벌 시대의 세계 초일류 기업이 되기 위해서는 한계가 있음을 인지하고 대대적인 조직변신을 하게 되었다. 이것이 1993년 이건희 회장에 의해 추진된 '삼성 신경영'이다. 신상필벌의 원칙보다는 '신상필상(信賞必償)'이라고 할 수 있는데, 이는 부정에 대한 처벌을 강조하는 감점주의 경영보다는 성과에 대한 보상을 높이는 가점주의 경영을 하자는 내용이다. 창의적이고 자율적인 조직풍토 조성과, 도덕성이 있으면서도 인간미가 있는 인재상을 만드는 방향으로 변화되었다.

3. 평가와 보상의 공정성

공정성에 대한 문제가 조직 내에서 발생하는 것은 인사평가에 있어서 원칙보다 자의적인 요소가 들어가는 경우가 많기 때문이다. 리더는 직원을 임의로 판단하지 말고 체계화된 평가 시스템을 통해 평가해야 한다. 특히 보상 시스템의 설계에 있어 어떤 요소를 가지고 평가와 보상을 해 나가느냐는 핵심적인 요소 중 하나이다. 이는 기업이라는 실체가 '가치창출'이라는 동일한 목적을 가진 사람들이 모여 형성된 '유기체'이기 때문이다.

기업이 성과를 내기 위해서는 그 구성원들의 기본적인 자세가 중요하고, 일하는 개인이 자발적으로 일할 수 있는 마음을 불러일으키는 '동기부여'가 핵심적인 요소이다. 일반적으로 경영현장에서는 사람을 움직이게 하는 동인으로 흔히 '채찍과 당근'을 이야기하며, 물질적인 인센티브에 집중하게 되는 경향이 있다. 그러나 경영학적인 접근을 살펴보면, 물질적인 인센티브가 주는 역기능을 간과해서는 안 된다는 것을 보여주고 있다.

중요한 것은 종업원이 마음으로부터 우러나와 일을 스스로 하게 할 수 있는 보상 체계의 확립이다. 과연 어떤 부분을 고려해야 균형 잡힌 보상과 평가 시스템을 구축할 수 있을까? 서울대 경영대학 이정연 교수의 연구[113]는 이를 잘 보여주고 있다. 그의 연구는, 우선 업무상 내재적 동기가 얼마나 중요한지 파악해야 한다는 점을 강조하고 있다. 기업이 속한 산업마다, 업무적 특성마다 내재적 동기의 중요성이 다르다. 예를 들면, 창의성을 핵심적으로 요하는 산업이나 직군, 또는 혁신이나 창조를 계속적으로 요하는 업무의 경우, 그렇지 않은 산업과 업무에 비해 내재적 동기가 중요하게 된다. 이러한 경우 보상을 돈 자체보다는 종업원의 유능성에 대한 피드백으로 느껴지도록 설계한다면 내재적 동기를 높일 수 있을 것이다.

둘째, 성과의 평가와 이에 따른 보상이 공정해야 한다는 점을 강조하고 있다. 보상이 동기를 통하지 않고 직접 성과로 이어진 연구들이 있다. 이의 가장 큰 원인은 '공정한 성과 평가와 이에 따른 보상'이다. 이처럼 평가와 보상에 있어서 공정성은 상당히 중요하다고 할 수 있다. 보상은 일반적으로 외재적 동기를 높이며 내재적 동기를 약화시키는데, 평가와 보상의 과정이 공정하고 투명하다면 이에 대한 신뢰로 인해 내재적 동기의 약화를 막을 수 있다는 것이다.

셋째, 보상 체계 수립 후 이에 대한 철학을 분명히 해야 한다는 점을 강조한다. 경영자는 보상 체계를 물질적으로 수립할 것인지 그렇지 않을 것인지를 분명히 해야 한다. 경영자가 이를 선택함에 따라 이에 적합한 유형의 종업원을 채용하게 될 것이며 조직문화 또한 영향을 받기 때문이다. 이러한 인사시스템과 보상은 기업을 구성하는 여러 시스템 중 하나지만, 기업의 핵심인 조직과 직결되는 부분으로 결코 간과할 수 없는 영역이다. 경영자는 기업의 위치와 상황, 조직 문화 등을 전반적으로 고려하여 보상 체계를 적절히 확립해야 할 것이다.

■ 왜 물질적인 보상은 동기 부여가 될 수 없을까?

Alfie Kohn이 1993년에 하버드 경영대학에서 출간하는 HBR(Harvard Business Review)에 게재되어 최근까지도 주목받고 있는 논문인 'Why incentives cannot work', 즉 '왜 인센티브가 소용이 없는가'라는 제목의 연구에서, 알피 콘(Alfie Kohn)은 물질적인 보상이 동기를 부여할 수 있느냐의 물음에 동기부여를 할 수 없다는 주장을 다음의 여섯 가지 이유를 가지고 설명하고 있다.

첫째, 종업원 스스로 물질적 보상을 우선순위로 내세우지 않는다. 종업원 대상으로 직장생활에서 가장 중요한 요인을 물어보면 대체로 보상이 다섯 번째를 차지한다는 것이다.

둘째, 보상은 상이 아니라 오히려 벌이다. 종업원이 성과를 도출하고 이에 따른 보상을 받을 때, 보상이 기대를 충족시키지 못한다면 해당 종업원은 오히려 이를 벌로 받아들이게 되며, 나아가 보상 체계를 통해 조종당한다는 느낌을 받는다는 것이다.

셋째, 보상은 인간관계를 해친다. 조직 전체의 성과를 위해서는 개인의 역량도 중요하지만 종업원간의 팀워크 또한 상당한 영향을 미친다. 보상을 받기 위해 경쟁을 해야 한다면 종업원간의 내적 팀워크가 잘 형성되지 않는다는 것이다.

넷째, 보상은 조직에서 문제의 원인을 직접적으로 없애기보다는 가리는 데 더 많이 쓰인다. 관리자는 어떠한 문제를 해결하는 수단으로써 보상 체계를 수정하지만, 이러한 조치는 문제의 원인을 해결하지 못한다는 것이다.

다섯째, 보상은 창조성을 저해한다. 보상은 기본적으로 조직 차원에서 원하는 성과에 대한 대가이다. 그렇기 때문에 종업원들이 보상을 위해서 이에 유리한 행동만 하려고 하고, 이는 곧 상대적으로 위험하고 성과를 내기 어려운 창조적이며 혁신적인 일을 하려 하지 않는다는 것이다.

여섯째, 보상은 내적 동기를 없앤다. 외적으로만 주어지는 보상은 개인을 진정으로 칭찬하고 이를 지지하는 것이 아닌, 보상 체계에 휘둘리게 된다는 것이다.

이렇듯, 물질적인 보상은 사람을 자발적으로 더 열심히 일하게 하기보다는 다른 요소에 더 집중하게 해서 궁극적으로는 일의 효율과 모티베이션을 가져오지 못한다는 것을 설명해 주고 있다. 물론, 이런 연구의 의미가 물질적인 보상이 의미가 없다는 것을 말하지는 않는다. 어쩌면 업의 특성을 잘 파악할 뿐 아니라, 한 개인으로서의 종업원을 잘 이해하여, 진정 한 사람이 원하는 바를 제시하고 나눌 수 있는 시스템을 설계해야 한다는 무거운 짐을 경영자에게 던져주고 있는 것이다.

4. 공정성과 이해관계자 관리

기업은 수많은 이해관계자(stakeholders)에 둘러싸여 있다. 이해관계자는 기업에 의해 영향을 받기도 하고 또 영향을 주기도 한다. 이해관계자 중에 기업의 성과에 직접적 영향을 미치는 공급자, 구매자, 금융기관, 규제기관 등을 1차적 이해관계자라고 하고, 언론, 교육기관, 시민단체, 지자체 등을 2차적 이해관계자라고 한다. 또한 내부와 외부 이해관계자로 구분하기도 한다. 내부는 경영자를 중심으로 주주, 노조 등이며, 그 밖의 이해관계자를 외부 이해관계자로 구분하기도 한다.

이해관계자들은 기업과 다양한 형태의 이해관계가 있으며, 또 기업에 일정 수준의 영향을 미칠 수 있는 파워를 가지고 있다. 기업의 규모가 커질수록 이해관계자가 다양해지고 복잡해지기 때문에 기업은 이를 적절하게 관리해야 한다. 이해관계자 관리가 잘못될 경우 기업이 명성에 부정적인 영향을 미치게 되어 경영성과를 악화시킬 수 있기 때문이다. 반면에 이해관계자 관리에 과도한 비용이 발생하는 경우도 유의해야 한다. 이 또한 경영성과에 영향을 미치게 되기 때문이다.

주주나 노조와 같은 내부 이해관계자, 공급자와 구매자 같은 외부 이해관계자는 경영성과에 직접적 영향을 미치기 때문에 우선적으로 잘 관리하도록 해야 한다. 이들 간에 작용하는 힘을 교섭력 또는 협상력(bargaining power)라고 하는데 상대적으로 열세에 놓이지 않도록 유의해야 한다. 교섭력이 약화되면 불리한 조건의 거래를 감수해야 하기 때문이다. 이들 간의 관계에 있어서도 우호적인 신뢰관계 형성을 위해 노력해야 하며, 동시에 공정성을 유지하도록 해야 한다. 우호적 관계를 형성하는 것은 좋지만 유착관계가 되는 것은 바람직하지 않을 수 있다. 특히 규제 기관과의 관계는 공정성을 위한 적절한 거리(arm's length relationship)를 유지해야 한다.

기업은 자신이 사회로부터 혜택을 받고 또 사회에 영향을 미치는 만큼 사회적 책임(social responsibility)을 수행해야 한다. 사회적 책임은 1950년대 기업의 권력이 커지면서 비윤리적이고 반사회적인 행태가 나타나면서 기업 비판에 대응하기 위해 나온 것이다. 피터 드러커는 '권력이 있는 곳에는 책임이 있다'라고 하면서, '권력의 철칙'(iron law of power)이라는 표현을 썼다.

기업이 본연의 업무인 수익창출과 생존, 제품과 서비스 생산, 주주 배당, 납세, 고용유지 외에 사회적 책임을 져야 한다는 데 대한 반대의견도 만만치 않았다. 가장 대표적인 것이 시카고 대학의 밀튼 프리드만으로 피터 드러커와 논쟁을 벌이기도 했다. 그는 기업의 가장 중요한 책임은 이윤책임이며, 그 이상을 기업에게 요구하는 것은 자원의 낭비라고 했다. 사회적 가치 창출이나 공공 문제 해결은 전문성을 가진 NGO나 정부가 할 일이라는 것이다.

그러나 사회적 영향력이 큰 거대기업이 사회에 대해 좀더 책임 있는 행동을 해야 한다는 요구가 거세지면서 기업은 사회정책(social policy) 내지 사회전략(social strategy)을 수립하게 되었다. 80년대에 들어서서는 이해관계자관리 전략(stakeholder management strategy) 등의 이론이 나오면서 좀더 체계적이고 전략적인 이해관계자 관리로 발전되었다.

기업이 사회로부터 우호적인 이미지를 형성하는 것이 경영성과에 긍정적인 영향을 미친다는 인식이 커지면서 다양한 형태의 기업의 사회공헌(corporate social contribution)이 이루어졌다. 기업이 제한된 자원으로 사회공헌을 하기 위해서는 기업의 사업특성에 맞는 분야에 선택과 집중을 해야 한다는 전략적 사회공헌(strategic social contribution)이 기업들에 의해 추진되어 왔다. 이러한 노력들은 기업을 사회를 구성하는 하나의 중요한 주체로 인식하며, 성원으로서의 책임을 다해 나가는 기업의 사회적 책임(CSR: corporate social esponsibility)활동으로 정의될 수 있을 것이다. 이는 곧, 경영활동과 지속가능성 가치를 통합하여 기업의 경제적 성장은 물론 내·외부에 긍정적인 영향을 미치는 활동을 포괄적으로 의미한다.

그러나 일방적인 기업의 사회공헌에는 한계가 있기 때문에 기업과 이해관계자 간에 윈윈할 수 있는 방안으로서 공유가치 창출(CSV: creating shared value)이 마이클 포터에 의해 제안되었다.

CSV는 기업이 수익 창출 이후에 사회 공헌 활동을 하는 것이 아니라 기업 활동 자체가 사회적 가치를 창출하면서 동시에 경제적 수익을 추구할 수 있는 방향으로 이루어지는 행위를 말한다. 기업의 경쟁력과 주변 공동체의 번영이 상호 의존적이라는 인식에 기반을 두고 있다. CSV는 CSR과 비슷하지만 가치 창출이라는 점에서 차이가 있다. CSR은 선행을 통해 사회에 기업의 이윤을 환원하기 때문에 기업의 수익 추구와는 무관하다. 그러나 CSV는 기업의 비즈니스 기회와 지역사회의 니즈가 만나는 곳에 사업적 가치를 창출해 경제적·사회적 이익을 모두 추구하는 것이다.

이와 함께 최근에는 기업의 궁극적 목표로 '지속가능경영'이라는 개념이 강조되고 있다. 지속가능한 사회라는 개념에서 출발하여 현재는 경영의 원칙에도 적용되며 다양한 분야에서 경영 일선에 영향을 미치고 있다. 이는 기업이 경제적 성장과 더불어 사회에 공헌하고, 환경문제에 기여하는 가치를 창출하여, 다양한 이해관계자의 기대에 부응함으로써, 기업가치와 기업경쟁력을 높여 지속적인 성장을 꾀하는 경영활동을 의미하고 있다. 특히, 2000년대에 들어 경제성장이 어느 정도 이루어지고 그 역작용으로 환경과 사회적 책임에 대한 문제가 증폭하자, 이를 해결하는 주체로서 기업의 역할과 사회적 책임에 대한 요구가 급격히 증가하면서 지속가능경영의 패러다임이 대두되었다.

수익증대를 위해 품질이나 가격경쟁, 마케팅 등을 강조하였던 전통적인 경영의 경제적 가치 창출 노력 이외에, 경영투명성과 윤리경영을 강조하고, 일면 기업활동의 범위를 벗어난다고 여겨졌던 사회발전과 환경보호에 대한 공익적 기여를 중시하는 것이다. 이는 기업이 경제적 · 사회적 · 환경적 책임을 통해 다양한 이해관계자와 공존하는 길을 찾아야 기업의 생존과 성장도 가능하다는 문제의식에서 비롯되었다. 이를 실천하는 많은 기업들은 지속가능경영 보고서를 작성하며 실제적인 투자유치와 이해당사자 커뮤니케이션 등에 활용하고 있다.

현대 사회의 기업은 다양한 이해관계자와의 관계 속에서 상호작용을 통해 생존하고 있다. 이해관계자와는 쌍방적인 역학관계가 작용하고 있기 때문에 공정성 원칙을 적용하기는 쉽지 않다. 그럼에도 불구하고 기업의 지속가능성을 위해서는 이해관계자의 우호적인 지지를 유지하는 것이 필요하다. 도덕적이거나 윤리적인 이슈로 관계가 악화되면 기업의 사회적 이미지와 평판에 부정적인 영향을 미치기 때문에 적극적인 관리가 필요하다. 반면 과도하게 관리비용이 높아지는 것도 부담이 되기 때문에 전략적인 접근이 필요하다.

이렇듯 지속적으로 진화되고 있는 기업의 존재이유와 사회와의 관계에 대한 정의들은 최근에는 ESG라는 틀로 종합화 되어 가고 있다. 환경(environmental), 사회(social), 지배구조(governance)인 ESG는 초기에는 기업 투자에 있어, 비재무적 성과에 대한 고려로 시작되었다. 즉, 전통적인 과점에서 기업의 성과라고 할 수 있는 재무적 성과(economic value)로만 우수한 기업을 평가하고 투자의 대상으로 선정하는 것이 아니라, 그동안 간과되었던 비재무적 성과, 곧 사회적 가치(social value)와 환경적 가치(environmental Value)까지 고려하여만 지속가능한 성과를 내는 기업으로 인정할 수 있다는 것을 의미한다. 재무적 성과만을 추구했던 Single

Bottome Line의 경영에서 세 가지 모두를 고려하는 Triple Bottom Line의 경영으로의 전환을 요구하고 있는 것이다. 무엇보다 기업의 비재무적 활동들이 실질적인 재무적 성과와 직결되는 부분들이 많아지고, 특히 기관 투자가들이 투자 행위를 할 때, 기업의 ESG활동에 대한 평가가 중요한 잣대로 활용하고 있으므로 해서, 그 중요성이 더욱 커지고 있다.

5. 맺음말

창세기에 나타난 하나님은 공의의 하나님이시며 죄를 미워하시고 심판하시는 분이다. 경영자나 리더는 자신이 속한 조직에서 하나님의 성품인 공의를 실천하기에 힘써야 하며, 이를 반영한 기업문화를 형성하고 이를 실천지침으로 만들어야할 책임이 있다. 이를 위해서는 공정성의 기준이 무엇인가에 대한 원칙이 정립되어야 한다. CEO가 일방적으로 만드는 것이 아닌 구성원들이 참여하여 공감대를 만들어 가는 것이 중요하다. 그리고 이를 기업의 핵심가치에 반영하고 구체적인 행동지침으로 만들어 학습하도록 해야 한다. 그리고 주기적인 평가를 통하여 올바르게 실행되고 있는지 점검해야 한다.

현실에서 공정성의 실현이 쉽지 않는 것은 이해관계 갈등이 발생하기 때문이다. 의사결정시 갈등이 발생할 때, 무엇을 중시해야 할지, 판단기준과 우선순위에 대한 가이드라인과 함께 도덕적 추론(moral reasoning)에 대한 훈련을 제공해야 한다. 원칙은 분명히 하되, 과도하게 경직된 운영으로 부작용이 발생하지 않도록 하는 노력도 필요하다. 무엇보다도 CEO 스스로 공정성 실현의 역할 모델(role model)이 되어야 한다. 인사관리에서 불공성, 편파성, 연고주의 등을 막기 위한 CEO 자신의 자기점검 장치를 마련해야 한다. 조직을 둘러싼 수많은 이해관계자 관리에 있어서도 공정성의 원리를 실천할 수 있는 지침을 마련해야 한다. 반대로 거래 상대방이 불공정을 자행할 때 적절하게 대응할 수 있는 방안도 마련되어야 한다.

✅ 실천지침

1. 우리회사는 명확한 윤리 규정과 행동 규범을 가지고 있으며, 이의 실천이 실질적으로 이루어지고 있는지에 대해 체크한다.

2. 우리 회사의 인사 평가 시스템은 객관적으로 구성되어 있고, 실제 시행에 있어서도 여러 연고들에 좌지우지되지 않고 공정하게 실천되고 있는지를 지속적으로 점검한다.

3. 국내 시장에서뿐 아니라, 우리나라보다 체계적인 시스템이 부족한 나라에 진출했을 경우에도 명확한 원칙을 가지고 경영을 하며, 현지의 '관행'들을 단기 성과를 위해 따르고 있지 않나 지속적으로 체크해 본다.

4. CEO 스스로 공정성을 실현하기 위한 역할 모델을 감당하고 있는지 점검해 본다.

5. 우리 회사의 다양한 이해당사자들을 잘 파악하고 있으며 이들이 요구하는 바를 잘 반영하며 회사 경영을 하고 있는지 체크한다.

✅ 토의주제

1. 나는 공정성에 대한 명확한 가치관이 있는지, 그리고 그러한 가치관이 내 행동의 준거기준이 되고 있는지를 생각해보자.

2. 내가 옳다고 판단하는 일, 정죄되어야 한다고 판단하는 일이 나의 기준인지, 아니면 보다 보편적 원칙에 기반한 것인지에 대해 토의해보자.

3. 본인 또는 주위에서 '관행'이라는 명목으로 행해지고 있는 일들 중, 분명히 잘못되었고 개선되어야 할 일들은 무엇이 있는지를 토론해보자.

4. 나를 움직이게 하는 동인은 무엇이며, 이러한 동인이 회사 시스템상의 동기부여로 잘 연결되어 있는지를 토론해보자.

5. 경쟁사가 '관행'이라는 명목으로 부정한 행위를 해서 우위를 확보했을 때, 우리 회사는 어떠한 대응을 할 것인가에 대해 토의해보자.

9

✦

화해의 원리

1. 창세기에 나타난 갈등과 화해

화해(reconciliation)는 창세기의 핵심 주제이며 성경 전체의 주제이기도 하다. 성경을 통하여 하나님은 죄로 타락한 인간에게 화해의 메시지를 전하고 있으며, 결국은 그분이 직접 인간의 형상으로 오셔서 대속함으로써 화해의 제물이 되셨다. 이를 온전히 믿는 것이 하나님과 인간이 화해하는 출발점이다. 성경은 하나님께서 인간에게 전하는 진정한 평화(shalom)의 메시지이기도 하다. 수많은 갈등과 미움으로 가득 찬 세상에서 인간은 평화를 갈구하지만, 진정한 평화는 먼저 그분과 화해를 하는 데서 출발한다. 우리는 '창조주와 진정한 화해 없이 피조세계의 진정한 평화는 없다'는 근본적인 진리를 받아들여야 한다.

창세기에는 다양한 모습의 갈등 스토리들이 나온다. 화해를 통하여 아름다운 결말을 맺었던 경우도 있지만 이를 극복하지 못하고 비극적인 결말을 맺었던 사건들도 있다. 첫 번째 갈등은 아담이 범죄한 후 하나님께서 주신 이브로 말미암아 범죄했다고 하면서 책임을 전가하는 모습이 나온다(3:12). 그 결과 여자는 출산의 수고와 남편에 대한 의존이라는 벌이 주어지고, 아담에게는 생존을 위한 평생의 수고라는 짐을 지게 된다.

에덴 동산에서 쫓겨난 후 가인과 아벨이라는 두 아들을 낳았는데, 형제간의 갈등으로 살인사건이 발생한다. 하나님이 자신의 제사를 받지 않는 것에 분노하여 아벨을 돌로 쳐죽이는 비극적 사건이다(4장). 분노를 다스리지 못한 것이 인류 최초의 살인사건을 일으킨다. 히브리서에는 이 사건에 대해 "믿음으로 아벨은 가인보다 더 나는 제사를 하나님께 드림으로 의로운 자라 하시는 증거를 얻었으니 하나님이 그 예물에 대하여 증언하심이라 그가 죽었으나 믿음으로써 지금도 말하느니라"(11:4)고 하셨다.

아브라함은 소유가 많아지면서 목초지 때문에 목자들간 다툼이 일어나자 조카 롯에게 우선적 선택권을 양보하여 갈등을 해결한다(13:9). 롯은 눈으로 보기에 좋은 지역을 선택했으나 소돔과 고모라의 멸망으로 모든 것을 잃게 된다. 아브라함은 사라의 권유를 받아들여 첩으로 들인 하갈에게서 이스마엘을 얻었으나, 집안에 분란이 일어나자 하갈과 이스마엘을 집에서 쫓아냄으로써 갈등을 해결한다. 그 결과 이스마엘은 이슬람 민족의 조상이 되어 지금도 이스라엘 민족와 철천지 원수가 되어 민족간 투쟁이 그치지 않고 있다.

이삭은 거부가 되자 블레셋 사람의 시기를 받게 되어 계속 새로운 우물을 파면서 옮겨 다니게 된다(26장). 그러나 그들의 핍박에도 불구하고 이삭이 계속 번성하자 아비멜렉이 찾아와 화친을 청하게 된다. 그들은 하나님이 이삭과 함께함을 알게 되자 더 이삭 괴롭히지 않고 평화조약을 맺었다. 이와 같이 하나님은 갈등의 종결자가 되시기도 한다.

창세기에 나타난 갈등과 화해의 가장 극적인 스토리는 에서와 야곱, 그리고 요셉과 그 형들 간의 사건이다. 야곱은 술수를 써서 장자권을 얻었지만 에서의 분노를 피해 집을 떠나게 되었고, 우여곡절 끝에 거부가 되어 고향으로 돌아오지만 형의 복수를 두려워하면서 여러 가지 대응 방법을 구사했다. 야곱은 마지막에 불구자가 된 상황에서 에서의 용서를 구하는 수밖에 없었다. 야곱을 미

위하고 증오하던 에서에게 하나님은 용서의 마음을 주셨고, 그래서 만나자마자 끌어안고 입맞추며 울었다(33:4). 형제간의 불화가 비극으로 끝나지 않고 극적인 해피 엔딩으로 끝나게 된 것이다.

창세기의 마지막은 요셉 사건으로 끝난다. 화해의 클라이막스는 자신을 노예로 팔아 넘긴 형들을 용서하는 요셉의 화해 장면이다(45장). 화해는 인간의 의지로 이루어지는 것처럼 보이지만, 화해케 하시는 것은 하나님이시다. 요셉에게도 하나님은 용서의 마음을 주셨지만, 화해의 과정은 몇 단계를 거치면서 형들의 진정한 회개가 있은 뒤에 이루어졌다. 이를 통해서 조직에서 경영자가 직면하게 되는 올바른 용서와 화해의 방법을 배울 수 있다.

요셉이 형제들을 용서할 수 있는 근거는 하나님께서 이 모든 과정을 허락하셨다는 사실에 대한 인식이다. "당신들이 나를 이곳에 팔았다고 해서 근심하지 마소서 한탄하지 마소서 하나님이 생명을 구원하시려고 나를 당신들보다 먼저 보내셨나이다"(창 45:5). 가해자와 피해자라는 관점에서만 본다면 용서가 어렵고 화해는 더욱 불가능하다. 그러나 우리의 생각을 뛰어넘는 하나님의 관점에서 우리의 인생을 해석하는 능력이 있다면 용서와 화해가 좀더 쉬워질 수 있다.

용서는 피해자가 일방적으로 할 수 있지만 화해가 이루어 지려면 죄를 범한 자 또는 쌍방에서 회개와 돌이킴이 있어야 한다. 하나님은 우리를 용서하시기로 하셨지만, 하나님과의 화해가 이루어지려면 우리가 회개하고 하나님께 돌아서야 한다. 마찬가지로 화해가 이루어지려면 자신의 잘못을 돌이키게 하고, 돌이킬 수 있는 기회를 주어야 하며, 자신의 과오를 직면할 수 있도록 하는 것이 필요하다.

요셉은 형들이 자신들의 죄를 직면할 수 있도록 그들에게 처음에는 정탐꾼이라고 강박함으로 스스로 자신들의 죄에 대해 드러내게 한다(창 42:9~13). 요셉의 형들은 자신들이 한 아버지의 아들들이라고 하면서 그 형제 중의 하나가 없어졌다고 했다고 말하는 순간 자신들이 팔아버린 요셉을 떠올리지 않을 수 없었다. 요셉이 그들에게 막내 베냐민을 데려오라고 하자 그제서야 자신들이 요셉을 팔아버린 일과 현재의 상황을 연관지어 생각하게 되었다. "그들이 서로 말하되 우리가 아우의 일로 말미암아 범죄하였도다. 그가 우리에게 애걸할 때에 그 마음의 괴로움을 보고도 듣지 아니하였으므로 이 괴로움이 우리에게 임하도다"(42:21).

형들이 진정으로 회개했다는 것을 알게 된 것은 베냐민이 범인으로 지목되어 잡히자, 유다가 자신이 대신 종이 되기를 자청한 때이다. "이제 주의 종으로 그 아이를 대신하여 머물러 있어 내 주의 종이 되게 하시고 그 아이는 그의 형제들과 함께 올려 보내소서 그 아이가 나와 함께 가지 아니하면 내가 어찌 아버지에게로 올라갈 수 있으리이까 두렵건대 재해가 내 아버지에게 미침을 보리이다"(44:33, 34). 자신을 희생해서 아버지와 동생을 구하겠다는 유다의 호소가 형제간의 불화로 인한 길고 긴 가족사의 비극을 종식시킬 수 있었다. 이미 요셉의 마음에는 형제들을 용서하고자 하는 마음이 있었지만, 그들이 진정으로 회개하고 돌아올 기회를 주고자 했던 것이다.

하나님께서는 이 과정에서 야곱의 믿음에도 변화를 가져오게 하신다. 야곱이 평생 자기 중심으로 살아왔지만 베냐민을 보내야 하는 상황에 이르자, 결국 모든 것을 하나님께 맡기는 믿음을 갖게 된다. "전능하신 하나님께서 그 사람 앞에서 너희에게 은혜를 베푸사 그 사람으로 너희 다른 형제와 베냐민을 돌려보내게 하시기를 원하노라 내가 자식을 잃게 되면 잃으리로다"(43:14).

창세기의 마지막은 야곱이 사망한 뒤 두려움에 빠진 형들이 자신들의 잘못을 용서해 달라는 말에 요셉은 "두려워 마소서 내가 하나님을 대신하리이까? 당신들은 나를 해하려 하였으나 하나님은 그것을 선으로 바꾸사 오늘과 같이 많은 백성의 생명을 구원하게 하시려 하셨나니(창 50:19~20)"라고 말한다. 이 말은 요셉이 처음 형제들을 용서할 때 했던 것과 같은 말이다(창 45:5). 요셉이 진정으로 형제들을 용서할 수 있었던 힘은 하나님 안에서 자신의 인생을 해석하는 힘에서 나왔다. 자신의 험난한 인생 여정이 하나님의 구원 사역에 쓰임을 받게 되었다는 사실을 깨닫게 되면서 오히려 두려움에 가득 찬 형제들을 위로할 수 있었다.

하나님은 야곱과 에서의 사례, 요셉과 형제들의 사례를 통하여 용서와 화해의 아름다움을 보여주고 계신다. 죄인들을 용서하시고 화해하시는 하나님의 모습을 통하여 인류를 구원하시고자 하는 하나님을 알게 하신다. 용서(forgiveness)는 일방적으로 할 수 있지만 화해(reconciliation)는 상대방의 반응이 있어야 한다. 용서의 마음이 먼저 있어야 하는데 하나님께서 그 마음을 주신다. 에서에게 먼저 그 마음을 주셨고, 요셉에게 그 마음을 주셨다. 요셉은 일방적으로 용서를 선포하지 않았고 형들에게 회개할 기회를 주었는데, 형들의 진정한 회개가 있었기 때문에 진정한 화해가 가능했다.

2. 용서와 화해, 치유와 회복

화해는 마음의 상처를 치유해주고 건강한 인간관계를 가능하게 한다. 믿음이 있어도 성장과정에서의 상처가 깊은 사람은 하나님과의 관계 회복에서 어려움을 겪는다. 특히 가정이나 학교, 직장에서 권위자에게 받은 상처는 하나님에 대한 친밀감을 갖기 어렵게 한다. 기업의 경영자들도 자기 직업분야나 전문분야에서는 탁월성을 가지고 있으나 대인관계나 리더십에서 어려움을 겪는 사람들이 많다. 상처 회복을 위해서는 용서의 과정을 거쳐야 하는데, 리더들은 자신의 상처나 약점을 드러내기 싫어하기 때문에 치유가 쉽지 않다. 그러나 용서하지 않으면 관계가 회복되지 않으며, 상처가 치유되지 않는다.

"용서하지 않는 삶은 주차 브레이크를 풀지 않은 채 운전하는 것과 같다. 그것은 속도를 줄이고 기동력을 잃게 만든다. 삶 속에 깊이 자리 잡은 원한은 치명적인 암처럼 마음의 평화를 좀먹고 생명력을 파괴한다"라고 치유사역의 전문가인 데이빗 시맨스는 말한다. 그는 손상된 감정을 치료받기 위한 몇 가지 원리를 소개한다. 먼저 문제를 똑바로 직시하는 것이다. "정직한 마음으로 하나님의 은혜를 힘입어 기억하기조차 싫은 어린 시절의 경험과 대면하라. 문제에 관련되어 있는 모든 사람들을 용서하라. 그리고 자기자신을 용서하라고 한다. 자기가 자기 자신을 스스로 용서하지 않았는데 어떻게 하나님이 자기를 용서했다는 것을 믿을 수 있는가?" 라고 말한다.[114]

스스로를 용서하지 못하는 사람의 내면에는 완전주의자 콤플렉스(perfectionist complex)가 있다고 말한다. 완벽하게 해야 한다는 무거운 압박감에 시달린다. 다른 사람이 어떻게 생각하는지에 대해 민감하다. 자기가 기대하는 것에 미치지 못했을 때, 분노의 감정, 적개심을 갖는다. 더욱이 분노를 인정하지 않고 부인하려고 한다. 이를 치유할 수 있는 것은 하나님의 은혜(charis)이다. "하나님이 우리를 사랑으로 받아 주시는 것은 우리가 얼마나 가치가 있고 없는가와는 전혀 상관이 없다. 은혜는 죄 많고 가치 없는 인간들을 향하여 나타내시는 하나님의 성품 자체이며 그의 행하시는 행위자체이다."115)

용서하기 위해서는 내면의 상처가 회복되어야 한다. 내면의 상처가 있으면 남을 쉽게 용서하기 어렵기 때문이다. 상처를 받으면 분노와 상한 감정이 생긴다. 상처를 준 사람들에 대해 상한 감정을 계속 품고 있는 한 치유할 수 없다. 그래서 용서는 치유의 필수적인 선행조건이다. 용서가 중요한 이유는 우리가 용서하지 않는 한 우리에게 상처를 준 상황 혹은 사람의 권세하에 놓이게 된다.116) 우리는 어떻게 느끼거나 혹은 반응할 것인가를 자유롭게 선택할 수 없기 때문이다. 하나님은 원수 갚는 것이 하나님께 있다고 말씀하셨다. 내가 직접 복수하지 말고 하나님께 맡기는 것이 그분을 신뢰하는 것이다. "너는 악을 갚겠다 하지 말고 여호와를 기다리라 그가 구원하시리라"(잠 20:22). 시편 기자는 여러 곳에서 복수와 미움의 감정을 하나님께 쏟아 내지만 결국은 하나님께 맡겨 드리는 기도를 한다.

"용서가 죄를 사면해 주는 것은 아니다. 오직 하나님만이 죄를 사면해 주실 수 있다. 내가 잘못한 누군가를 용서할 때 나는 그들이 잘못한 것이 옳았다는 말을 하는 것이 아니다. 그들을 향한 나의 감정적인 반응을 다루고 있는 것이다. 내가 그들에 대해 품고 있었던 적의와 굳어진 감정들로부터 그들을 풀어주고 있는 것이다. 그것은 의지의 문제다. 내가 그들에 대해 적대감을 품고 있으므로 나의 의지가 개입되어 있다. 그러므로 나의 자유로운 선택에 의해서 내가 그들에 대해 품고 있던 마음으로부터 그들을 풀어줄 수 있다. 그것이 바로 용서가 명령인 이유다." [117]

3. 사업 과정에서의 갈등과 화해

복잡한 이해관계가 얽힌 기업세계에는 끊임없는 갈등과 대립이 있고 이로 인해 미움, 분노, 분쟁이 발생한다. 크리스천 리더는 미움이 있는 곳에 용서를, 분쟁이 있는 곳에 화해를 가져올 수 있어야 한다. 우리가 화평케 하는자(Peace maker)가 되려면 먼저 내 마음에 평화(Shalom)가 있어야 한다. 그러나 인간이 스스로의 노력에 의해 만들어 내는 평화에는 한계가 있다. 상황이나 조건이 바뀌면 내가 만들어 낸 평화는 쉽게 깨어지기 때문이다. 하늘로 오는 평화, 하나님께서 주시는 평화가 임해야 한다.

많은 기업인들이 창업을 하고 사업을 영위해 오는 과정에서 갈등과 배신의 경험을 가지고 있다. 창업팀이나 동업자와의 갈등 문제가 발생하거나, 투자자와의 이해충돌도 발생하고, 그 밖에도 공급자나 고객과의 관계에서 어려움을 겪기도 한다. 특히 상대방의 기회주의적 행동이나 배신 등으로 인해 사업에 치명적인 위기를 초래하기도 한다. 이로 인해 분노의 감정을 다스리지 못하고 정신적이거나 육체적인 타격을 입기도 한다. 이를 잘 관리하고 조정하는 것이 기업가로서의 해야 할 역할이다.

기독교 가정사역으로도 잘 알려진 칠성섬유의 주수일 회장은 자신이 30여년 이상 사업을 잘 키워올 수 있었던 비결이 깊은 신뢰관계를 가진 100여 곳의 거래선을 유지한 데 있다고 한다. 거래를 하다 보면 예기치 않은 손실이 발생할 수 있는데, 누가 책임이 있고 얼마나 손해를 봐야 하는 문제로 갈등이 발행할 수 있다. 공정한 방법으로 "반반씩 손해를 감당하자, 즉 50 : 50으로 부담하자"고 하면 되지만 주회장은 항상 자신이 좀더 손해보는 방향, 즉 60 : 40으로 손해를 부담하는 방식으로 갈등을 해결했다고 한다. 내가 좀더 손해를 보아야 상대방은 공정하다고 느낀다고 하며, 내가 절대 손해를 보지 않겠다고 하면 갈등이 해결되지 않고 신뢰가 깨어질 수도 있다고 한다. 그는 이를 '60 : 40'의 법칙이라고 하며 기업 사회에서 좋은 거래 관계 유지의 비결이라고 말한다.

S사의 영업팀장이 갑자기 회사를 떠나려 했다. 알고 보니, 회사가 개발 계획 중인 차세대 주력제품에 대한 새로운 판로와 투자금을 확보해서 독립하겠다는 것이었다. 영업팀장은 C사장의 학교 후배로서 그동안 창업 과정에서부터 고락을 함께 해왔는데, 이렇게 나오자 당황하지 않을 수 없었다. 영업팀장은 다른 투자자들과 함께 사업화할 계획을 가지고, 기술팀장과 다른 기술자들에게도 유혹의 손실을 뻗쳐 회사의 기둥을 뿌리채 흔들어 놓게 되었다. C사장은 동료의 배신감으로 사업 의욕이 떨어지는 상황에 처하게 되었고, 결국 회사 경영이 어려움에 처하게 되었다.[118]

창업 사례를 보면 이와 같은 핵심 인력의 배신, 기술 빼돌리기 등의 사건이 종종 발생한다. 애써 개발한 기술을 대기업에 탈취

당하고 억울함과 분노 속에서 자살까지 생각했던 CEO들도 있다. 사업실패를 경험한 사람들의 재도전을 지원하는 프로그램에 참여해서 그들의 이야기를 들어 보면 실패시 가장 많이 나타나는 심리적 상태가 분노와 원망이고 이로 인해 불안과 불면 등으로 인해 정신적으로 육체적으로 무너지는 현상이 많다. 이들의 재기를 돕기 위해 필요한 것은 무엇보다도 심리적, 정신적 건강을 되찾도록 하는 것이다. 이를 위해서는 먼저 자신을 어렵게 했던 사람들에 대한 분노와 원망을 거두는 것인데, 첫 번째 단계가 용서하는 것이다. 이 과정에서 자신의 사업이 어렵게 된 것을 남 탓이라고 생각했는데, 자신의 문제를 직시하면서 어느 정도 평정심을 되찾게 된다고 한다. 이렇게 되어야 재도전을 할 수 있는 마음의 상태가 된다.

기업 내에서 화해를 통한 진정한 화합은 기업의 성과와 직결되는 중요한 원리이다. 기업의 최고경영자이며 봉사하는 신앙인으로서의 바람직한 경영자상을 보여주고 있는 대의그룹의 채의숭 회장의 경험은 화합이 성과와 연결되는 경험을 잘 설명해 주고 있다. "화합의 분위기는 곧 생산성 향상과 고품질로 연결된다. 우리 회사는 아주 섬세한 자동차 부품을 생산하기 때문에 여간 정성이 필요한 게 아니다. 사원들의 마음이 편치 않으면 그것은 그대로 제품의 품질과 연결될 수 있다. 더구나 우리는 제품의 90% 이상을 수출하기 때문에 신용을 잃으면 더욱 치명적이다." [119]

4. 조직에서 갈등해결의 방법

조직에서 갈등이 발생하는 이유는 서로의 입장이 차이가 있기 때문이다. 자신이 맡은 바 업무를 최선을 다해 잘하려고 하더라도 상대방의 입장을 이해하지 못하거나 서로의 목적이 다를 수 있다. 영업부서에서는 고객의 요구를 최대한 수용하여 영업성과를 높이고자 하나, 고객의 요구대로 끌려 다니다 보면 수지타산을 맞추기 어려워질 수도 있고, 생산부서에 어려움을 줄 수도 있다. 뜻하지 않은 손실이나 어려움이 발생했을 때, 책임 소재를 놓고 갈등이 발생할 수도 있다.

또 다른 이유는 리더십 스타일이나 성격 차이에서 갈등이 발생한다. MBTI나 DISC 모형에 의하면 사람들의 성격이나 문제 해결 방식에 차이가 있기 때문에 갈등이 발생할 수 있다고 한다. MBTI는 C.G. Jung의 이론에 입각하여 Myers와 Briggs라는 심리학자가 사람의 성격 유형을 측정하는 방법을 개발한 것이다. 예를 들어 과업 중심의 사고를 하는 Thinking Type과 사람의 감정을 중시하는 Feeling Type, 직관적 사고를 하는 Intuition Type과 디테일을 중시하는 Sensatiion Type은 문제 해결 방식에 차이가 있고, 이로 인해 갈등이 발생할 수 있다.

DISC는 미국 콜롬비아 대학의 심리학 교수였던 윌리암 머스턴의 이론에 기반한 성격 유형을 측정하는 방법이다. 인간의 행동을 각각 주도형(Dominance), 사교형(Influence), 안정형(Steadiness), 신중형(Conscientiousness), 즉 DISC 행동유형으로 규정했다. 이러한 유형의 차이에 따라 문제를 인식하고 해결하는 방식에 차이가 있기 때문에, 이러한 차이를 모르면 성격이 잘 안 맞아서 같이 일하기 힘들다는 불만과 갈등이 발생할 수 있다. 이러한 연구의 핵심적인 부분은, 서로 틀림이 아닌 다름을 인정하는 것에서 갈등 해소의 첫 발자국이 떼어진다는 것이다. 하나님의 형상을 받아 지음받았으나, 각 개인의 고유불멸한 자신만의 가치를 부여받았고, 또 그 성장에서의 환경적 요인들은 서로 다름의 인간이 조화롭게 살아가는 것의 의미와 중요함을 가르쳐 주고 있다. 갈등을 겪고 있는 상대방을 바라보는 시각이 '나'의 시각이 아닌 '하나님'의 시각으로, 서로 다름을 인정한다면, 갈등 해소의 첫걸음이 시작되었다고 할 수 있을 것이다.

오늘날 조직에서는 세대차이에 의한 갈등도 발생하고 있다. MZ(Millenial-Z) 세대가 등장함에 따라 기성 세대들이 당혹해하고 있으며, 리더십을 발휘하기가 어렵다고 말한다. 또한 정치이념이나 가치관의 차이로 인한 대립과 갈등도 커지고 있다. 과거에 비해 다양성과 이질성의 폭이 커지고 있기 때문에, 이를 경험해 보지 못한 세대로서는 힘든 상황에 처하게 된 것이다. 그럼에도 불구하고 리더는 이러한 다양성과 이질성을 포용해야 하고 관리해야 할 책임이 있다. 그렇지 못하면 조직의 힘을 발휘하기 힘들고 경영 성과가 나빠지고 구성원의 만족도도 저하되기 때문이다. 가장 기본적인 출발점은 다름을 인정하고 포용하는 자세를 갖는 것이다. 갈등을 긍정적인 에너지로 전환할 수 있는 방법을 찾아야 한다.

5. 리더의 포용력과 화해

리더에게 가장 중요한 덕목이 포용력이라고 한다. 포용력을 갖기 위해서는 관용과 용서하는 마음이 필요한데 상당한 훈련을 하지 않으면 갖추기가 어렵다. 경영자에게 필요한 3F가 있는데, 선견력(foresight), 공정성(fairness), 용서(forgiveness)이다. 이 중에서도 왜 용서가 필요한가 하면 기업 경영을 하다 보면 미운 사람들이 많아져서 용서하지 않으면 정신적으로 너무 힘들기 때문이다. 자기에게 손해를 입히고, 비판하는 사람들을 용서하지 않으면 미움이 커지고, 미움이 커지면 소통이 되지 않고 관계의 단절이 오기 때문이다.

리더십에 관한 전문가로서 잘 알려진 워렌 베니스는 미국에서 탁월한 리더십을 발휘한 각계 각층의 최고경영자를 연구했는데, 그는 이들의 가장 두드러진 특성이 소통을 잘하는 것이라는 점을 발견했다. 그는 리더들이 소통을 잘못하는 원인이 자신에 대해 반대하는 사람들에게 대해 작용하는 방어기제(defence mechanism) 때문이라고 보았다.

어떤 사람이 리더가 되면 많은 사람들이 그를 주목하고, 그를 비판하는 사람들도 나타난다. 자신을 반대하는 사람들에 대해 방어기제가 작동하다 보면 소통의 어려움을 겪게 된다는 것이다. 반대로 자신을 지지해 주는 사람들하고만 소통을 집중하다 보면 현실 판단이 어려워지고, 결국 리더십의 실패를 가져오게 된다는 것이다.[120]

따라서 자기를 비판하는 사람들에 대한 미움으로 인한 소통의 단절과 경영성과 하락의 악순환을 끊으려면 먼저 용서하는 마음을 가져야 한다. 그런데 자신의 약점을 공격하는 사람들을 쉽게 용서하지 못하는 이유가 성장과정에서 형성된 상처 때문인 경우가 많다. 워렌 베니스에 의하면 미국에서 뛰어난 리더십을 발휘한 사람들은 이러한 상처가 치유되어서 상대방의 공격을 여유 있게 받아들일 수 있는 사람들이라고 한다.

치유되지 않는 상처가 가지는 문제점에 대해 게리 맥킨토시와 샤무엘 리마는 다음과 같이 통찰한다. 성공한 사람들 가운데는 성장과정에서의 상처가 남다른 의지와 열정을 가지게 되는 원동력이 되기도 한다. 그러나 치유되지 않은 상처는 '암살자 자아'가 되어 어둠 속에 숨어 있다가 한 순간에 리더를 쓰러뜨리는 현상이 발생한다. 그는 상처를 극복하고 성공적인 리더십을 발휘한 사례로 위대한 복음 전도자인 빌리 그래함을 들고 있으며, 반대로 이로 인해 위기를 겪은 사례로 미국의 전직 대통령 '빌 클린턴'을 들고 있다.[121]

성경적으로 보면 용서하지 않으면 미움이 증폭되면서 악한 영에 휘둘리게 될 수 있다. 미움은 악한 영이 우리 마음에 들어올 수 있는 '악마의 문'(devil's gate)과 같다고 한다. 그래서 하나님은 우리에게 용서하라고 명하신다. 예수님은 원수까지도 용서하라고 하신다. 그것은 원수를 위한 것이 아니고 바로 우리를 위해서 하신 말씀이다. 바울은 에베소서에서 "분을 내어도 죄를 짓지 말고 해가 지도록 분을 품지 말고 마귀에게 틈을 주지 말라"라고 말씀하신다(4:26, 27).

경영자들이 조직에서 범죄를 저지르거나 자신에게 손해를 끼친 사람을 어떻게 다루어야 하는 가는 큰 과제이다. 크리스천이니까 "무조건 사랑으로 용서해야 한다"라고 한다면 조직의 규율이 무너져서 정상적인 관리가 어려울 것이다. 반대로 "규정대로 처리해야 한다"라고 한다면 용서나 화해의 기회는 사라지게 될 것이다. 용서하면 바로 화해를 하거나 신뢰를 해야 한다고 생각하지 말아야 한다. 예를 들어 공금을 횡령했던 직원을 용서했다고 그에게 다시 재정을 맡긴다면 지혜롭지 못한 결정이다. 용서했던 사람을 다시 대할 경우는 지혜와 분별력이 필요하다.

하형록 회장의 '성경대로 경영하기 P31'에 나온 사례이다. 마이애미에 있는 책임자가 일하다 분에 못 이겨 욕설과 폭언을 잔뜩 쓴 이메일을 회사 내부용 인터넷을 통해 전 직원에게 보낸 일이 발생했다. 그는 직접 비행기를 타고 가서 그 상황에 적합한 성경 말씀을 읽어주고 기도를 해주었다. 그 직원이 자신이 한 행동이 옳지 않았음을 깨닫고 눈물을 흘리자 위로한 뒤 기도를 해 주었다. 그 직원은 사장이 자신을 만나서 말씀을 읽어주고 기도해주기 위해서 시간을 내서 먼 길을 와주었다는 사실을 알자 업무에 대한 태도를 바꾸게 되었다.

이 사건에 대해 하 회장은 이렇게 말한다. "사람들은 이런 과정을 거치며 자신의 힘을 어떻게 써야 하는지, 어떤 선택을 해야 하는지를 알게 된다. 만일 내가 그의 경솔한 행동을 질책하고 문책했다면 그의 행동은 개선되지 않았을 것이다. 이후로도 똑같은 실수를 반복했을지도 모른다. 행동은 개선되지 않은 채 마음에 상처만 남게 되는 것이다. 말씀 앞에 자신을 비추어 보고 스스로 잘못을 깨닫게 하는 것이 중요하다. 그리고 동시에 주변 동료들이 그

를 위로하고 격려하여 부끄러움을 잊고 자기 일에 전념할 수 있도록 돕는 것이 필요하다." [122]

화해의 리더십은 비즈니스 미션의 현장에서도 중요하다. M국에서 비즈니스 선교를 하는 K선교사는 자신의 경험을 이렇게 말한다. "비즈니스 선교를 하면서 가장 어려운것 중 하나가 현지 직원들을 끝까지 사랑으로 용납하며 섬기는 것입니다. 20여명의 직원들과 함께 사업을 운영하다 보니 날마다 예상치 못한 문제들이 발생합니다. 아무래도 한국 직장의 수준에서 접근하다보니 현지인들의 도덕성이나 업무태도, 노력 등이 마음에 들지 않을 때가 많았습니다. 다행히 성령 충만할 때는 사랑으로 용납하면서 바로잡지만, 때로 그렇지 못할 때는 혈기와 분노가 나타날 때도 있었습니다. 갈라디아서 2장 20절처럼 끊임없이 자아가 죽어야 함을 깨닫습니다. 마치 그들의 삶에 그리스도의 형상이 이루어지기까지 해산하는 수고와 같이 매우 고통스러운 일입니다." [123]

6. 맺음말

창세기를 통하여 하나님은 미움과 갈등의 관계를 용서와 화해의 관계로 전환되는 사례를 보여주셨다. 이 속에는 죄로 인하여 타락하여 하나님과의 관계가 단절된 인간을 용서하시고, 자신과 화목하게 하고자 하는 하나님의 사랑의 메세지가 담겨있다. 근본적인 죄성에서 벗어나 하나님 형상을 닮은 본연의 모습으로 돌아와 진정한 관계를 회복하기 위해서는 용서하시고자 하는 하나님의 마음을 깨닫고 그분께 돌아가야 한다. 이러한 기본 인식이 오늘날 경영조직에서 건강한 인간관계와 올바른 리더십을 발휘할 수 있도록 하는 출발점이다.

진정한 용서와 화해는 나의 삶이 하나님의 주권 하에 있다는 것을 인정하고 자신의 죄를 용서하신 하나님의 마음으로 상대방을 받아들이는 것이다. 기업 내에서 화해와 화합은 효과적인 리더십 발휘를 가능하게 하고, 궁극적으로는 기업의 성과를 높여준다. 이는 소통을 원활하게 하여 올바른 정보를 가지고 올바른 의사결정을 할 수 있게 하기 때문이다. 반대로 미움과 갈등이 많은 조직은 조직내 삶의 질을 떨어뜨리고 경영성과에도 부정적인 영향을 미친다. '사랑과 감사'는 크리스천의 기본 덕목이지만 오늘날 조직 생활에서도 가장 중요한 가치관과 태도다.

☑ 실천지침

1. 조직에서 내가 싫어하거나 미워하는 사람들의 유형에 대해 생각해보자. 그러한 사람들의 특징이 어떠한지, 나의 마음 깊숙이 자리 잡고 있는 상처를 자극하는 사람들이 아닌지 솔직하게 점검해보자.

2. 나에게 손해를 끼쳤거나 어려움을 주었던 사람에 대해 하나님이 나를 용서하셨다는 마음을 가지고 용서하는 마음으로 상대방에 대해 생각해보자.

3. 내가 속한 부서에서 인간관계로 어려움을 겪고 있는 사람들에 대해 관심을 가지고 도움을 줄 수 있는 방법을 찾아본다.

4. 회사 내에 인간관계로 인하여 어려움을 겪고 있는 사람들이 상담을 받을 수 있는 기회를 제공하도록 한다.

5. 우리 회사의 노사 관계는 갈등적 요소가 많은지, 화합적 요소가 많은지 살펴보고, 이를 개선할 수 있는 방안을 찾아본다.

☑ 토의주제

1. 성장기를 거치며 한 인간으로서의 성장과정에서 내가 가장 힘들었던 기억은 언제였는가? 왜 그 일들이 힘들다고 인식되었는지, 해결하였다면 어떻게 해결하였고, 아직 해결되지 못한 응어리가 있다면 왜 그런지를 묵상해보자.

2. 조직내에 미움을 가지고 있거나 용서하지 못하고 있는 사람이 있는가? 그 이유가 무엇인지를 생각해보자.

3. 조직내 갈등이 커질 때 해결해 나가는 본인 나름의 방식이 있는가? 리더로서 어떠한 역할을 해야 하는가에 대해 논의해보자.

4. 직장생활을 하며 나를 가장 힘들게 했던 사람을 떠올려 보며, 왜 그 사람이 나를 힘들게 하였고, 내가 힘들게 느꼈던 점은 무엇인지 고민해보자.

5. 조직 내 일탈자가 발생하였을 때, 어떠한 과정을 거쳐서 대응하는 것이 적절한 가에 대해 토론해보자.

10

언약의 원리

1. 언약하시는 하나님

창세기는 언약(covenant)하시는 하나님의 모습을 나타내고 있다. 성경 전체를 한마디로 요약한다면 하나님이 언약하시고 이를 실현해 나가는 기록이며 증거라고 할 수 있다. 언약의 사전적인 의미는 서로를 위해 어떤 일을 하기로 한 합의이자 협약이다. 언약(covenant)은 히브리어로는 베릿(berit), 즉 잘라낸다는 뜻으로 계약을 맺을 때에 짐승을 둘로 끊어 의식을 행한 데에서 유래한다. 따라서 언약은 하나님과 인간 사이에 맺어진 공적인 약속을 의미한다. 성경에 나오는 주요한 언약은 언약의 대상으로 지목된 사람의 이름으로 '노아 언약', '아브라함 언약', '모세 언약', '다윗 언약'으로 구분할 수 있으며, 창세기에는 하나님께서 노아와 아브라함과 맺은 언약이 나온다.

첫 번째, 노아 언약을 살펴보자. 하나님은 사람의 죄악이 세상이 가득함을 보시고 한탄하고 근심하시며 창조한 모든 것들을 지면에서 쓸어버리겠다고 하셨다(창 6:5~7). 여기서 한 가지 주목할 것은 사람이 범죄하였지만, 이로 인하여 모든 피조물들이 함께 심판을 받게 된다는 사실이다. 즉, 인간의 타락은 피조세계 전체에 영향을 미치고 있으며, 인간의 책임은 하나님이 다스리라고 명하신 피조세계 전반에 걸쳐 있다는 사실이다.

바울은 로마서에서 우리의 죄로 말미암아 모든 피조물들이 함께 고통을 받고 있다고 하였다(로 8:22). 이러한 사실로 볼 때, 사람의 죄악이 자연계에까지 영향을 미치고 있으며, 사람이 하나님께 돌아올 때 자연계를 포함한 모든 것이 회복된다는 사실을 알 수 있다. 예수 그리스도께서 오신 것은 인간의 죄악을 용서하시기 위한 것뿐만 아니라 모든 피조세계의 회복을 위해서 오신 것이다(창 8:21). 하나님은 홍수 이후 다시는 물로 심판하지 않겠다고 하시며 징표로 무지개 언약을 맺으셨다. "내가 너희와 언약을 세우리니 다시는 모든 생물을 홍수로 멸하지 아니할 것이라. 땅을 멸할 홍수가 다시 있지 아니 하니라"(창 9:11)라고 말씀하였다. 또 "무지개가 구름 사이에 있으리니 내가 보고 나 하나님과 모든 육체를 가진 땅의 모든 생물 사이의 영원한 언약을 기억하리라"(창 9:16) 말씀하셨다.

두 번째, 아브라함 언약을 살펴보자. 하나님은 아브라함을 부르시면서 축복을 약속하셨으며 아브라함이 축복의 근원이 될 것이라고 하셨고(창 12:1~3), 이를 거듭 확인해 주셨다(창 15장). 여기서 주목할 점은 아브라함을 하나님께서 축복하셨을 뿐만 아니라 아브라함 자체가 하나님의 복이요, 복의 근원 된다는 사실이다. 이러한 사실에 입각하여 볼 때, 하나님이 택하신 백성은 하나님께서의 주시는 복을 받을 뿐 아니라 다른 사람들을 복되게 하는 축복의 통로가 된다는 사실이다. 크리스천은 어디에 있는지, 어느 조직을 운영하든지 자신이 하나님께서 주시는 축복의 대상일 뿐만 아니라 축복의 통로라는 사실을 인식하는 것이 우리의 정체성을 올바르게 아는 것임을 알 수 있다.

하나님은 언약을 확인하시면서 이름을 아브람에서 여러 민족의 아버지라는 의미인 아브라함으로 바꿔 주셨다(창 17:5). 또한 가나안 땅을 영원한 기업으로 주시겠다고 하시면서 언약의 징표로 남자들에게 할례를 받도록 했다(창 17:8~10). 이삭을 번제로 드리려고 했던 모리아 사건 이후 하나님은 언약을 재차 확인해 주셨다(창 22:16~18). 이와 같이 하여 아브라함은 이스라엘이라는 언약 백성의 조상이 되었다. 그 후 하나님은 야곱에게 나타나셔서 언약을 확인해 주셨고(창 28:13~15), 이름을 야곱에서 이스라엘로 바꿔주셨다(창 35:9~12). 하나님께서 언약을 확인하면서 이름을 바꿔주시는 것은 우리의 정체성을 분명히 해주신 것이다.

따라서 크리스천의 정체성은 하나님의 언약 백성이라는 것에 있다. 언약의 최종적인 목적은 하나님께서 자기 백성을 '형성'하는 것이다(렘 31:33). 즉 언약을 통해 하나님의 뜻에 순종할 수 있는 백성을 만들어 가시는 것이다. 따라서 하나님과 인간의 언약 관계는 의무로서의 순종이 요구된다. 또 이러한 순종에는 하나님과 인간 사이의 신뢰와 사랑이 뒷받침되어야 한다.

하나님의 언약(covenant)과 인간 사이에 하는 계약(contract)은 어떠한 차이가 있는가? 계약은 일정 조건 하에 약속을 이행하도록 요구하는 것이지만, 언약은 무조건적인 수용(unconditional acceptance)의 의미가 있다. 인간 사이의 계약은 쌍방적이고 한시적이지만 하나님과의 언약은 일방적이고 영원한 것이다. 하나님은 인간의 모든 허물과 죄악에도 불구하고 자녀로 삼으시겠다는 일방적인 선언을 한 것이다. 조건부 수용이 아니라 무조건적인 수용을 약속하신 것이다. 이는 바로 하나님의 속성인 신실함과 영원하신 사랑에 기인한 것이다. 따라서 인간은 하나님의 언약을 감사함으로 받아들일 때 그분의 언약 백성이 되는 것이다.

인간 사이에 언약적 관계를 잘 나타내는 것이 바로 결혼 서약이다. 건강할 때나 아플 때나 모든 상황에서 사랑하겠다고 서약하는 것이 결혼 서약의 의미이다. 무조건적이며 기한을 정하지 않는다 점에서 인간 사이의 단순 계약과 구별되는 언약인 셈이다. 또한 부모와 자식의 관계도 명시적인 계약을 맺은 일은 없지만 조건 없는 사랑을 보여주는 언약적 관계이다. 이 세상에서는 인간의 연약함과 죄로 말미암아 언약적 관계가 깨어지는 일이 비일비재 하면서 점점 더 언약의 아름다운 모습을 찾아보기 어렵게 되었다. 그러나 우리가 하나님의 언약을 믿는 것은 한번 약속하신 것을 영원 무궁히 지키시는 신실하시고(faithful) 변함없는 사랑(unfailing love)의 하나님이시기 때문이다.

2. 언약과 기업

1) 언약공동체로서의 기업

기업은 계약 관계로 형성된 공동체이지만 언약 공동체적인 특성도 포함되어 있다. 기업은 기본적으로는 사업을 통해 사회에 필요한 것을 제공하고, 그 결과로서 이윤을 추구하는 이익 공동체이지만, 오늘날 대다수의 기업들은 회사의 비전과 사명에 사회를 섬기고 구성원을 돌보는 언약공동체로서의 속성을 반영하고 있다. 기업은 자신의 사명 선언문(mission statement) 또는 기업 신조(credo) 등에 자신이 어떠한 가치를 추구하며 어떻게 공동체에 기여할 것인가를 표방함으로써 세상과 언약을 맺고 있다. 이는 세상이 기업에 강요하거나 법적인 구속력을 가지지 아니할지라도 세상, 특히 주요 이해관계자들에게 자기 기업의 정체성을 알리고 또한 구성원들의 정체성 확립에 기여하고자 하는 것이다.

2018년 삼성그룹은 창업 80주년 언약식을 거행한 바 있다. 삼성의 도전과 역사를 뒤돌아보는 이 자리에서 이병철 창업자와 이건희 회장이 강조해왔던 '사업보국', '인재경영', '신경영'의 성과를 반추하면서도 공동체에 대한 기여와 공존 등 언약적 핵심 가치를 100년 삼성의 새로운 약속으로 내세웠다. 즉 이제 기업들에게 있어 언약적 사명 실천이 점점 중요해지고 있다.

언약공동체로서의 기업은 개인의 선과 공동체의 선, 도덕적 양심과 경제적 효율성, 경제의 법칙과 윤리적 법칙이 적용될 수 있는 곳이다. 인간에게 유익함을 주고 인류의 물질적인 복리를 추구하며, 또 삶에 필요한 조건을 형성하기 위하여 하나님께서는 이 땅에 여러 조직과 함께 기업을 내셨다. 계약공동체는 이해가 있을 때 맺어지지만, 언약공동체는 도덕적 헌신과 종교적 확신이 있을 때 맺어진다. 계약공동체가 항상 자기중심적인 관계로 형성된다면, 언약공동체는 타인 중심적인 관계로 형성된다. 언약공동체는 이익보다는 사람을 중시하고, 상대방의 유익에 관심이 있기에, 도덕적 열정이 있는 한 지속될 수 있다고 본다.[124]

하나님의 언약은 우리를 죄에서 구원하시고 축복하시며 또 형통하도록 하기 위한 것이다. 크리스천 경영자는 기업이 축복의 통로로서의 언약공동체가 되도록 노력해야 한다. 팀하스의 하형록 회장은 비즈니스 세계 속에서 하나님의 언약을 기반으로 경영하고 있는 기업인이다. 그는 자신의 믿음을 이렇게 말한다. "살아 계신 하나님의 언약, 그 언약의 시제는 과거가 아니다. 현재이자 미래다. 그것을 믿고 실천해서 그 언약이 약속한 축복을 체험한다면 그보다 더 멋있는 인생은 없을 것이다. 사람이 믿음으로 그 복을 누릴 수 있듯이 기업도 마찬가지다. 하나님의 말씀을 붙들고 나아가는 비즈니스 현장은 양육강식의 정글이 아니라 신뢰와 기쁨, 기적과 축복의 현장이다." [125]

2008년 금융 위기시 수많은 회사들은 직원들을 해고하면서 버텨 내려 하였다. 그러나 팀하스는 불경기가 계속된 5년 동안 단한 명도 정리해고를 하지 않았다고 한다. "크리스천 기업가이자 목회자인 내가 가뜩이나 경제가 어려운 상황에서 더 많은 사람들을 고용하지는 못할망정 직원을 거리로 내쳐선 안 된다고 생각했다. 나의 수익을 포기해서라도 그들을 지켜준다면 그들도 그 마음을 알아주고 더 열심히 일할 것이라고 믿었다." 놀랍게도 회사 예비비를 사용해서 직원들을 해고하지 않고 버티다가 한계에 이르는 상황에서 기적처럼 큰 계약이 성사되어 위기를 벗어날 수 있었다. 그리고 직원들을 해고하지 않았기 때문에 큰 규모의 설계 주문이 들어왔을 때에 이를 능히 감당할 수 있었다고 한다.

2) 언약적 관계의 형성

하나님은 공동체와의 언약을 맺으시기 전에 한 사람을 부르시어 하나님의 사람으로 세우시고 후에 공동체 전체와 언약 관계를 맺으신다. 이스라엘을 세우시기 위해 아브라함을 부르셨고, 또 그 과정에서 이삭, 야곱, 요셉을 세우셨다. 이스라엘을 애굽에서 구원하기 위해 모세라는 한 사람을 부르셨다. 기업도 여러 사람이 모인 공동체이지만 먼저 부르심을 받은 한 사람이 중요하다. 한 사람이 하나님 앞에 온전히 설 때, 집단이 하나님의 부르심에 나아갈 수 있다. 따라서 기업에서 기업을 대표하는 CEO가 하나님 앞에 바로 서는 것이 중요하다. 그 한 사람의 신앙적 가치관과 행동에 의해 전 공동체가 영향을 받기 때문이다.

왜 하나님은 공동체를 세우시기 전에 한 사람을 부르셨을까? 이는 인격의 하나님이 한 사람과 인격적 관계의 기초 위에 일을 하시기 때문이다. 인격적 관계란 그 사람이 가진 지정의(知情意)의 주고받음에서 시작된다. 지적인 이해와 감정적인 교류와 의지적 결단이 있어야 인격적 관계가 형성된다. 하나님과는 이러한 차원을 넘어서 영적인 사귐이 있어야 전 존재적 교류가 가능하며, 그래야만 하나님이 원하시고 기뻐하시는 방향으로 일을 할 수가 있다. 경영자도 이익공동체인 기업에서 구성원과 인격적 관계가 형성되도록 해야 하며, 더 나아가서 개개인의 영적인 문제까지 살펴볼 줄 알아야 한다.

크리스천 경영자가 하나님과 온전한 관계가 형성되지 않은 상태에서 하나님의 이름으로 경영을 하려다 보면 경영이 잘못되거나 역효과가 날 수 있다. 진정성이 없는 예배나 종교적 행사는 오히려 기독교에 대한 반감을 초래할 수 있다. 직원들과의 인격적 관계가 형성되어 있지 않은 상태에서 업무 중심으로 관계를 유지하다 보면, 진정한 신뢰관계가 형성되기 어렵고 서로에 대한 잘못된 인식으로 인해 업무의 어려움이 초래될 수 있다. 언약적 관계 형성의 출발점은 상대방을 하나님의 형상을 따라 지음 받은 존재로 여기면서 인격을 존중하는 태도를 갖는 것이다. 사람은 영적인 존재여서 상대방이 나를 인격적 존재로 존중하는지 하지 않는지 금방 알 수 있다. 마음으로 존중하지 않으면서 가식적인 태도를 가질 수 있지만 이는 오래 가지 못한다.

　기독교 출판사의 대표적인 기업인 규장의 여진구 사장은 하나님과의 온전한 관계가 회복되면서 직원들과도 진정한 인격적 관계를 갖게 되었다. 그는 일본 나가노의 집회에서 성령 체험을 한 후, 직원들 앞에서 공개적으로 그간 직원들을 인격적으로 대하지 못하고 속으로 무시하고 미워했던 자신의 죄를 회개하게 되었다. 그후 형식적으로 드리던 직장 예배가 은혜로 충만하게 되었고, 직원들이 자발적으로 예배와 기도 모임에 참여하게 되었다. 규장은 CEO가 하나님과의 온전한 인격적 관계를 이루어 가는 가운데, 직원들과의 인격적 관계를 새롭게 함으로써 조직 전체의 문화를 새롭게 할 수 있었다.

　규장의 사례는 기업 경영에 있어서 언약적 관계의 형성은 경영자 자신이 언약적 관계의 본질을 깨닫고 이를 실천할 때 가능해짐을 알게 한다. 경영자 자신의 진정한 회개를 통한 하나님과의 온전한 인격적 만남이 출발점이 된다는 사실을 보여주고 있다.

■ 타이레놀 사례[126)]

타이레놀의 제조사인 세계적 제약 기업, 존슨앤존슨은 1982년에 발생한 타이레놀 독극물 사건으로 심각한 위기를 경험했다. 당시 존슨앤존슨은 자사 제품 복용으로 인한 사망 사건으로 위기를 겪었지만, 고객과의 약속과 신뢰를 바탕으로 한 대응에 다시금 세계 굴지의 회사로 발돋움할 수 있었다.

사건 발생 당시 타이레놀은 이미 미국의 진통제 시장점유율 35%를 확보할 정도로 성공가도를 달리고 있었다. 하지만 시카고에서 타이레놀을 복용 후에 8명의 사망자가 발생하게 된다. 이러한 사실을 전달받은 존슨앤존슨은 즉시 최고경영진들로 구성된 대응팀을 구성해서 위기대응에 나선다.

당시 존슨앤존슨은 이러한 유형의 위기에 대한 대응 프로세스를 갖추고 있지 않았지만, '우리의 제품과 서비스를 이용하는 의사, 간호사, 환자, 어머니와 아버지, 그리고 기타 모든 사람들에 대해 우리는 제일 먼저 책임감을 느낀다.'라는 기업 신조를 바탕으로 대응하게 된다.

존슨앤존슨은 즉시 사고 발생지역인 시카고뿐 아니라 미국 전역에 걸쳐 판매가 이루어지고 있던 타이레놀 제품에 대해 전량 리콜을 진행한다. 또한 1억 달러의 광고비를 들여 '원인이 규명될 때까지 이미 구매한 타이레놀을 복용하지 말라'는 내용을 실어 구매자들에게 전달한다. 이후 사고의 원인이 제품 자체의 결함이 아닌 외부인에 의한 독극물 테러였던 것이 밝혀졌고, 존슨앤존슨은 구매자와의 신뢰를 바탕으로한 대응으로 인해 기업의 명성이 더욱 높아지게 되었다. 존슨앤존슨은 고객에 대한 무한 책임과 고객과의 신뢰를 기업의 언약적 신조로 가장 최우선시 하였고 결과적으로 위기를 극복할 수 있는 원동력이 되었다.

3. 경영에서의 언약 vs. 계약

경영에서 언약의 원리는 어떻게 적용될 수 있는가? 일반적으로 계약 관계가 보편화 되어 있는 비즈니스 세계에서 하나님의 언약은 어떤 의미를 가질 수 있는가? 경영학에서 계약의 문제는 중요한 연구 주제이다. 거래 비용 경제학(transaction cost economy)에서는 기업의 연원을 거래 비용에서 찾고자 했다. 이 이론에 따르면 시장에서는 다양한 측면의 거래 비용이 발생하게 된다. 예를 들어 계약의 교섭이나 체결에 들어가는 시간과 에너지, 그리고 합의된 계약의 이행을 강제하는데 필요한 비용, 계약의 이행이 어려워졌을 때의 조정 및 분쟁 해결 비용 등이 바로 그것이다.

거래 비용 이론에서는 이와 같이 계약에 들어가는 비용을 최소화하고 내부화하기 위해 이해당사자들이 만든 단체를 기업이라고 정의하였다. 즉 거래비용 이론에서는 처음부터 계약의 불완전성을 인정하고 있다. 만약 계약서를 아주 자세하게 작성하면 계약을 마음대로 파기하는 기회주의적 행동이 최소화되지 않을까? 또는 장기 계약을 하면 계약의 불확실성을 제거할 수 있지 않을까? 그러나 인간 사이의 계약은 어떤 경우든 완벽하게 그 불완전성을 없앨 수 없다. 올리버 윌리암슨(Oliver Williamson)은 이를 교섭 비용, 갈등 - 분쟁 조정 비용, 그리고 정보수집비용으로 세분화하여 설명하고 있다.

교섭 비용(bargaining costs)에 의하면 양자 사이의 계약은 간단한 문제의 계약이라 할지라도 그 타결이 어렵다. 독립적인 개체는 늘 본인의 이익을 우선에 두고 이기적으로 행동하기 때문에 아주 작은 오해에도 관계가 비틀어질 수 있다는 것이다. 객관적인 계약 문구조차도 그것을 어떻게 해석하느냐는 사람마다 다르기 때문에 갈등과 분쟁이 발생한다고 한다. 예를 들어 언어의 뉘앙스와 정의는 문화권에 따라 달라질 수도 있고 개인의 가치관이나 배경에 따라서도 미묘하게 차이가 발생할 수도 있다. 그러한 모호성을 보완하기 위하여 계약서상에 각주와 부칙을 덧붙이지만, 오히려 계약의 복잡성이 더 커지는 모순이 발생하게 되는 것이다.

장기 계약 역시 미래 상황에 대한 불확실성 때문에 한 번에 쉽게 성사되기 어려우며, 만약 성사된다고 하더라도 향후 상황의 변화에 따라 계약을 수정한다는 조건을 포함시키는 경우 상호간의 기회주의적 상황이 다시 발생될 수 있는 것이다. 정보수집비용 측면에서도 계약은 여러 불완전적 성격을 가질 수밖에 없다. 나의 허물이나 약점을 감추고 상대방을 대상으로 스스로를 과장하려 할때에 계약은 이러한 속임수를 배제하지 못한다. 이를 정보의 비대칭(information asymmetry)이라고 한다. 즉 정보의 비대칭에 의해 정보 수집 비용이 크게 증가하고 계약에 의한 해결을 어렵게 만든다. 물론 그렇다고 계약 자체가 소용이 없는 것은 아니다. 오히려 계약은 불완전한 인간, 기회주의적 인간이 만들어내는 문제를 해결하는 완벽하지는 않지만 나름대로 합리적인 도구로 사용되어 왔다.

노사 간의 관계도 인간적인 계약의 불완전성을 대표하는 사례이다. 법적으로 사측과 노측이 맺은 노동 조건과 보상은 계약을 통하여 합의된 정당성을 지니고 있다. 그럼에도 불구하고 많은 회사들이 크고 작은 노사 갈등과 분규로 어려움을 겪고 있다. 대기업과 중소기업 사이의 관계도 마찬가지이다. 대기업과 대기업에 부품을 납품하는 하도급 기업들간의 관계도 형식적인 계약상으로는 문제의 소지를 찾아보기 어렵지만, 실제로는 대기업은 우월적 지위를 활용하여 교묘하게 계약의 허점을 찾아 중소기업을 괴롭히며, 중소기업들은 반대로 제대로 대응하지 못하여 큰 손해를 입는 경우가 빈번하게 발생하고 있다.

정부와 법의 개입으로 해결할 수 있지 않겠냐고 주장할 수도 있다. 예를 들어 정부는 노사정 위원회를 만들어 사측의 횡포와 노측의 무리한 요구를 중재하기도 하며, 공정거래위원회 같은 기구를 통해 우월적 지위에 있는 기업의 불합리한 행동을 견제, 처벌하기도 한다. 그러나 정부가 공정하게 개입하기보다는 특정 이해관계자의 입장을 더 많이 대변하기도 하고, 심지어 부패하여 문제를 더 복잡하게 만들 수도 있다. 즉 현재 경영학에서는 이러한 계약의 딜레마에 대해 적절한 해법을 제공하지 못하고 있다. 시장에서의 거래 비용을 해결하기 위하여 기업이 출현하였으나 여전히 기업과 기업, 기업과 노동자, 기업과 정부 사이의 계약 관계는 많은 비효율을 내재하고 있으니 말이다. 이러한 계약적 관계의 한계를 극복하기 위하여 창세기에 나타난 언약적 관계를 현실에 적용해 볼 필요가 있다.

언약은 무한한 신뢰와 사랑에 기반한다. 하나님이 노아, 아브라함, 모세, 다윗에게 언약하실 때에는 인간의 기회주의적 행동과 배신을 전제하지 않고 무조건적이고 절대적인 사랑에 근거한 약속을 하셨던 것이다. 물론 그것을 받는 인간이 때로는 하나님의 기대를 저버리는 행동을 하였지만, 하나님께서는 포기하지 않으시고 다음 번 언약에도 다시 같은 신뢰와 언약을 약속하셨다. 이러한 신뢰에 기반한 언약을 수혜 받는 대상은 그 언약의 주체를 실망시키지 않기 위하여 더 자발적인 순종을 보여주는 경향을 보인다. 즉, 이기적인 행위를 억제하고 무조건적인 사랑의 언약에 감사하면서 이것이 오래도록 지속되기를 기대하는 것이다.

■ **토요타와 닛산의 노사관계 사례** [127] [128]
일본의 자동차 업계 노사는 역사적으로 살펴보면 상당한 갈등을 겪었다. 그 가운데 닛산과 토요타의 노사 관계의 대응에서 현재 기업의 운명을 갈랐다고 해도 과언이 아니다. 1933년 설립된 닛산은 전후 일본 노동운동의 본거지였다. 닛산 노조는 당시 20만 이상의 조합원을 거느린 일본 최대 규모였다. 당시 닛산에선 노조에 밉보이면 회사 임원이 될 수 없었으며 노조 위원장은 사장급 대우를 받았다.

토요타자동차 노동조합도 1953년 임금 인상과 근로조건 개선을 요구하며 80일간 파업기록을 세울 정도로 강성이었다. 닛산이 1960~80년대 노사 관계를 개선하지 못하고 갈등을 지속할 때 토요타는 노사가 대타협을 통해 계약 이상의 노사 관계를 형성하기 시작하였다. 1962년에는 토요타의 노조위원장과 사장이 손을 맞잡고 '자동차산업 부흥을 통해 국민경제 발전에 기여하겠다'고 선언했다. 그후 토요타는 자본자유화, 석유파동, 엔화 절상 등의 외부 충격에도 오히려 '카이젠(改善)', '저스트 인타임(JIT)'과 같은 세계적인 생산성 증대를 달성할 수 있었다.

토요타의 노사 관계는 MCR로 정리할 수 있는데, 상호신뢰(mutual trust)와 노사간 대화(communication), 존중(respect)의 약자를 딴 단어이다. 공식적인 노사, 노무 관계 뿐만 아니라 상호 부조와 격의 없는 상부 의견 제시의 매개체가 된 풍양회, 직장 내 자발적인 소통을 통해 혁신을 촉진하는 PT(personal touch) 등 비공식적 기구들도 활성화 되어있다. 토요타자동차가 글로벌 시장에서 기록적인 성과를 올렸을 때 회사에서는 큰 폭의 임금 인상을 제시하였다. 그러나 노조에서는 자신들의 임금을 대폭 올릴 경우 협력업체와의 격차가 커질 수 있다는 이유로 이를 거부했다. 대신 종업원 근로 환경 개선을 요구하고 이익을 협력업체 노동자들과 나눌 수 있는 시스템을 제안했다. 이렇게 토요타와 닛산의 명암은 바로 노사 관계가 계약적이냐 아니면 언약적이냐 이하나의 차이로 설명할 수 있을 것이다.

4. 언약과 심리적 계약

언약의 원리를 어떻게 기업 경영에 적용할 수 있을까? 경영학에서는 계약을 명시적 계약과 심리적 계약으로 구분한다. 심리적 계약은 고용 관계를 맺고 있는 조직과 구성원 간에 존재하는 암

묵적인 믿음으로 명시적 계약이 의미하는 공식적인 교환 관계에 대한 기대뿐만이 아니라 비공식적인 상호 관계와 기대를 포괄한다. 이러한 심리적인 계약이 원활하게 작동되기 위해서는 구성원들 간의 끈끈한 신뢰가 전제되어야 한다. 명시적인 계약의 위반에는 법적인 책임이 수반되지만, 심리적 계약은 그와 같은 강제적인 규제를 담보할 수 없기 때문에 상호 믿음이 없이는 지속 가능할 수 없다.

신뢰와 믿음에 근거한 심리적 계약은 기업에 여러 가지 영향을 미치게 된다. 첫째가 조직시민행동(organization citizenship behavior)에 대한 영향이다. 조직시민행동은 조직 내에서 개인이 해야 하는 직무 범위를 넘어서 다른 동료들을 기꺼이 도와주고 협력하는 행동을 의미한다. 심리적으로 기대한 계약 사항이 잘 이행되지 않았을 때에는 조직 구성원들은 이를 하소연할 곳이 없어 상당한 스트레스를 경험하고 조직 전체에 대해 부정적인 인식이 쌓이게 된다. 형평성 이론에 따르면 이런 경우 조직원들은 비형평성을 지각하게 되며 조직시민행동에 소극적으로 나서게 된다.

두 번째는 긍정심리자본(positive psychological capital)에 대한 영향이다. 긍정심리 자본이란 인간의 행동 중 긍정적인 관점을 강조하여 인적자원의 강점과 심리적 역량들을 분석하는 것으로, 자기효능감/자신감, 희망, 낙관주의 및 복원력이 긍정심리자본을 이루는 요소라고 생각한다. 기존 연구에 따르면 심리적 계약 위반은 부정적인 감정을 고조시켜 긍정심리자본을 갉아먹는 요소가 된다고 주장한다. 이 밖에 심리적 계약의 이행 여부는 조직 구성원들의 직무 태도, 충성심, 구성원의 창의성에도 영향을 끼친다고 한다.

이렇게 심리적 계약은 명시적 계약이 할 수 없는 조직 내의 조화와 융합을 촉진하는 수단으로 사용되지만, 심리적 계약 역시 상호간의 계약 이행을 기대하는 계산적인 관계인 것은 부정하기 어렵다. 또 심리적 계약은 명시적 계약과 마찬가지로 상대방의 기회주의적 행동을 전제하고 자신의 이기적인 행동을 강제하려는 목적을 가지고 있다. 따라서 심리적 계약이 인간의 행동 이면의 미묘한 내면적인 상황을 활용한다는 측면에서 명시적 계약보다는 진일보한 개념이라고 볼 수 있지만 여전히 한계를 가지고 있다. 그럼에도 불구하고 심리적 계약의 개념은 언약에 의한 경영(management by covenant)에 대한 실천에 있어 매우 구체적인 단서를 제공하고 있다.

SERI경영노트(2011)에서는 다음의 몇 가지의 심리적 계약의 실천 방안에 대해서 설명하고 있다. 첫째, 성공하는 심리적 계약은 사측과 직원 사이의 동반자적 관계를 구축한다. 화장품 회사인 메리케이는 골든 룰 경영을 통해 직원 개개인을 VIP로 대하는 정책을 사용하고 있다. 예를 들어 전 세계의 우수 방문 판매 직원이 본사를 방문할 때에는 레드 카펫과 핑크 캐딜락을 준비하여 접대를 한다. 실제로 메리케이의 핑크 캐딜락은 직원들의 성공을 나타내는 표상으로 인식되고 있다.[129]

두 번째는 회사의 경영정보를 공개하고 소통을 강화하는 것이다. 심리적 계약을 더 구체적으로 구분해보면 거래적 계약(transactional contract)과 관계적 계약(relational contract)으로 나눌 수 있다. 거래적 계약은 명시적 계약과 유사한 측면이 많은데 금전적인 요소가 중요한 매개물로 작용하는 것으로, 짧은 기간 지속되는 특징을 가지고 있다. 반면에 관계적 계약은 협력, 신뢰 등이 중요하며, 오랫동안 지속되고 구체적인 의무를 특정하지 않는다. 따라서 상호간의 정보가 오픈 되어 있지 않았을 때 관계적 심리 계약은 상호 불신을 가중시킬 가능성이 커지게 되는 것이다.

예를 들어 관리 층의 정보 은닉이 발단이 되어 불신으로 이어져 노사 간의 상호 신뢰 계약이 시행되지 않는 경우가 많다. 20년 이상 노사 분규가 없는 동아에스티와 한국제지의 경우 정보 공개를 특히 강조한다. 경영 실적은 물론 노무 이슈에 대한 세밀한 부분까지 노사 간 공유하는 기업 문화는 상호 신뢰를 증진시키고 그에 기반한 심리적 계약의 실천에도 큰 도움이 되었다.

세 번째는 어려울 때일수록 회사가 함께 한다는 정신이다. 코로나19라는 전대미문의 대재앙 상황에서 오히려 기업 내 직원들의 안전망에 힘쓴 기업들이 있었다. 쿠팡은 자가 격리 일용직 2600명에 생활비 26억 원을 지급하였으며 야놀자는 전 직원에게 검진비를 지원하였다. 위기 상황에서 오히려 지원을 강화한 결과 직원들의 회사에 대한 심리적 계약의 수준은 높은 단계로 발전할 수 있었다.

언약적 계약의 구체적인 실천을 위해서는 비록 이보다 낮은 단계의 계약이지만, 이러한 심리적 계약의 성공 요소를 벤치마킹할 필요가 있다. 이러한 심리적 계약의 속성은 하나님께서 인간에게 보여주신 언약적 관계의 친밀함과도 일맥상통한다.

■ NCR 사례[130]

NCR(National Cash Register company)은 1884년에 미국 오하이오주에서 설립된 ATM, POS시스템, Self-kiosk 등의 현금 관리와 관련한 제품 및 서비스를 제조하여 판매하는 기업이다. 현재는 2015년 기준 매출액 63억 7천만 달러의 미국 굴지의 회사이다. 이 기업이 지속적으로 성장할 수 있었던 원천에는 창업자였던 존 헨리 패터슨(John Henry Patterson, 1884년 12월 13일-1922년 5월 7일)의 고객과 직원에 대한 사랑과 신뢰를 바탕으로 한 경영이 있었다.

그는 기업을 운영하며 가장 중요한 것이 직원들과의 소통과 신뢰임을 깨닫고, 1893년에 오하이오주 NCR 공장 캠퍼스를 전면 개조하여 공장 작업자들의 작업환경 개선을 위해 천장부터 바닥까지 유리창을 설치하고, 캠퍼스 내 조경을 아름답게 꾸미는 것으로 시작하였다. 당시 공장을 이렇게 미적인 관점에서 접근하는 회사는 거의 없었다. 또한 고객과의 소통과 신뢰를 쌓기 위해 세계 최초로 영업 교육 학교를 설립한다. 그리고 기업신조를 모든 직원들에게 각인시키고 그것의 중요성을 제고하기 위해 기업 내 모든 서비스 부서 벽에 '우리는 한 명의 불만족 고객을 가질 수 없습니다.' 라는 내용을 담은 문구를 설치하였다.

NCR은 1912년 셔먼 반독점법 위반 판결을 받아 패터슨을 포함한 왓슨 등 26명의 최고경영진이 불법 반경쟁 판매 관행의 명목으로 1년간의 징역형을 선고받는 위기를 겪었다. 1915년 항소심에서 무죄로 판결되었으나 그 과정에서 많은 피해를 입었다. 또 1913년 오하이오에 닥친 대홍수의 직격탄을 받기도 하였다. 그러나 NCR은 이러한 위기를 오히려 기회로 변화시켰다. NCR 직원들이 직접 300여 척의 보트를 만들고 구조대를 조직하여 지붕과 건물에 고립되어있는 수천 명의 사람들을 구하게 된다. 또한 NCR 공장 캠퍼스를 생활이 불가능해진 사람들을 위해 응급 대피소로 개조하고, 지역 의사와 간호사를 모집하여 의료 서비스를 제공하는 등의 진정성 있는 노력을 한다.

헨리 패터슨은 NCR의 주식 중 대부분을 대중에게 공모하고 세상을 떠난다. NCR의 진정성 있는 언약적 관계를 만듦으로써 가장 존경받는 기업 중 하나로 성장할 수 있었다.

■ KD 운송그룹 사례[131)132)]

경기고속과 대원고속 운영으로 잘 알려진 KD운송그룹의 허명회 회장은 노사 간의 계약의 관계를 언약의 수준으로 끌어 올렸다는 평가를 받고 있다. 허명회 회장은 평소부터 회사의 명성은 외부에서부터 쌓아지는 것이 아니라, 회사의 가장 말단에 속한 임직원들에서부터 시작되어야 한다고 주장하였다. 허 회장이 운송사업을 시작하였을 당시만 하더라도 운전업은 거칠고 대우가 박하다는 인식이 일반적이었다. 노사 사이의 관계도 원만하지 못하여 입사 후 장기 근속하기보다는 금방 그만두거나 분규가 일어나기도 일쑤였다. 허 회장은 노사 사이의 계약을 뛰어넘어 근로자들이 만족하는 근로 환경을 만드는 것이 첫째 사명이라고 생각하였다.

임직원 중 대부분을 차지하는 운전직 사원에 대해 운전기사라는 보편적인 용어 대신 승무사원이라는 명칭을 사용하게 하였으며 앙드레김이 디자인한 정장 형태의 근무복을 입게 하였다. 또한 직영 식당에서는 업계 최고 수준의 식자재를 사용한 음식을 제공하였다. 특히 직원들이 부부동반으로 참여하는 사우가족 행복드림페스티벌을 2000년부터 매년 유명 호텔에서 진행하는데 이런 행사들을 통해서도 직원들의 만족도를 향상시키게 되었다. 그 결과 KD운송그룹은 노사 분규가 거의 없는 회사로, 그리고 운송업계에서 가장 큰 규모의 회사로 질적, 양적으로 성장할 수 있었다.

기존 운송 업계의 표준 근로 계약 또는 업계 근로자들이 기대하는 수준의 근로 조건으로 기업의 운영을 단순 효율에만 맞추어 왔다면 결코 이룰 수 없었던 비약적인 성장인 셈이다. 정리하자면 심리적 계약은 명시적 계약의 부족한 점을 극복하는 데 도움이 된다. 즉 동반자적 관계, 정보의 공개, 그리고 위기에서의 관계 회복의 과정을 통해 명시적 계약의 편협함을 뛰어넘는 조직의 성공을 꾀할 수 있다. 그러나 심리적, 관계적 계약 역시 사랑과 절대적인 신뢰가 전제되지 않는다면 완전함을 이룩할 수 없다. 바로 이것이 우리가 언약적 관계에 관심을 가져야 하는 이유이다.

5. 맺음말

인간의 불완전한 행동과 탐욕스러운 이기심을 효과적으로 통제하기 위하여 계약이라는 것이 나타나 경제 활동을 안정적으로 유도하였다. 그러나 계약 역시 많은 한계를 가지고 있다. 계약적 관계에 의존하는 기업은 평범한 기업을 넘어 탁월한 기업으로 발전하기 어렵다. 기존 경직적인 계약의 한계를 넘기 위하여 경영학계에서는 심리적 계약, 조직시민행동, 긍정심리자본과 같은 개념을 제안하였으나, 이 역시 인간의 복잡다단한 심리와 변덕을 반영하여 기업과 구성원의 이해관계를 일치시키는 근본적인 해결책은 제공해주지는 못하였다. 이러한 가운데 하나님께서 창세기를 통해 보여주신 언약적 관계는 우리들에게 시사해주는 것이 적지 않다.

언약은 조건에 연연하지 않으며, 기한을 정하지 않고, 각자의 이해에 얽매이지 않는다. 물론 하나님이 행하신 언약적 행동을 인간이 완벽하게 소화해서 적용하는 것은 어려운 일이다. 그러나 우리는 하나님의 성품을 배우면서 상호 동반자적 관계를 형성하며, 정보를 공개하고, 소통을 강화하는 언약적 관계를 만들어 볼 수 있다. 이러한 실천은 하나님과 나의 관계를 개인적 관계에서나 교회에서의 만남을 넘어 내가 일하는 직장과 조직에서 확장할 수 있다는 점에서 큰 의미를 가진다.

✓ 실천지침

1. 하나님께서 한 사람을 불러 인격적인 변화를 가져오신 것처럼 내 주변의 한 사람을 인도하여 변화시키는 기적을 실천해보자.

2. 언약공동체를 이루기 위해 우리 회사의 상황에 적합한 성경 구절을 찾고 묵상하여 보자. 회사의 사명에도 이를 반영해보자.

3. 회사와 직원 사이에 같이 성장해갈 수 있는 동반자적 언약 관계를 만들어보자.

4. 정보를 공개하고 소통을 강화하여 언약적 신뢰관계를 만들기 위한 방안을 찾아본다.

5. 위기에 직면했을 때에 계약적 엄밀함보다는 언약적 회복탄력성(resilience)으로 이겨내보자.

✓ 토의주제

1. 우리 회사가 가진 노사 관계의 계약 중 언약적 관계로 발전할 수 있는 부분은 무엇이 있을지 생각해보자.

2. 언약적 관계의 의미가 다소 모호하여 계약적 엄밀함에 비하여 오히려 위험할 수 있다는 반론에 대해서는 어떻게 생각하는지 논의해보자.

3. 최고 경영자가 하나님 말씀대로 기업을 변화시키고자 할 때에 직원들의 반발은 어떻게 대응하면 좋을 것인지 고민해보고 토론해보자.

4. 어떤 경우 언약적 관계가 필요하며 어떤 경우 계약적 관계가 더 필요할지 생각해보고 나누어보자.

5. 언약적 관계를 조직내에 적용하고자 할 때, 나타날 수 있는 문제점, 한계, 극복방안에 대해 토의해보자.

11

소통의 원리

1. 창세기에 나타난 소통

창세기를 통해 나타난 하나님은 소통하시는 하나님이시다. 우리는 하나님의 형상대로 창조되었기 때문에, 하나님과 소통하면서 관계를 만들어 가며, 타인들과도 관계 속에서 소통하며 일하도록 지음 받았다. 그러므로 태초에 말씀이 있었음도 우리와 소통하시기 위한 것이며(요 1:1), 말씀이 육신이 되어 이 땅에 오신 것도 직접적이고 친밀한 소통을 위해서이다(요 1:14). 하나님께서는 말씀을 통해 끊임없이 우리와 소통하기 원하셨고 함께 일하기 원하셨지만, 결국 인간의 타락은 하나님의 말씀을 왜곡하는 데서 시작되었으며(창 3:1~3), 결과는 하나님과 소통의 단절을 가져오게 되었다.

창세기 3장에서 뱀이 하와를 유혹하여 선악과를 먹게 할 때, 하나님 말씀을 약간 비틀어서 질문을 던지는 것에서 시작한다. 하나님은 아담에게 "동산 각종 나무의 열매는 네가 임의로 먹되 선악을 알게 하는 나무의 열매는 먹지 말라 네가 먹는 날에는 반드시 죽으리라 하시니"(2:16, 17)라고 하셨다. 뱀은 하와에게 "하나님이 참으로 너희에게 동산 모든 나무의 열매를 먹지 말라 하시더냐(3:1)"라고 질문을 던진다. 하와는 뱀의 질문에 "동산 나무의 열매는 우리가 먹을 수 있으나 동산 중앙에 있는 나무의 열매는 하나님의 말씀에 너희는 먹지도 말고 만지지도 말라 너희가 죽을까 하노라"(3:1~2) 하셨다고 답한다.

여기에 두 가지 방식의 왜곡이 일어나는데, 하나는 '덧붙임'으로 열매를 "먹지 말라고" 하셨는데 "먹지도 말고 만지지도 말라"

고 하며 하나님께서 하지 않은 말씀을 집어넣었다. 다른 하나는 말씀의 강도를 약화시켰는데, "반드시 죽으리라"라는 말씀을 "너희가 죽을까 하노라"로 변형시켰다. 뱀은 그 틈새를 비집고 들어와 "너희가 결코 죽지 아니하리라"(3:4)라고 하며, 하나님께서 선악과를 금하신 이유가 사람의 눈이 밝아져 하나님과 같이 되어 선악을 알게 되기 때문이라고 했다(3:5).

하와가 뱀의 말을 듣고 선악과를 보니 "먹음직도 하고 보암직도 하고 지혜롭게 할 만큼 탐스럽기도"(3:6) 했다. 여기에 인간을 유혹하는 세 가지 요소가 나온다. '먹음직'은 '육신의 정욕'이며, '보암직'은 '안목의 정욕'이며, '지혜롭게 할 만큼'은 '이생의 자랑'에 해당한다고 볼 수 있다. 요한일서에 "이는 세상에 있는 모든 것이 육신의 정욕과 안목의 정욕과 이생의 자랑이니 다 아버지께로부터 온 것이 아니요 세상으로부터 온 것이라"(요일 2:16)라고 쓰여 있다. 예수님께서도 광야에서 마귀에게 시험을 받으실 때, 돌이 떡 덩이가 되게 하라(육신의 정욕), 만국의 영광을 보여주고(안목의 정욕), 성전 꼭대기에서 뛰어내려도 다치지 않으면 사람들로부터 받게 되는 찬사(이생의 자랑) 등으로 유혹했다. 하와가 뱀의 유혹에 넘어간 것은 하나님 말씀의 왜곡과 함께 스스로 탐욕이 생겼기 때문이었다. 말씀을 명확하게 이해하고 지키지 않으면 우리는 언제나 세상에 유혹에 넘어갈 수밖에 없는 연약한 존재임을 일깨워준다.

하나님은 세상에 인간의 죄가 가득함을 보시고 한탄하시며, 홍수로 멸절하시고 나서 생명을 보존케 한 노아에게 무지개 언약을 통해 소통하셨다. "내가 너희와 언약을 세우리니"(9:11)라고 말씀하시고, 그 증거로 무지개를 주셨다. 무지개가 구름 속에 나타나는 것을 보고 언약을 기억하도록 하셨다(9:13). 하나님은 언어로 소통하시고, 자연 현상을 통해 언약의 증거로 삼으셨다.

11장에 이르러 인간 사이의 소통을 단절시키는 사건이 나타난다. 사람들이 시날 평지에 거류하며 바벨탑을 쌓기 시작했다. 탑을 쌓는 목적이 하나님을 경배하기 위한 것이 아니라, 자신들의 이름을 내고 흩어짐을 면하고자 하는 것이었다. 하나님이 이들의 의도를 좌절시켰던 방법이 언어를 혼잡하게 하여 소통을 좌절시키는 것이었다. 이를 통하여 인간 중심의 바벨탑 프로젝트는 무산되고 사람들은 지면에 흩어지게 되었다. 바벨탑 사건은 인간이 협력해서 사업을 하는 데 소통이 얼마나 중요한가, 반대로 소통이 안 되면 사업이 무너진다는 것을 보여주는 사건이다.

12장에 이르러 하나님은 아브라함을 부르시어 소통하셨고, 그는 하나님의 명령에 순종했다. 하나님은 아브라함을 부르시어 처음에는 추상적인 큰 비전을 말씀하셨다(12:2, 3). 후에 롯이 떠난 후 실제 땅을 보여주시면서 약속하셨다(13:14~17). 구체적으로 "너는 일어나 그 땅을 종과 횡으로 두루 다녀 보라 내가 그것을 네게 주리라"(13:17) 하셨다. 그 뒤에도 15장에 하늘의 별을 보여주시며 말씀하셨고, 비둘기를 쪼개어 언약을 확증하셨다. 이는 아브라함이 하나님께 "내가 이 땅을 소유로 받을 것을 무엇으로 알리이까"(15:8) 라는 물음에 답을 하신 것이다. 하나님은 아브라함의 자손이 이방에서 객이 되어 머물다가 4대만에 돌아오게 될 출애굽 사건을 예언하셨다(15:13~16).

17장에서는 아브람을 아브라함으로 이름을 바꾸어 주면서 '여러 민족의 아비'가 될 것을 약속해 주셨다. 22장 모리아산 사건 현장에서 다시 한번 말씀해 주심으로 아브라함에게 비전을 확인시켜 주셨다. 하나님은 아브라함과 거듭되는 소통을 통하여 친밀감을 갖게 되었고, 하나님이 하시고자 하는 일을 아브라함에게는 숨기지 않으셨다. "여호와께서 이르시되 내가 하려는 것을 아브라함에게 숨기겠느냐"(18:17)라고 하셨다.

소돔과 고모라를 멸하시겠다는 하나님의 계획을 듣고 아브라함은 하나님의 자비를 구했다. 의인 오십 명에서 시작해서 열명이 될 때까지 6번의 질문을 던지며 간절하게 호소했다. 이는 하나님과 아브라함 사이에 인격적인 친밀감이 형성되었음을 의미한다. 지속적이고 올바른 소통은 인격적인 관계와 친밀감을 형성하게 함을 알 수 있다.

창세기에는 꿈을 통하여 소통하시는 하나님의 모습이 나타난다. 야곱은 에서를 피해 집을 나온 후 노숙을 하다가 꿈에서 하나님의 사자들이 사다리를 오르락 내리락 하는 모습을 보았고, 하나님으로부터 땅에 대한 약속을 받았다(28:12, 13).

요셉에게는 여러가지 꿈을 통해 소통하셨다. 곡식단과 별들에 관함 꿈을 꾸게 하여 장치 일어날 일을 보여주셨는데, 이로 인하여 요셉은 형들에게 심한 미움을 받게 되었다. 요셉이 형들을 찾아왔을 때, 형들은 "꿈꾸는 자가 오는 도다"(37:19) 하며 살해할 계획을 꾸민다. 결국 요셉은 꿈의 해석을 통해 애굽의 총리가 되었고, 하나님의 계획에 따라 많은 사람을 살리고, 야곱의 가족이 애굽에서 이스라엘이라는 민족으로 번성하게 하는 통로로 쓰임

받았다.

창세기에서 하나님은 소통을 통하여 언약을 주셨고, 거듭되는 소통을 통해 언약을 확인시켜주시면서 소망을 갖게 하셨다. 또한 지속적인 소통을 통하여 친밀한 관계를 형성하게 하셨다. 오늘날에도 하나님은 우리에게 말씀을 주시고, 기도로써 소통하게 하신다. 올바른 소통이 이루어지면 우리는 하나님을 친밀하게 알고 그분의 뜻에 순종하며 살 수 있다. 그러나 반대로 창세기의 사건들에서 하나님과의 소통이 왜곡되고 단절된다면 인간은 형통이 아닌 잘못된 길로 가고 마는 연약한 존재임을 알게 해준다.

2. 경영과 소통

삼성경제연구소가 경영진과 직장인을 대상으로 설문조사(935명)를 실시한 결과, 직장인의 3분의 2(65.3%)가 조직에서 소통이 잘 안된다고 응답했다. 그들은 상명하복의 위계문화, 개인과 부서의 이기주의, 지나친 단기 성과주의가 소통의 주된 장애요인으로 작용하고 있다고 했다. 능력 있는 리더는 그들의 목표를 유효적절하게 다루어서 달성하는데, 리더가 그러한 목표를 달성하는데 필요한 소통능력은 지식, 동기부여, 스킬, 행동, 효과성 등의 여러 가지 요소를 아우르는 것으로 파악되었다.[133]

체스터 바나드(Chester Barnard)는 조직의 3대 요소는 공통 목표(common purpose), 협력의지(willingness to cooperate), 소통(communication)이라고 했다. 공통 목표를 가지고 있으면 협력의지가 유지되고 소통이 원활해진다. 공통 목표가 있다는 것은 이해관계가 일치되었다는 뜻이기 때문이다. 반면 조직의 목표가 구성원들에게 공유되도록 하려면 소통이 원활해야 한다. 또한 소통이 잘되면 소통의지를 증진시킬 수 있다. 따라서 공통목표와 협력의지와 소통은 상호작용을 하면서 시너지를 내는 요소다. 피터 드러커는 소통이 조직의 '존재양식(mode of organization)'을 결정하는 중요한 요소라고 강조했는데, 의사소통이 무너지는 것은 조직이 무너지는 것과 같기 때문에 경영자는 조직내 소통을 원활하게 해야 할 책임이 있다고 했다.

기업의 CEO는 조직 구성원들과의 소통을 통해 공동의 목적과 목표를 설정해야 한다. 우리가 하는 일과 우리가 속해 있는 기업은 하나님이 주신 은사와 철저하게 상호 연계되어 있다. 긴밀한 소통을 통하여 비전과 목표를 지속적으로 나누고, 각자의 맡은 바 역량을 정확하게 파악하여 조직구성원들의 역량을 최대한으로 발휘할 수 있도록 적재적소에 배치하는 일이야 말로 기업의 CEO가 해야 할 일 중 핵심적인 역할이다. 결국 충분하고 진정성 있는 소통을 통하여 하나님이 원하시는 기업의 모습을 완성해가며, 진정한 의미에서 하나님의 공동체로서의 열매를 맺고 번성해 나가는 기업의 모습으로 나아갈 수 있게 된다.

기업 내에서의 올바른 소통은 조직의 올바른 권한 위임과도 직결된다. 창세기에는 하나님께서 동물 이름 짓는 일을 아담에게 위임하시는 장면이 나온다. 지금까지 리더십과 경영의 발전의 성과는, 권한을 위임하고 조직구성원들에게 힘을 실어주며 팀워크를 키워 나감을 통해 이루어져 왔다. 많은 기업의 CEO들이 조직 구성원들을 신뢰하지 못하고 일과 권한을 위임하는 데 실패한다.

이는 그들과의 긴밀한 소통을 통한 진정성 있는 신뢰관계를 형성하지 못했음을 보여주는 결과라고 할 수 있다. 기업의 CEO는 진정한 소통을 통한 권한 위임과, 조직 구성원과 팀을 키워 나가기 위한 노력을 지속적으로 할 필요가 있다.

조직 내에서 이루어지는 소통은 정보흐름의 방향에 따라 하향적 의사소통, 상향적 의사소통, 수평적 의사소통으로 나누어 볼 수 있다. 하향적 의사소통은 조직구성원의 지위와 역할에 따라 상급자가 하급자에게 명령, 지시, 설명을 전달하는 과정으로, 이에 따라 하급자의 행동을 유발하고, 그 활동을 조정하는 의사소통이다. 상향적 의사소통은 하급자의 의견, 정보 및 태도 등을 상위계층에 전달하는 하급자 주도의 의사소통이다. 수평적 의사소통은 조직 내에서 계층수준이 같은 구성원이나 부서 간의 의사소통을 의미한다. 수평적 의사소통이 적절히 수행되면 동료 간의 업무협조를 증진시키고, 상급자와 하급자 사이의 수직적 커뮤니케이션도 원만히 이루어진다.

한편 조직구성원은 조직에서 규정한 의사소통경로 이외에 그들의 다양한 욕구를 충족시키기 위하여 여러 사람과 대화를 나누고 인간적인 유대를 맺으려고 한다.

최근 조직 내 소통에서 주목해야 할 중요한 이슈 중의 하나가 바로 조직내 세대갈등으로 인한 소통부재의 문제일 것이다. 다양한 세대가 공존하는 조직 내에서 밀레니얼 세대는 동료들과 문자로만 소통하기 원하고, 베이비부머 세대는 문자를 보내지 않는다는 얘기다. 또 IT기기에 능한 밀레니얼 세대는 유연근무제를 좋아하지만, 나이든 직원들은 기존의 '9시 출근 5시 퇴근'을 선호한다는 것이다.

이러한 세대 갈등에는 생각과 가치관의 차이가 물론 존재하기는 하지만, 실제적인 차이에 의한 갈등보다 오히려 선입견과 메타선입견이 인위적 차이를 만들어 낸다는 연구결과도 있다.[134]

이러한 상황에서는 소통을 위해 우선, 이런 선입견과 메타선입견에 대해 터놓고 말하는 것이 훌륭한 첫걸음이 될 수 있다. 여기에 관점 수용하기(역할 바꾸기, 반대 입장에서 말하기), 협력하기(연령 다양성 그룹과 일했을 때의 장점 강조하기), 연령별 직원들의 이야기 공유하기 등의 실습을 결합하면, 사람들이 일터에 들어왔을 때 주의를 환기시킬 수 있다.

공동의 목표를 강조하는 것도 효과적인 전략일 수 있다. 그렇게 하면 나이든 직원과 젊은 직원 모두 같은 결과를 얻기 위해 일하는 같은 팀의 일원으로 스스로를 인식할 수 있게 된다. 실제로 공통점이나 공동의 목표에 초점을 맞추면 '우리' vs. '그들'로 구분해 생각하는 인식을 낮추고, '우리'라는 감각을 강화하거나 만들어낼 수 있다.

마지막으로, 경영자는 직원들이 세월에 따라 각자 다른 모습으로 변한다는 사실을 인식해야 한다. 이러한 변화는 여러 형태로 나타난다. 인생의 단계마다 일과 가족과 관련된 이런저런 갈등을 겪게 되고, 같은 연령대의 모든 직원이 똑같은 시간에 똑같은 경험을 하지는 않는다. 그러므로 경영자는 직원들의 변하는 니즈에 대해 꾸준하고 솔직하게 대화해야 한다. 그렇게 한다면, 부지런하고 경험도 많은 직원들이 다른 연령대의 직원들과도 잘 어울리면서 생산적으로 협력할 수 있을 것이다.

디랩을 창업한 송영광 대표는 기업에서 중요하게 생각하는 가치는 개척적인 기업가 정신이다. 그러다보니 기업 구성원을 선발할 때도 진취적이고 도전적인 요소들을 많이 보게 되는데, 특이하게 디랩은 학기제처럼 11주 일하고 한 주 쉬는 시스템으로 운영되고 있다. 이러한 점은 다른 회사에서 찾아보기 어려운 혁신적인 운영체제라고 볼 수 있고, 최근에는 책 읽는 모임을 업무시간으로 포함시키고, 2주에 한 번씩 편하게 커피를 마시면서 대화하는 시간들을 만들었는데, 조직구성원들과 소통뿐만 아니라 성과에도 긍정적인 영향을 미치게 되었다. 결국 이러한 소통이, 디랩의 비전과 가치대로 한마음으로 조직을 움직이는 원동력이 되고 있으며, 조직 내 세대간 갈등까지도 다 아우를 수 있는 조직의 시스템으로 작동되고 있다고 볼 수 있다.

■ 우아한형제들 사례[135]

소통을 잘 실천한 기업으로 '배달의 민족'으로 알려진 〈우아한형제들〉이 있다. 직원 5명이 시작해 창업 9년 만에 1,000명 이상 근무하는 기업가치 3조 원의 조직이 된 회사다. 이 회사는 매주 '우수타'라는 시간을 갖는다. '우아한 수다 타임'인데, 구성원들이 회사에 대해 궁금해하는 점과 개선 사항을 받아 대표가 직접 답을 해주는 시간이다. 이런 제도 운영에는 "구성원을 행복하게 만들면 행복한 구성원이 자발적으로 더 좋은 서비스를 만든다"는 김봉진 우아한 형제들 대표의 철학이 반영됐다. 배달의 민족 인사팀장은 "사람이 어떤 때 가장 행복함을 느끼는지 고민했는데, 결론은 구성원들이 내 · 외부적으로 좋은 사람들과 좋은 관계를 맺는 것이었다. 그렇다 보니, 좋은 사람들과 보낼 수 있는 시간을 선물하자는 게 제도에 반영되었다"고 설명한다.

2010년 스타트업 모델로 시작한 우아한형제들은 창업 초기 밤낮 없이 야근이 이어졌고, 노동 강도 역시 높았다고 한다. 설립 이후, 해마다 구성원이 늘어나면서 조직 문화의 변화가 필요하다고 판단해 구성원들과 함께 복지 제도를 다듬었다. 매주 수요일 오전 9시부터 30분 동안 진행되는 '우수타(우아한 수다타임)' 시간은 복지 제도를 논의하고 알리는 통로다. 이 자리에 김봉진 대표가 직접 나와 운영하고자 하는 복지 제도의 취지를 설명하고, 3~6개월 정도의 시험 운행을 거쳐 제도 유지 여부를 결정한다.

우아한형제들은 이런 제도 운영을 바탕으로 2017년 고용노동부 남녀 고용평등 우수기업 부문 대통령 표창을 받았다. 물론 우아한형제들은 워라밸(일과 삶의 균형)을 추구하는 회사는 아니며, 해보고 안 되면 빨리 접기도 한다. 왜냐하면 회사가 생존하기 위해선 성과가 나와야 하기 때문이다. 내부 구성원들 사이에서 근무시간 단축이나 다양한 제도들을 도입했을 때 생산성이 떨어지면 언제든 취소할 수 있다는 공감대가 형성돼 있다. 구성원들에 대한 믿음을 바탕으로 시행했고, 해마다 성과가 있었기 때문에 이러한 복지 제도를 지속적으로 운영할 수 있었다.

3. 소통과 리더십

GE의 최고경영자였던 잭 웰치는 리더로서 소통의 어려움에 대해 다음과 같이 말했다. 자신의 비전을 조직 내에 설파하면서 "열 번 말하지 않으면 말하지 않은 것과 같다"라고 했다. 혁신적이고 파격적인 비전에 대해 한 번에 이해시키고 공감대를 형성하기는 어렵기 때문이다. 다양한 방법으로 소통하고 설득하는 과정을 거쳐 공감대를 형성하는 것이 리더의 역할이다.

최근에는 직원들이 과거 세대에 비해 더 많이 교육받고 똑똑해졌기에 리더들은 부하직원과의 협의를 통해 조직을 이끌도록 요구받고 있으며, 리더가 부하직원들로 하여금 비전 달성에 적극 참여하도록 설득하기 위해서는 부하직원들에게 주어지는 이해관계를 적극 어필하면서 소통할 필요가 있다.

경영자가 올바른 리더십을 발휘하려면 소통이 원활해야 한다는 것을 알고 있으면서도 항상 소통의 어려움을 겪는다. 흔히 소통이 잘 안되는 이유가 상대방에 대한 신뢰가 없기 때문이라고 한다. 그러나 신뢰는 소통이 전제 조건이기도 하지만, 소통의 결과이기도 하다. 소통이 잘 되면 신뢰가 형성된다. 사전적 신뢰가 잘 구축된 곳에서는 소통의 어려움이 없지만, 그렇지 않은 곳에서는 먼저 올바른 소통을 통하여 신뢰를 구축해 나가야 한다. 하나님은 아브라함을 부르시어 인격적 신뢰관계를 만드시면서 소통하심으로 소통과 신뢰의 선순환적 상승 과정을 보여주셨다.

리더가 조직에서 소통을 어려워하는 가장 큰 이유는 소통에 대한 이해가 잘못되어 있기 때문이다. 첫째는 내 생각을 잘 전달하면 상대방이 이해할 것이라고 착각한다. 그러나 상대방은 내가 전달한 내용을 자기 나름대로 해석한다. 여기에 영향을 미치는 것이 상황(context)이다. 소통의 내용(text)이 기본이지만 어떠한 상황에서 어떻게 전달하는가에 따라 다르게 해석될 수 있기 때문이다.

동양사회는 서양 사회에 비해 하이 콘텍스트 사회(high context society)다. 문자적인 내용보다도 상황과 분위기가 소통에 크게 영향을 미치기 때문에 이에 대한 이해가 필요하다. 또한 문자적 언어는 소통에서 30% 비중밖에 차지하지 않는다. 나머지는 비언어적 표현, 표정이나 몸짓 등에 의해 의사가 전달된다. 하나님은 노아와 소통하면서 무지개를, 아브라함과 소통하면서 땅과 별 등 시청각 교재를 사용하셨다는 사실을 유의해야 한다.

둘째는 상대방의 생각에 대한 올바른 이해가 없이 일방적인 자기주장을 하는 경우가 많기 때문이다. 그래서 소통을 잘하려면 자기가 말을 많이 하기보다 상대방의 생각에 귀를 기울이는 것이 중요하다고 말한다. 경청하기 위해서는 상대방에 대한 공감과 신뢰가 전제되어야 한다. 경청을 어려워하는 리더들은 대부분 성공에 강박관념, 자기중심적 사고, 지나친 자기확신에 빠져 있는 경우가 많다. 자기중심성(egocentric)을 벗어나지 못하면 하나님의 말씀을 들어도 그 말씀에 공감을 못하고 살아 있는 말씀이 되지 못하듯이, 자기 중심성이 강하면 경청에 장애가 된다. 리더가 열린 마음을 가지고 경청할 수 있기 위해서는 성공에 대한 강박관념을 버리고, 자기중심성을 극복하고, 지나친 자기 확신에서 벗어나야 한다.

경청은 말하기 전에 상대방의 말을 먼저 잘 듣고 충분히 이해한 다음에 말하는 습관이다. 잠언 말씀에 "사연을 듣기 전에 대답하는 자는 미련하여 욕을 당하느니라"(잠 18:13)라고 하셨다. CEO들이 경청에 어려움을 겪는 것은 성격(personality)이나 문제해결 스타일(problem solving style)에 원인이 있기 때문이다. MBTI 측정에 의하면 CEO 가운데 TJ(thinking-judgmental) 형이 많이 발견된다. 이러한 스타일은 자기 생각의 틀이 강해서 자신의 틀과 맞지 않는 의견에 귀를 닫아 버리는 성향이 있기 때문이다. 따라서 자신의 성향이 경청이 어렵다고 생각하는 리더는 경청의 훈련이 필요하다.

'성경대로 비즈니스 하기 P31'의 저자인 하형록 회장은 기업 팀하스의 이념을 잠언 31장 20절에 근거하여 "우리는 어려운 이들을 위해 존재한다"라는 경영철학을 수립하였고, 신입직원 인터뷰를 할 때도 항상 경영철학에 대한 질문을 한다. 직원 채용을 위해 2~3시간의 인터뷰를 하며, 긴 오리엔테이션을 통해 회사의 이념과 정신을 공유한다. 이는 이익이나 성과중심이 아닌 나눔을 실천하는 회사의 직원으로서 나눔 공동체 정신을 견지하는 것이 회사생활에서 가장 중요한 자질이라고 생각하기 때문이다.

이러한 CEO의 건강하고 성경적인 경영철학은 조직 구성원들 사이에 상생의 관계와 원활한 소통을 가능하게 하였으며, 희생과 배려의 관계가 조직문화가 되어 조직성장의 주요 소프트 파워가 된 것이다. 그 결과 팀하스는 출범 20년 만에 미국 동부 최고의 건축 설계회사로 성장하게 되었다.

4. 이해관계자와의 소통

소통이 어려운 또다른 이유는 이해관계자와의 소통에서 찾아볼 수 있다. 즉, 이해(Interest)가 일치하지 않기 때문이다. 최근 경영과정에서 많은 이해관계자들과의 협력적인 부분들이 발생하면서 협상과 소통의 중요성이 대두되고 있다. 이는 경영성과와 직결되는 부분이므로 경영자로서도 매우 신중하게 접근해야 하며, 이해관계자와의 협상과 소통전략에 대해서도 미리 준비할 필요가 있다. 대부분의 이해관계자와의 소통에서는 이해관계가 상충되는 경우가 많기 때문에 더욱 어려운 부분이라고 할 수 있다.

피터드러커는 소통에 있어서 경청보다 중요한 것이 이해의 일치라고 했다. 서로의 이해가 상반되는 상황에서는 아무리 대화를 해도 합의점이 도출되기 어렵다. 따라서 먼저 이해관계를 조정하는 협상의 과정이 필요하다. 겉으로 드러난 이해관계도 중요하지만 숨은 이해관계를 찾아 내어 서로 만족할 만한 타협점을 찾아야 한다. 이해관계 불일치의 딜레마를 해결하기 위에서는 근본적인 관점, 장기적인 관점으로의 전환이 필요하다.

사실 소통의 근본적인 관점은 조직의 사명을 명확히 인식하는 것이며, 장기적인 관점은 조직의 비전에 대해 공감하는 것이다. 이를 위해서는 궁극적 관심(ultimate concern)을 일치시키기 위한 노력이 필요하다. 이해관계자와의 관계와 소통에 있어서도 이러한 점을 감안하여 궁극적으로 이해관계자와의 장기적인 목표가 동일함을 인식시킬 필요가 있다. 조직 내에서는 왜 우리 기업은 존재해야 하는가, 우리 기업의 바람직한 미래상은 무엇인가에 대한 경영자와 구성원의 관심을 일치시켜야 이해관계 대립의 딜레마가 해결될 수 있었던 것과 마찬가지로 이해관계자와의 소통에서도 근본적이고 장기적인 관점으로 접근하는 것이 필요하다.

경영자는 조직 밖의 이해관계자와 갈등이 발생하는 경우에 서로의 이해관계를 일치시키기 위한 협상과 조정이 필요하다. 대립보다는 상생의 관계를 만드는 것이 중요하다. 이 경우에도 단기적 이해관계를 장기적인 관점으로 바꾸고자 하는 노력이 필요하며 협상력을 갖추어야 한다. 기업의 평판이나 이미지는 대외적 소통에 매우 중요하다. 이해관계자들이 기업에 우호적인 감정을 가지고 있으면 소통이 원활하나, 그 반대인 경우 소통의 장애요인이 된다. 따라서 경영자는 자기 조직의 대외적 이미지와 평판을 긍정적으로 형성하고자 하는 노력을 기울여야 한다.

소통을 통한 경영은 또한 우리가 우리와 함께 일하는 주변사람을 이해하고 사랑하라는 부르심을 받은 사람들이라는 측면을 일깨워 준다(요일 4:7). 기업의 CEO는 하나님이 그들의 관리하에 두신 모든 것을 의식적으로 돌보아야 할 책임이 있고, 이는 사랑에 기반한 진정성 있는 소통을 통해서만 가능하기 때문에 기업의 운영 전반에 있어 세심하게 소통함을 결코 간과해서는 안 된다.

기업 내에서의 많은 갈등과 문제의 기저에는 충분하고 진정성 있는 소통이 부재한 경우가 많다. 크리스천 CEO가 이를 해결하는 출발점은 하나님과의 소통을 먼저 회복하는 것이다. 갈등과 미움이 있는 상대방이 있다면 하나님 앞에서 그 문제를 해결해 주시도록 간구해야 한다. 자신의 회복이 이루어진 뒤에 상대방과 진정성 있는 소통을 해야 한다. 이를 통하여 조직에서 구성원들을 회복시키고 치유하라는 하나님으로부터 받은 사명을 실천해야 한다.

크리스천 CEO는 권력을 가진 위치에 있을 때, 끊임없이 하나님과의 소통, 조직구성원과 소통을 위해 노력해야 한다. CEO는 권한이 집중되면 자의적이고 독단적으로 행동하고자 하는 성향이 있기 때문이다. 이점을 늘 자각하고 명심하며 전적으로 권력을 행사하기 보다는 충분한 소통을 통하여 조직구성원들에게 위임하고 나눠줄 필요가 있다. 때로는 권력을 위임하고 권한을 나누는 것이 비효율적이고 위험을 초래하는 일처럼 불안하게 느낄 수 있으나, 바로 그것이 하나님께서 원하시는 일이다.

크리스천 경영자는 소통의 달인이 되어야 하며, 인간과 소통하기 위해서 자신을 낮추어 종의 모습으로 오신(엡 2장) 하나님의 경륜과 지혜를 배워야 한다. 말씀에 기초한 올바른 소통을 하는 것이 기업을 경영함에 있어서 가장 기본적이고 필수적인 요소이기 때문이다. 조직 내에서 올바른 소통을 통해 개인과 팀, 나아가 기업 전체와 올바른 관계를 형성할 수 있고, 이를 바탕으로 올바른 의사결정을 이끌어냄으로써 조직의 시너지를 창출하여 기업이 목표로 하는 성과에 도달하도록 해야 한다.

■ 자비스앤빌런즈 사례[136]

자비스앤빌런즈(이하 자비스)는 자체 기술을 기반으로 국내 유일의 인공지능(AI) 세무·회계 업무를 제공하는 서비스형 소프트웨어(B2B SaaS) 스타트업이다. 현재 중소사업자를 대상으로 인공지능 세무·회계 서비스 자비스를, 개인을 대상으로는 간편 종합소득세 신고 서비스 삼쩜삼을 운영한다.

자비스는 잔고·매출·매입 등의 입출고 관리는 물론 미수금·미지급금 내역 확인, 전용 앱을 통한 영수증 관리, 편리한 자동계산을 지원하는 급여 관리 등 모든 경리 업무를 인공지능을 기반으로 제공하면서 온라인 세무·회계 서비스 혁신을 이끌고 있다는 평을 받는다. 약 26만명이 26.5억원의 세금을 환급받게 만든 삼쩜삼 서비스는 자비스의 새로운 성장동력이자 전국민 세금환급 솔루션으로 자리매김했다.

'You work, We help'라는 슬로건 아래, 모두가 본업에 집중할 수 있도록 세무와 회계를 돕겠다는 자비스. 이 회사의 문화는 어떨까. 역삼역에서 지하로 바로 연결되는 건물 4층에 위치한 자비스의 문을 두드렸을 때, 직원들 사이에 앉아 있는 김범섭 자비스 대표의 모습을 발견했다. 파티션이 없는 자유로운 분위기에서 커뮤니케이션하는 자비스의 사내 문화가 사무실에서도 엿보였다. 나이와 연차에 구애받지 않고, 서로를 '님'으로 호칭하며 존대한다. 대표님도 '범섭님'으로 호칭한다.

실제로 자비스가 자랑하는 문화 중 하나는 '오버 커뮤니케이션'이다. 각자 업무를 진행하면서 대화를 많이 나누고, 타 부서와도 지속적으로 협업을 하며 아이디어를 나눈다. 2주에 1번씩은 '1on1 미팅'이 진행된다. 30분 동안 김 대표와 진행하는 일대일 미팅이다. 일이나 프로젝트에

대해 이야기하는 것이 아니라, 한 주간의 힘들었던 일, 좋았던 일, 리더
십에 대한 의견을 솔직하게 터놓고 얘기하는 시간을 갖는다. 원한다면
업무에 필요한 코칭과 피드백도 일대일로 받을 수 있다.

수평적 기업문화를 추구하는 스타트업들은 대부분 타운홀 미팅을 정기
적으로 진행한다. 수많은 스타트업 중에서도 자비스가 진행하는 미팅은
사뭇 다르다. 한달에 한 번 갖는 미니 워크샵은 실내 스포츠나 오락을
즐길 수 있는 파티룸이나 펜션 등 프라이빗한 공간에서 개최된다. 탁구,
오락, 다트를 하며 시간을 공유하고, 놀다 지치면 그동안 생각해둔 아이
디어들을 털어놓는다. 각자의 일상과 고민을 나누는 시간도 이어진다.
코로나19로 잠시 멈춰 있지만, 조만간 패러글라이딩이나 서바이벌 게임
등을 하는 '플레이샵'도 진행할 예정이다.

5. 소통과 진정성 리더십

리더가 구성원으로부터 신뢰를 얻으면 리더의 진정성이 구성원
에게 공감되어야 한다. 이러한 리더십을 '진정성 리더십(authentic
leadership)'이라고 하며, 구성원의 가슴을 뛰게 하는 사명으로 구
성원들을 임파워먼트(empowerment)시켜 이들과 함께 사명이 현
실이 되도록 선한 영향력을 행사하는 리더십이라고 정의된다.

리더십 전문가인 스콧 스눅 미국 하버드 경영대학원(HBS) 교
수는 진정성 리더십에 대해 "나는 누구이고 지금까지 어떤 삶을
살아왔으며 내가 소중하게 여기는 핵심가치가 무엇인지 평생을
다해 찾아가는 여정이다"라고 말한다. 진정성이란 단어에서 알 수
있듯이 핵심은 '스스로에게 진실해야 한다(to be true to your-
self)'는 메시지라고 정의하고 있다.

루쌴스와 아볼리오(Luthans & Avolio(2003)[137]는 진정성 리더

십을 "긍정심리학의 역량과 고도로 발전된 조직적 맥락을 기반으로 리더와 동료들의 자기인식 및 자기규제 행위를 발생시켜, 긍정적인 자기발전을 강화하는 과정"이라고 규정하였으며, 가드너(Gardner)[138]와 그의 동료들은 "리더가 자기 자신의 진정한 모습을 알고 있고 자신의 내면 감정, 생각, 가치관에 일치하도록 행동함으로써 자신은 물론 주위 사람들의 자아 성취, 더 나아가 조직의 변화를 유도하는 것"이라고 정의하였다.

진정성 리더십의 개념은 시장중심의 무한경쟁 패러다임에 한계점이 있다고 지각한 학자, 실무자, 운영자들에 의해 2004년 네브래스카 리더십 컨퍼런스에서 처음으로 소개되었다. 이는 2000년대 들어 기존의 리더십 이론들이 리더의 화려한 언변이나 제스츄어, 스킬 등을 지나치게 강조하는 방향으로 발전함에 따라 경영자의 사리사욕을 채우는 수단으로 전락하였다는 인식이 커졌기 때문이다. 진정성 리더십은 2000년대 들어 엔론과 월드컴, 타이코 등의 CEO들이 사적인 이익을 위해 부정을 저지르고 주주들에게 막대한 손해를 끼치면서 새롭게 각광받기 시작한 리더십으로, 명확한 자기인식을 바탕으로 확고한 가치와 원칙을 세우고, 투명한 관계를 바탕으로 주위에 긍정적인 영향을 끼치는 능력을 말한다.[139]

결국 진정성 리더십의 가장 중요한 첫째 요소는 자신의 특성, 가치관, 동기, 감정, 인지를 인식하고 신뢰하는 것을 의미하는 자아인식(self-awareness)이고, 균형 잡힌 정보처리(balanced processing of information)능력이며, 나아가 관계적 투명성(relational transparency)이다. 관계적 투명성은 가까운 인간관계에서 개방성과 진실성을 소중하게 생각하고 가까운 사람들이 자신의 장점과 약점을 함께 볼 수 있도록 돕는 것이라고 할 수 있다. 여기에 덧붙여 내재화된 도덕관점(internalized moral perspective)이 필요한데, 내재화된 도덕관점은 외부압력에 의한 통제 대신에 자신의 내적인 도덕기준과 가치관에 따라 행동하는 자기규제과정이다.[140]

진정성 리더(authentic leader)는 리더가 자기 자신에 대해 잘 알고 이해하며, 부하직원들과 개방적으로 의사소통을 하면서 자신이 가치 있다고 생각하는 신념을 행동으로 나타내는 자기 규율(self regulation) 리더이다. 그렇기에 진정성 리더십의 핵심은 리더의 스타일이나 스킬이 아니라, 리더 개인의 참된 품성이며, 따라서 진정성 있는 품성을 갖춘 리더를 진정성 리더라 할 수 있다.

크리스천 CEO에게 요구되는 리더십은 결국 하나님과의 소통을 통해 수립된 올바른 가치관과 경영철학에 근거하여 조직구성원들과 진정성 있는 의사소통을 하는 리더십인 것이다. 중요한 것은 진정성 리더가 타인이 아닌 자기 자신을 먼저 돌아봄으로써 즉, 진정성 있는 품성과 솔선수범의 모습을 통해 부하 직원, 고객, 주주 및 다른 이해관계자들과 협력적이며 신뢰받는 관계를 구축하여 그 영향력을 드러낸다는 것이다.

이러한 진정성 리더십을 보여준 대표적인 사례로는 제약업체인 유한양행의 창립자로서 자신의 안위보다 조국과 동포들을 먼저 생각하고, 당장의 이윤보다 국민의 건강을 위한 경영을 실천하며, 자신의 전 재산을 사회에 환원한 유일한 박사를 들 수 있다. 또한 군인출신으로 맨손으로 포항제철(현 포스코)을 일으켜 세계 최고의 철강회사로 키워냈지만, 자신은 정작 포스코 주식을 한 주도 소유하지 않았던 박태준 명예회장을 들 수 있다.

진정성 리더의 공통적인 특징은 첫째, 타인의 기대에 순응하려 하지 않고, 남을 속이려 하지 않으며 자신에게 진실하다. 둘째, 지위나 존경 또는 다른 개인적 이익을 얻기 위해서가 아니라, 자신의 신념을 지키기 위해서 노력한다. 셋째, 남의 행동을 모방하지 않고 독창적이다. 즉, 이들은 각자가 가지고 있는 자신의 관점에 따라 행동한다. 넷째, 행동은 무엇보다 자신의 가치와 신념을 반영한다.

리더가 이러한 진정성 리더십을 효과적으로 실천하기 위한 방법으로 하버드 비즈니스 스쿨 스콧 스눅(Scott Snook) 교수의 말을 인용할 수 있다. "당장은 답답해도 궁극적으로 팀원들이 최상의 결과를 낼 수 있도록 상호 존경을 바탕으로 권한을 위임하는 데 주력해야 한다. 자신이 모든 일을 통제 해야겠다는 생각을 버릴 때 리더는 개인적인 욕심에서 벗어나 다른 리더들을 키워나갈 수 있다. 그때에야 비로소 모두가 공유하는 목적을 향해 동료들과 함께 나아갈 수 있다." 141)

진정성 리더는 조직과 팀의 소명은 사라진 채 단기적 목표달성에만 집중하는 것이 아니라 비전과 사명, 장기적 목적의 고찰을 통해 목표가 도출되었음을 깨닫고 외재적 목표와 내재적 가치를 균형있게 관리한다. 그리하여 조직의 목적을 고려한 지속적 성과관리가 가능하며, 리더 자신의 사욕, 개인의 성장에만 관심을 가지는 것이 아니라, 보다 조직적인 큰 그림을 보는 리더이며, 조직의 사명과 목적의식을 통해 지속가능한 성과 창출에 뜻을 둔다고 할 수 있다.

■ 디즈니의 밥 아이거 사례[142]

밥 아이거는 디즈니를 다시 세계 최고의 종합 엔터테인먼트 기업으로 부활시킨 전문경영인이다. 그는 픽사와 마블, 루카스필름, 그리고 21세기 폭스까지 엄청난 인수합병을 성사시켜, 몰락해 가던 디즈니 왕국을 되살려낸 인물이다. 그는 경영상에서 자신이 진두지휘한 흥미진진한 협상 과정들이 있으며, 협상 성공의 키워드로 '신뢰'를 꼽는다. 약육강식의 정글과도 같은 무한경쟁의 비즈니스의 세계에서 그 어려운 일들을 해낸 뒤에는 그만의 진정성 리더십이 존재하고 있었다. 방송인 오프라 윈프리가 "그는 거의 모든 의사결정에서 대단히 품위 있는 승리를 거머쥐었다"고 극찬했을 만큼, 그렇게 까탈스럽던 스티브 잡스가 "믿을 만한 친구"라고 부인에게 털어놓았을 정도로 그의 '신뢰경영'은 울림이 크다. 그는 자신만의 리더십 원칙 10가지를 실천해 괄목할 성과를 거두었다고 자평한다.

첫째는 낙관주의다. 이를 '달성할 수 있는 것에 대한 실용적인 열정'이라고 말했다.

둘째는 용기. 실패에 대한 두려움이 늘 창의성을 파괴한다고 했다.

셋째는 명확한 초점이다. 우선순위를 자주, 명확하게 알리라고 했다.

넷째는 결단력이다. 리더의 우유부단함이 조직 사기도 떨어뜨린다고 믿었다.

다섯째는 호기심이다. 혁신은 지속적인 호기심에서 나온다고 강조했다.

여섯째는 공정성이다. 공정하고 품위 있는 태도가 진정한 리더십을 발휘케 한다고 했다.

일곱째는 사려 깊음. 정확한 정보에 기초해 의견을 개진하고 숙고해 다듬으라 했다.

여덟째는 진정성이다. 존중과 신뢰의 원천이라고 했다.

아홉째는 완벽주의. 완벽추구보다는 평범함을 거부하라는 쪽에 가깝다.

마지막은 고결함이다. 구성원과 제품 모두 품질과 고결함이 있어야 한다는 얘기다.

6. 소통과 이문화 커뮤니케이션

'이문화 커뮤니케이션'이란, 나와는 다른 문화, 다른 환경이나 조건 등에 놓인 사람과의 의사소통을 말하는데, 이는 단순한 언어적 의사소통에 그치는 것이 아니라, 자국 문화에 관한 이해와 더불어 상대방의 문화적 배경과 지식을 이해함으로써 비로소 진정한 소통이 가능하다는 것을 의미한다.

이문화를 포함한 문화를 설명할 때 자주 사용되는 것이 '문화의 빙산모델'인데 빙산과 같이 '보이는 문화'와 '보이지 않는 문화'로 나누는 방식이며, 이문화에서는 보이지 않기 때문에 더 많은 오해를 유발할 가능성이 있는 '보이지 않는 문화'에 더욱 유의할 필요가 있다. 특히 현지의 '보이지 않는 문화'에 대한 새로운 인식을 가질 필요가 있다.

비즈니스 선교의 현장에서 현지인들과의 소통은 그 무엇보다도 더 중요하다. 소통을 위해서는 현지어를 구사하는 능력이 필수적이다. 언어와 문화가 익숙하지 않은 상태에서 비즈니스를 할 경우 의사소통의 문제로 서로 간에 오해를 불러일으킬 소지가 다분하기 때문이다.

해외 선교지에서 사역하는 선교사가 현지인과의 원활한 의사소통을 위해서는 현지의 이문화를 이해하기 위한 노력이 필요한데 언어적인 장벽 등으로 현지의 '보이지 않는 문화'를 간과하고 본국에서 일하던 방식을 강요함으로써 의사소통의 벽을 키워 현지인과의 소통에 어려움을 겪는 경우도 적지 않다. 경우에 따라서는 선교사는 선교사끼리, 현지인은 현지인끼리 따로 노는 심각한 경우도 볼 수 있으며, 이런 의사소통 장애가 현지인들의 선교에 걸림돌이 되거나 선교사의 업무상 부담을 줄여 주지 못하는 결과를 초래하기도 한다. 해외 선교지에서의 이러한 의사소통 장애는 평상시에는 잠복해 있다가 문제를 심각하게 악화시킬 수 있다.

조직 내에서의 소통은 업무적(task) 소통, 창의적(innovation) 소통, 정서적(maintenance) 소통으로 나눌 수 있는데, 해외 선교지에서는 정서적 소통장애가 심각하며, 정서적 소통장애는 업무적 소통과 창의적 소통에도 영향을 미쳐 결과적으로 해외선교지에도 부정적 영향을 미칠 수 있을 것이다. 정서적 소통장애를 줄여 나가기 위해서는 해외선교지에 파견된 선교사들이 우선적으로 현지의 '눈에 보이지 않는 문화'에 대한 이해를 넓혀 나가면서 진정성을 바탕으로 현지인들과의 의사소통을 활발하게 펼쳐나가야 할 필요가 있을 것이다.

V국의 K선교사는 "언어문제를 극복하고 나니 현지인과 친밀감이 높아지는 것을 경험했습니다. 현지어를 구사하니 어디를 가든 사람들이 협조적으로 잘 대해 주더군요. 바이어를 만나서도 쉽게 호감을 얻거나 세밀한 협상이 가능했고, 직원들 간의 농담이나 고충을 이해하며 커뮤니케이션 오류를 줄일 수 있었습니다." [143]

7. 맺음말

창조의 시점부터 태초에 하나님의 말씀이 있었음은 우리와 소통하시기 위한 것이며, 말씀이 육신이 되어 이 땅에 오신 것도 직접적이고 친밀한 소통을 위해서임을 성경은 말해주고 있다. 하나님께서는 말씀을 통해 끊임없이 우리와 소통하기 원하셨고, 지금도 함께 일하기 원하신다. 기업에서 경영자는 다양한 방법으로 소통하고 설득하는 과정을 거쳐 공감대를 형성해야 한다. 최근에는 세대간 격차가 현격하게 커지면서, 부하직원과의 협의를 통해 조직을 이끌어 가기가 쉽지 않고, 더구나 경영자가 조직 구성원들로 하여금 비전 달성에 적극 참여하도록 설득하기 위해서는 평소에 신뢰관계를 통한 충분한 소통이 필요하다.

소통을 통한 경영은 기업이 조직 내 구성원들뿐만 아니라 더 나아가 관련되어 있는 이해관계자까지 아우름을 의미한다. 이는 말씀을 통해 주변 사람을 이해하고 사랑하라는 부르심을 받은 사람들이라는 측면을 우리에게 일깨워 준다. 기업의 CEO는 하나님이 그들의 관리하에 두신 모든 것을 의식적으로 돌보아야 할 책임이 있고, 이는 사랑에 기반한 진정성 있는 소통을 통해서만 가능하기 때문에 기업의 운영 전반에 있어 세심하게 소통함을 결코 간과해서는 안 된다. 이는 진정성 있는 경영자의 모습으로 소통할 때에만 가능할 것이다.

↘ 실천지침

1. 기업 경영의 출발점은 하나님과의 소통이고, 나아가 조직 구성원들과의 소통으로 연결되어야 한다. 조직 구성원들과의 소통을 통해 공동의 목적과 목표를 찾아보도록 한다.

2. 경영자가 자신의 권력에 의지하여 일방적인 소통을 하고 있지는 않는지 점검해 보도록 한다.

3. 진정성 리더의 모델을 자신에게 적용할 수 있는 방안을 찾아 보도록 한다.

4. 기업 내 다양한 소통의 방법들을 적용하고 점검하고, IT기술 발달에 따른 새로운 소통의 방법들을 활용할 수 있는 방법을 찾아 본다.

5. 해외 현장에서 이문화 커뮤니케이션을 효과적으로 할 수 있는 방안을 찾아보도록 한다.

↘ 토의주제

1. 우리 기업은 소통이 잘 되는 조직인지 고민해보고 토의해보자.

2. 만약 소통이 잘 안되는 부분이 있다면 그 원인은 무엇인지 생각해보고 논의해보자.

3. 다양한 소통의 방법들 중 우리 기업에 적합한 방법은 무엇인지 찾아보자.

4. 타문화권과의 소통을 위한 최적의 방법은 무엇인지 나누어보자.

5. 소통이 잘 되는 조직이 되기 위해 우선적으로 실천해야 할 일은 무엇인지 논의해보자.

    하나님을 아는 것이 지식의 근본이라고 말씀하셨기 때문에 성경에서 가장 먼저 자신을 계시하신 창세기는 모든 지식의 시작점이며, 이를 올바르게 깨닫고 적용하는 것은 지혜 경영의 근본적인 토대가 된다. 저자들은 이 책을 통하여 창세기에 나타난 경영의 원리를 찾아보고 이를 현장에 적용하여 지혜로운 경영을 할 수 있는 방법을 찾아보자 했다. 부족한 가운데 하나님의 도우심을 간구하며 창세기에 나타난 그분의 섭리, 경륜, 계시를 이해하고, 그 속에서 경영의 원리를 정립해 보았다.

    우리는 창세기를 통하여 나타난 하나님을 올바르게 알게 되면 될수록 우리의 삶은 많은 도전과 변화에 직면하게 될 것이라는 확신을 갖게 되었다. 우주의 창조자일 뿐 아니라 인간 존재의 근원이 되시는 그분을 온전히 이해한다는 것은 불가능하지만, 그분이 계시해 주신 것을 바르게 알고자 노력하면 그분은 이 세상을 제대로 볼 수 있는 통찰력과 지혜를 주실 것을 믿기 때문이다. 우리가 창조주 하나님에 대해 알면 알수록 우리의 삶은 깊이와 넓이와 높이가 커져가게 될 것이다.

    성경적 관점에서 기업은 인류의 삶을 보다 풍요롭게 하는 창조명령의 수행기관이며, 경영자는 기업활동을 통하여 하나님의 창조명령을 수행하는 사명을 가지고 있다. CEO 자신이 하나님 앞에서 어떠한 존재인가를 분명하게 인식하는 것이 성경적 세계관과 가치관의 출발점이며, 하나님의 창조명령 속에서 올바른 기업관과 경영관을 갖는 것이 모든 경영 의사결정의 기초가 되어야한다.

기업은 조직체를 통하여 하나님께서 인간에게 주신 창조성을 발휘하여 가치를 창출하는 기관이다. 창조적인 조직이 되기 위해서는 사람의 창조적 성취욕구가 발현되도록 하는 환경 조성이 중요하다. 하나님은 인간에게 자유의지를 주셨기 때문에 자유와 자율이 보장되는 환경에서 창조성이 발현될 수 있다. 경영자는 이러한 환경을 조성하도록 하는 제도를 만들고 리더십을 수행해야한다.

하나님이 창조 사역 중에서 가장 중요한 것은 생명을 창조하신것이며, 창조된 생명이 생육하고 번성하기를 바라셨다. 기업은 인간 생명의 유지와 풍성함을 지원하기 위하여 활동한다는 점에서 생명공동체이다. 좋은 기업은 좋은 일자리를 만들고 구성원의 삶을 향상시키고 풍성하게 한다. 경영자는 생명공동체의 책임자라는 자기 인식과 소명 의식을 가지고 직무를 수행해야 한다.

하나님은 사람에게 그가 만든 창조 세계를 관리하고 보존하도록 위임하였다. 죄와 타락으로 사람이 하나님의 뜻에 따라 이 세상을 올바르게 다스리지 못하게 되자 하나님은 인간의 역사에 개입하시어 하나님의 창조목적에 합당하게 세상이 경영되도록 은혜를 베푸셨다. 크리스천 CEO는 하나님의 창조명령을 수행하는 청지기를 사명의식을 가지고 경영을 하며, 직원들과도 올바른 위임 관계를 만들도록 해야 한다.

　하나님은 사람을 만드시고 적절한 공급을 통하여 생육하고 번성하도록 하셨다. 사람은 하나님의 공급하심이 없이는 생존할 수 없는 피조물이라는 의식을 가지고 겸손하게 하나님께서 주시는 풍성한 공급을 간구해야 한다. 경영자는 공급자 하나님의 은혜를 체험할 때, 그분에 대한 신뢰와 감사가 깊어지게 된다. 공급자 하나님에 대한 이해가 깊어질수록 더 나은 세상을 만들기 위한 공급자로서의 기업경영의 책임을 수행하고자 하는 사명의식을 갖게 된다.

　하나님은 인간을 창조하시고 축복하시며 형통하기를 바라셨다. 하나님이 우리에게 형통을 주시는 목적은 자신의 복된 삶에 머물지 말고 많은 사람을 형통하게 하면서 복음을 전하여 하나님의 나라를 확장하도록 하신 소명을 주신 것이다. 하나님의 형통을 세상의 물질적 성취와 동일시하여 부정적인 인식을 가지지 말아야 하며, 동시에 형통의 기쁨에 취하여 형통을 주신 하나님을 잊어버리는 어리석음에 빠지지 말아야 한다. 경영자는 기업이 물질적, 경제적, 사회적 가치 창출을 통하여 공동체의 형통을 실현할 수 있도록 해야 한다.

　비전은 기업의 바람직한 미래상이며 경영자가 실천해야 할 목적과 전략의 출발점이다. 창세기에서 하나님은 준비되지 않은 아브라함 한 사람을 부르시어 비전을 주시고 순종하도록 하셨다.

그 순종을 의로 여기시고 그의 백성을 세우시기 위한 통로로 삼으셨다. 비전은 처음에는 희미해 보이지만 시간이 지날수록 구체적이고 명확해진다. 경영자는 자신의 비전이 아닌 하나님으로부터 주어진 비전을 깨닫고 실천하도록 노력해야 한다. 혼자만이 아닌 공동체가 함께 비전을 공유하면서 합심에서 나가도록 만들어야 하는 책임이 있다.

경영자는 공정하신 하나님의 성품을 닮기 위해 노력해야 한다. 죄로 인해 연약해진 인간의 한계를 극복하기 위해 하나님의 도우심을 간구해야 한다. 리더는 공정성의 가치를 실현 할 수 있는 시스템과 문화를 만들도록 해야 한다. 스스로 공정성 실현의 역할 모델이 될 수 있도록 자기 관리에 힘쓰며, 이를 점검할 수 있는 방안을 마련해야 한다. 기업의 핵심 가치에 반영하고 구체적인 행동지침이 되도록 기업내 교육·훈련의 기회를 제공해야 한다.

경영현장에는 다양한 형태의 갈등과 대립이 존재한다. 경영자는 이해관계자의 조정자가 되어야 하며 갈등을 해결하여 화해의 관계를 만드는 자(peace maker)의 역할을 감당해야 한다. 조직 내에서의 화해와 화합은 효과적 리더십 발휘를 가능하게 하여 경영의 성과를 높여 준다. 이를 위해서 내 삶이 하나님의 주권 하에 있다는 것을 인정하고 하나님의 관점에서 상황을 바라보면서 문제를 해결하고자 하는 노력이 필요하다. 경영자 자신이 사랑과 감사가 충만하여 주변에 긍정적인 영향력을 미치도록 해야 한다.

기업은 수많은 계약 관계를 근거로 해서 운영된다. 계약을 준수하도록 하는 법적 제도적 장치를 마련하고, 위반시 페널티를 부과한다. 그러나 이러한 방식만으로는 경영의 탁월성을 실현하기 힘들다. 경영자는 계약적 관계의 불완전성과 한계를 넘어선 언약적 관계의 아름다움이 나타날 수 있는 가능성을 모색해야 한다. 언약적 관계의 탁월성을 실현할 수 있는 리더십과 조직문화를 만들기에 힘써야 한다. 경영자 자신이 신실하신 하나님의 성품을 닮아 갈 때 언약적 관계를 형성할 수 있는 가능성이 높아질 수 있다.

소통은 올바른 조직관리의 핵심 요소이자 효과적인 리더십 발휘의 필요 조건이다. 소통이 잘 되면 신뢰가 증진되지만, 그 반대가 되면 신뢰가 약화되기 때문이다. 따라서 경영자는 다양한 방법으로 소통 노력을 기울여야 하며, 소통을 가로막는 장애요인을 없애도록 해야 한다. 무엇보다도 먼저 자기 자신이 진정성을 가지고 소통하고자 하는 태도를 가져야 한다. 사람 사이의 올바른 소통을 위해서는 하나님과의 소통이 먼저 원활하게 이루어져야 하며, 사람과 소통하고자 자신을 낮춰 종의 모습으로 오신 예수 그리스도의 겸손을 배워야 한다.

미주

1장 창세기의 세계관과 경영원리

1) 제임스 사이어, "기독교 세계관과 현대 사상", IVP, 1985.
2) 한정화, 최성진, "감사경영이 핵심인 기업, 네패스", 굿비즈니스 현장스토리, 맑은나루, 2020.
3) 폴 스티븐스, "하나님의 사업을 꿈꾸는 CEO", 홍병룡 옮김, IVP, 2009.
4) 켄 엘드레드, "비즈니스 미션", 안정임 옮김, 예수전도단, 2006.
5) 조성도, "사회적 가치를 창출하는 비즈니스 빌더, 임팩트스퀘어", 굿비즈니스 현장스토리, 맑은나루, 2020.
6) 한정화, 권수라, "펀딩은 와디즈로부터!", 굿비즈니스 현장스토리, 맑은나루, 2020.
7) 권수라, "패러다임 변화에 혁신으로 답하는 기업", 굿비즈니스 현장스토리, 맑은나루, 2020.
8) 한정화, 최성진, "감사경영이 핵심인 기업, 네패스", 굿비즈니스 현장스토리, 맑은나루, 2020.
9) 전용욱, 한정화, "초일류기업으로 가는 길", 김영사, 1994.
10) 한정화, 권수라, "펀딩은 와디즈로부터!", 굿비즈니스 현장스토리, 맑은나루, 2020.
11) 스탠리 탬, "하나님이 나의 기업을 소유하시다", 규장, 2016.
12) 박철, "팜슈거로 달콤하게 현지에 녹아든 H사 이야기", 비즈니스 미션, 맑은나루, 2018.

2장 창조의 원리

13) 폴 마이어, "성공을 유산으로 남기는 법: 백만장자의 인생 열쇠 25", 두란노, 2003.
14) 로버트 프레이저, "마켓플레이스 크리스천", 장동희 옮김, 순전한 나드, 2007.

15) 하형록, "성경대로 비즈니스 하기 P31", 두란노서원, 2015.

16) 하형록, "성경대로 비즈니스 하기 P31", 두란노서원, 2015.

17) 로니 벨랑거 외, "하늘의 성공원리", 토기장이, 2008.

18) 로버트 프레이저, "마켓플레이스 크리스천", 장동회 옮김, 순전한 나드, 2007.

19) 존 어데어, "창조적 사고의 기술", 청림출판, 2010.

20) 한정화, "세계 일류기업과 성경적 경영원리", 빛과 소금, 2001. 7.15에서 재인용

21) 한정화, "세계 일류기업과 성경적 경영원리", 빛과 소금, 2001. 7.15에서 재인용

22) 한정화, "세계 일류기업과 성경적 경영원리", 빛과 소금, 2001. 7.15에서 재인용

23) 박철, "건강한 제품으로 인류와 행복을 공유하는 리디아알앤씨", 굿비즈니스 현장스토리, 맑은나루, 2020.

24) 피터 드러커, "경영의 실제", 한국경제신문, 2006.

25) 박철, "경영, 신앙에 길을 묻다", 맑은나루, 2012.

26) 박철, "경영, 신앙에 길을 묻다", 맑은나루, 2012.

27) 알란 로빈슨, "조직의 창의성", 장재윤 옮김, 지식공작소, 1999, 29쪽.

28) 한정화, "세계 일류기업과 성경적 경영원리", 빛과 소금, 2001. 7.15에서 재인용

29) 한정화, 최성진, "감사경영이 핵심인 기업, 네패스", 굿비즈니스 현장스토리, 맑은나루, 2020.

30) 동아일보 미래전략연구소, "이노베이션 스토리", 2010.

31) 제프 모지, 리처드 해리먼, "창의력 주식회사", 노혜숙 옮김, 푸른숲, 2003.

32) 제프 모지, 리처드 해리먼, "창의력 주식회사", 노혜숙 옮김, 푸른숲, 2003.

33) 존 어데어, "창조적 사고의 기술", 청림출판, 2010.

34) 존 어데어, "창조적 사고의 기술", 청림출판, 2010.

35) 래리 줄리언, "God is my CEO", 제갈정웅 옮김, 명진출판, 2001.

3장 생명의 원리

36) 래리 줄리언, "God is my CEO", 제갈정웅 옮김, 명진출판, 2001.

37) 한정화, 권수라, "펀딩은 와디즈로부터!", 굿비즈니스 현장스토리, 맑은나루, 2020.

38) 권수라, "패러다임 변화에 혁신으로 답하는 기업", 굿비즈니스 현장스토리, 맑은나루, 2020.

39) 하형록, "성경대로 비즈니스 하기 P31", 두란노서원, 2015.

40) 유태식, "돈이 아니라 생명입니다", 쿰란 출판사, 2000.

41) 한정화, 최성진, "감사경영이 핵심인 기업, 네패스", 굿비즈니스 현장스토리, 맑은나루, 2020.

42) 지범하, "작은 자들을 존귀하게, 향기내는사람들", 굿비즈니스 현장스토리, 맑은나루, 2020.

43) 전희인, "세상이 감당할 수 없는 십자가 경영", 한세, 2010.

44) 전희인, "세상이 감당할 수 없는 십자가 경영", 한세, 2010.

45) 래리 줄리언, "God is my CEO", 제갈정웅 옮김, 명진출판, 2001.

46) 한정화, "기업가정신의 힘", 21세기북스, 2011.

47) Hambrick, D. C., & Lynn M. Crozier, "Stumblers and Stars in the Management of Rapid Growth", Journal of Business Venturing, 1 (1), 31-45, 1985.

48) 군나르 윌슨, "비즈니스 언리미티드", 김광남 옮김, NCD, 2007.

49) 채의숭, "주께 하듯 하라", 국민일보, 2007.

50) 로버트 퀸, "DEEP CHANGE or SLOW DEATH", 늘봄출판사, 1998

4장 위임의 원리

51) 한정화, "벤처창업과 경영전략", 홍문사, 2018.

52) "남궁광 피에프디 대표 '글로벌 100대 화장품 기업 진입 목표'", 조선비즈, 2020.08.19.

53) 전용욱, 한정화, "초일류기업으로 가는 길", 김영사, 1994.

54) 전용욱, 한정화, "초일류기업으로 가는 길", 김영사, 1994.

55) Lewicki, R. J., & Bunker, B. B. "Developing and maintaining trust in work relationships", Trust in organizations: Frontiers of theory and research, 1996.

56) 홍의숙, 이희경, "코칭의 5가지 비밀: 사람과 조직을 키우는 힘", 다산북스, 2010.

57) 이나모리 가즈오, "회사는 어떻게 강해지는가", 서돌출판사, 2012.

58) 닐 도시, 린지 맥그리거, "무엇이 성과를 이끄는가: 세계 최고 기업들의 조직문화에서 찾은 고성과의 비밀", 생각지도, 2016.

5장 공급의 원리

59) Donaldson, L., Davis, J. H., "Boards and company performance-research challenges the conventional wisdom", Corporate governance: An international review, 2(3), 151-160., 1994.

60) 로니 벨랑거 외, "하늘의 성공원리", 토기장이, 2008.

61) 로버트 프레이저, "마켓플레이스 크리스천", 장동희 옮김, 순전한 나드, 2007.

62) 로버트 프레이저, "마켓플레이스 크리스천", 장동희 옮김, 순전한 나드, 2007.

63) 지범하, "작은 자들을 존귀하게, 향기내는사람들", 굿비즈니스 현장스토리, 맑은나루, 2020.

64) 래리 줄리언, "God is my CEO", 제갈정웅 옮김, 명진출판, 2001.

65) 이정훈, "한국기업의 카페테리아 플랜 도입 실태에 관한 연구", 고려대학교 노동대학원 석사학위논문, 2007.

66) 김효선, "기업복지형태가 기업복지만족도에 미치는 영향: 대구 경북지역의 중소기업을 중심으로", 경영교육연구, 2013

67) 하형록, "성경대로 비즈니스 하기 P31", 두란노서원, 2015.

68) 한정화, 권수라, "펀딩은 와디즈로부터!", 굿비즈니스 현장스토리, 맑은나루, 2020.

69) 박철, "건강한 제품으로 인류와 행복을 공유하는 리디아알앤씨", 굿비즈니스 현장스토리, 맑은나루, 2020.

70) 한정화, "선교사 부부, 인쇄업으로 끈질기게 정착하다", 비즈니스 미션, 맑은나루, 2018.

71) 천상만, "가난한 소수민족이 눈에 밟혀 보이차 사업을 시작하다", 비즈니스 미션, 맑은 나루, 2018.

72) 문창기, "커피드림", 한경비피, 2017.

73) 천상만, "가난한 소수민족이 눈에 밟혀 보이차 사업을 시작하다", 비즈니스 미션, 맑은 나루, 2018.

74) 달렌 피터슨, "청소의 기적", 클라우드나인 ,2017

75) 박철, "건강한 제품으로 인류와 행복을 공유하는 리디아알앤씨", 굿비즈니스 현장스토리, 맑은나루, 2020.

76) 박철, "건강한 제품으로 인류와 행복을 공유하는 리디아알앤씨", 굿비즈니스 현장스토리, 맑은나루, 2020.

77) 전희인, "세상이 감당할 수 없는 십자가 경영", 한세, 2010.

78) 래리 줄리언, "God is my CEO", 제갈정웅 옮김, 명진출판, 2001.

79) 헨리 블랙커비, 리처드 블랙커비, "헨리 블랙커비의 영적 리더십", 두란노, 2015.

6장 형통의 원리

80) 크래그 힐, 얼 피츠 공저, "그리스도인의 재정원칙", 허령 옮김, 예수전도단, 2004.

81) 홍익희, "유대인 이야기: 그들은 어떻게 부의 역사를 만들었는가", 행성B잎새, 2017.

82) 로버트 프레이저, "마켓플레이스 크리스천", 장동희 옮김, 순전한 나드, 2007.

83) 래리 줄리언, "God is my CEO", 제갈정웅 옮김, 명진출판, 2001.

84) 채의숭, "주께 하듯 하라", 국민일보, 2007.

85) 박철, "경영, 신앙에 길을 묻다", 맑은나루, 2012.

86) 박철, "경영, 신앙에 길을 묻다", 맑은나루, 2012.

87) 앙드레 비엘러, "칼빈의 경제 윤리", 성광문화사, 1985.

88) 로버트 프레이저, "마켓플레이스 크리스천", 장동희 옮김, 순전한 나드, 2007.

89) 로니 벨랑거 외, "하늘의 성공원리", 토기장이, 2008.

90) 로니 벨랑거 외, "하늘의 성공원리", 토기장이, 2008.

91) 크래그 힐, 얼 피츠 공저, "그리스도인의 재정원칙", 허령 옮김, 예수전도단, 2004.

92) 크래그 힐, 얼 피츠 공저, "그리스도인의 재정원칙", 허령 옮김, 예수전도단, 2004.

93) 로버트 프레이저, "마켓플레이스 크리스천", 장동희 옮김, 순전한 나드, 2007.

94) 로버트 프레이저, "마켓플레이스 크리스천", 장동희 옮김, 순전한 나드, 2007.

95) 달렌 피터슨, "청소의 기적", 클라우드나인 ,2017

96) 김병연, "기독교인과 경제", 기독교보, 2015.

97) 피터 드러커, "경영의 실제", 한국경제신문, 2006.

98) 유태식, "돈이 아니라 생명입니다", 쿰란 출판사, 2000.

99) Chandler, Jr. Alfred D, "Strategy and Structure", Beard Books, 1962.

7장 비전의 원리

100) 크래그 힐, 얼 피츠 공저, "그리스도인의 재정원칙", 허령 옮김, 예수전도단, 2004.

101) 크래그 힐, 얼 피츠 공저, "그리스도인의 재정원칙", 허령 옮김, 예수전도단, 2004.

102) 존 베케트, "다니고 싶은 회사 만들기(Loving Monday)", 홍성사, 2012.

103) 천상만, "가난한 소수민족이 눈에 밟혀 보이차 사업을 시작하다", 비즈니스 미션, 맑은 나루, 2018.

104) Jay B. Barney, William S Hesterly, "전략경영과 경쟁우위", 시그마프레스, 2018.

105) 조성도, "사회적 가치를 창출하는 비즈니스 빌더, 임팩트스퀘어", 굿비즈니스 현장스토리, 맑은나루, 2020.

106) 임팩트스퀘어, "https://www.impactsquare.com"

107) 임팩트스퀘어, "https://www.impactsquare.com"

108) 한정화, "불황을 뚫는 7가지 생존 전략", 랜덤하우스코리아, 2005.

109) 최도영, "더 나은 세상을 위한 선택, 기업가정신", 콘텐츠하다, 2015.

110) 강덕영, "1% 가능성에 도전하라", 상상예찬, 2007.

111) 박철, "경영, 신앙에 길을 묻다", 맑은나루, 2012.

112) 박철, "경영, 신앙에 길을 묻다", 맑은나루, 2012.

113) 이정연, "보상은 '상'일까, '벌'일까? 평가-배분 공정해야 동기부여에 효과", 동아비즈니스리뷰, 2018.

9장 화해의 원리

114) 데이빗 씨맨즈, "상한 감정의 치유", 송헌복 옮김, 두란노, 1986.

115) 강덕영, "1% 가능성에 도전하라", 상상예찬, 2007.

116) 팀 마샬, "자유케 된 자아", 예수전도단, 1991.

117) 이정연, "보상은 '상'일까, '벌'일까? 평가-배분 공정해야 동기부여에 효과", 동아비즈니스리뷰, 2018.

118) 한정화, "불황을 뚫는 7가지 생존전략", 랜덤하우스 중앙, 2005, 175)

119) 채의숭, "주께 하듯 하라", 국민일보, 2007.

120) 워렌 베니스, "뉴리더의 조건", 김경섭 옮김, 김영사, 1993.

121) 게리 맥킨토시, 사무엘 리마, "리더십의 그림자", 두란노, 2015.

122) 하형록, "성경대로 비즈니스 하기 P31", 두란노서원, 2015.

123) 박의범, "캠퍼스 선교사, 믿음의 제자들과 사업하다", 비즈니스 미션, 맑은나루, 2018.

10장 언약의 원리

124) 신기형, "신학자가 본 기업 이해", 기업이란 무엇인가, 예영커뮤니케이션, 2006.

125) 하형록, "성경대로 비즈니스 하기 P31", 두란노서원, 2015.

126) 김호, "브랜드 살리는 '리콜'의 지혜", 동아비즈니스리뷰, 2009.

127) 김정한, "일본 자동차산업의 단체교섭 동향", 국제노동브리프, 1(4), 71-79, 2003.

128) 이정, "일본 복수노조와의 자율교섭과 노사관계: 사용자의 성실교섭의무 및 중립유지의무를 중심으로", 노동법학, (32), 497-519, 2009.

129) 삼성경제연구소, "조직 충성심과 신뢰를 높이는 비결: 심리적 계약", SERI 경영노트 116호, 2011.

130) 제프리 지토머, "세일즈 불변의 원칙", 혜문서관, 2007.

131) "버스왕 허명회, 직원 사모님 12년째 모신다", 중앙일보, 2011. 07.

132) "혼이 담긴 현장소통 경영", 허명회 KD 운송그룹회장, 이코노미토크뉴스, 2010.09.

11장 소통의 원리

133) 삼성경제연구소, "조직내 소통 활성화를 위한 제언", CEO information, 2011. 3

134) 이든 킹(Eden King), 코트니 토머스(Courtney Thomas), 리사 핀켈스타인(Lisa Finkelstein), "세대 간 성향 차이, 실제보다 과장됐다", 하버드비즈니스리뷰, 2019.

135) "주 35시간 근무 '우아한형제들', 삶이 더 우아해졌나요?", 한겨레신문, 2018. 6. 24.

136) "자비스가 성장하는 이유, 수평적 문화 속 '오버커뮤니케이션'", 시사저널, 2020.12.

137) Luthans, F., Avolio, B. J., "Authentic leadership development", Positive organizational scholarship, 2003.

138) Gardner, W. L., Avolio, B. J., Luthans, F., May, D. R., Walumba, F. O., "Can you see the real me? A self-based model of authentic leader and and follower development", The Leadership Quarterly,16(3), 343-372, 2005.

139) 팀 마샬, "자유케 된 자아", 예수전도단, 1991.

140) 팀 마샬, "자유케 된 자아", 예수전도단, 1991.

141) 이방실, "영웅적리더? No! 가치찾는 여정이 있을 뿐…", 동아비즈니스리뷰, 2011.

142) "밥아이거 리더십 10원칙", 브릿지경제, 2021. 02.

143) 한정화, "아내 따라 시작한 선교, 현지기업으로 뿌리내리다", 비즈니스미션, 맑은나무, 2018.

저자 소개

한정화 교수

서울대 경영학 학사, University of Georgia MBA, 경영학 박사를 취득하고 30년간 한양대학교 경영대학에서 전략경영, 창업과 기업가정신 등을 연구하고 가르쳤으며, 현재 한양대학교 특훈교수, 아산나눔재단 이사장을 맡고 있다. 기독경영연구원장, 벤처산업연구원장, 전략경영학회장, 중소기업학회장, 인사조직학회장과 13대 (2013.3~2016.1) 중소기업청장을 역임했다.

권수라 교수

한양대학교에서 20여년간 후학을 양성하며, 경영전략 및 기업가정신과 신사업 분석 및 디자인씽킹에 대한 강의와 연구를 진행하고 있다. 글로벌경영학회 부회장과 International Journal of Emerging Market 편집위원으로 활동하였고, 현재 기독경영연구원 스타트업스쿨 ChEMBA 부학장을 맡고 있다.

이상명 교수

미국 오레곤대학교에서 경영학 박사학위를 취득하고 현재 한양대학교에서 경영전략, 기업가정신 및 지속가능경영을 가르치며 공부하고 있다. 인간의지의 절대성에 의지하며 많은 방황과 심한 성장통을 겪다, 그 모든 것이 주님의 예비하심 속에 있음을 뒤늦게 깨닫고, 보시기 좀 더 나은 양이 되기 위해 노력하고 있다.

최성진 교수

서울대학교 경제학부에서 학사와 석사를, 중국 북경대학교 경영대학(광화관리학원)에서 박사학위를 받았다. 한양대학교 경영대학에서 중국 비즈니스 전략과 일반 경영 전략에 대해 강의하고 있다. 주 연구 분야는 기업의 정치전략, 대관업무, 그리고 중국 기업 생태계이다. 최근에는 공정거래 및 반부패정책에 대해서 관심을 가지고 여러 프로젝트를 진행하고 있다.

창세기에서 만난 경영의 지혜

초판 1쇄 발행 2021년 06월 30일

글쓴이 · 한정화 외 공저
발행인 · 이낙규
발행처 · ㈜샘앤북스
　　　　신고 제2013-000086호
　　　　서울시 영등포구 양평로22길 21, 선유도코오롱디지털타원 310호
　　　　Tel. 02-323-6763 / Fax. 02-323-6764
　　　　E-mail. wisdom6763@hanmail.net
ISBN 979-11-5626-339-5　03320

"맑은나루는 ㈜샘앤북스의 단행본 브랜드입니다"